DESPERTE *SUA* BRUXA INTERIOR

Pam Grossman

DESPERTE *SUA* BRUXA INTERIOR

Reflexões sobre Mulheres, Feminismo, Poder, Magia e o Arquétipo da Bruxa no Mundo Atual

Tradução

Martha Malvezzi Leal

Editora Pensamento
SÃO PAULO

Título do original: *Waking the Witch*.

Publicado mediante acordo com a editora original, Gallery Books, um selo da Simon & Schuster, LLC.

1ª edição 2025.

Obs.: Este livro não pode ser exportado para Portugal, Angola, Moçambique, Macau, São Tomé e Príncipe, Cabo Verde, Guiné Bissau.

Certos nomes e outras características das pessoas retratadas no livro foram alterados.

Trechos da carta de Remedios Varo para Gerald Gardner de *Letters, Dreams, & Other Writings* de Remedios Varo, traduzidos por Margaret Carson. Direitos autorais da tradução © 2018 Margaret Carson. Usados com permissão da Wakefield Press.

Trechos de "A Spell to Bind Donald Trump and All Those Who Abet Him" de *Magic for the Resistance: Rituals and Spells for Change* de Michael H. Hughes, copyright © 2018 por Michael H. Hughes. Usados com permissão da Llewellyn Publications.

Algumas partes deste livro apareceram anteriormente na *Sabat Magazine*, *Ravenous Zine* e *Huffington Post*.

GALLERY BOOKS e colofão são marcas registradas da Simon & Schuster, Inc.

Editor: Adilson Silva Ramachandra
Gerente editorial: Roseli de S. Ferraz
Gerente de produção editorial: Indiara Faria Kayo
Preparação de originais: Júlia Rodrigues
Editoração eletrônica: Join Bureau
Revisão: Bárbara Parente

Dados Internacionais de Catalogação na Publicação (CIP)
(Câmara Brasileira do Livro, SP, Brasil)

Grossman, Pam
Desperte sua bruxa interior: reflexões sobre mulheres, feminismo, poder, magia e o arquétipo da bruxa no mundo atual / Pam Grossman; tradução Martha Malvezzi Leal. – 1. ed. – São Paulo: Editora Pensamento, 2025.

Título original: Waking the witch
Bibliografia.
ISBN 978-85-315-2407-3

1. Bruxas 2. Feitiçaria – Opinião pública – História 3. Mulheres – Miscelânea I. Título.

24-241018 CDD-133.43

Índices para catálogo sistemático:
1. Bruxaria: Ocultismo 133.43
Cibele Maria Dias – Bibliotecária – CRB-8/9427

Direitos de tradução para o Brasil adquiridos com exclusividade pela
EDITORA PENSAMENTO-CULTRIX LTDA., que se reserva a
propriedade literária desta tradução.
Rua Dr. Mário Vicente, 368 – 04270-000 – São Paulo – SP – Fone: (11) 2066-9000
http://www.editorapensamento.com.br
E-mail: atendimento@editorapensamento.com.br
Foi feito o depósito legal.

Para Matt,
o homem mais encantador que já conheci

I fear, and I love, I love, and I fear,
The Far Away Ladies now hovering near.

[Eu temo e amo, eu amo e temo,
Aquelas senhoras que vêm de longe e pairam tão perto.]

– Helen Adam
"At Mortlake Manor"[Na Mansão Mortlake]

Sumário

Introdução

As bruxas sempre estiveram ao nosso redor, fazendo parte de comunidades e histórias pelo mundo afora há milhares de anos. De Circe a Hermione, de Morgan le Fay a Marie Laveau, a bruxa sempre esteve presente nos contos sobre mulheres com poderes estranhos que podem causar o mal ou proporcionar a cura. E, embora haja bruxas e bruxos, a palavra no gênero feminino é muito mais comum.

Na maior parte da história humana, as bruxas têm sido temidas pelas pessoas, um ser estranho que ameaça nossa segurança ou manipula a realidade para seus fins mercuriais. A bruxa é uma pária, uma *persona non grata*, uma espécie de bicho-papão que deve ser derrotado e eliminado. Apesar de ser vista com frequência como uma entidade destrutiva, na realidade, ao longo da história, uma mulher considerada bruxa sempre foi mais suscetível a ataques do que a autora da violência. Assim como acontece com outros estranhos "aterrorizantes", ela desempenha um papel paradoxal na consciência cultural como agressora maligna e, ao mesmo tempo, presa vulnerável.

Nos últimos cento e cinquenta anos mais ou menos, contudo, as bruxas fizeram outro truque mágico, convertendo o pavor em uma figura de inspiração. Hoje em dia, a bruxa pode ser tanto a heroína quanto a vilã em nossas séries de TV favoritas. Ela pode aparecer como uma colega de trabalho wiccana ou como uma cantora famosa que emite uma vibração de feiticeira em vídeos ou em *shows* ao vivo.

É possível até que ela seja *você*, e que "bruxa" seja uma identidade que você assumiu por várias razões – genuína ou irreverente, pública ou particular.

Atualmente, cada vez mais mulheres escolhem o caminho da bruxa, seja ele literal ou simbólico. Desfilam em passarelas e caminham pelas calçadas usando roupas pretas transparentes e se enfeitam com pentagramas e cristais dignos do Pinterest. Lotam salas de cinema para assistir a filmes de bruxas e se reúnem em uma sala secreta ou quintal para realizar rituais, consultar cartas de tarô e definir intenções de mudança de vida. Marcham pelas ruas com cartazes escritos "ABAIXO O PATRIARCADO" e lançam feitiços todos os meses na tentativa de restringir os atos do presidente. Todos os anos, aparecem artigos dizendo "É a temporada das bruxas!", enquanto jornalistas tentam entender a crescente "moda" das bruxas.

E tudo isso nos faz perguntar: *Por quê?*

Por que as bruxas são importantes? Por que parecem estar em todos os lugares hoje em dia? E o que elas *são* exatamente? (E por que diabos não desaparecem?)

As pessoas me fazem essas perguntas constantemente e, depois de passar a vida inteira estudando e escrevendo a respeito de bruxas, além de apresentar um *podcast* sobre o tema e ser praticante de bruxaria, você pensaria que as minhas respostas seriam sucintas.

Na verdade, percebo que quanto mais trabalho com a bruxa, mais complexa ela se torna. O espírito dela é escorregadio: tente prendê-la, e ela penetrará cada vez mais na floresta escura e densa.

De uma coisa tenho certeza: mostre-me suas bruxas e eu lhe mostrarei seus sentimentos com relação às mulheres. O fato de o ressurgimento do feminismo e a popularidade da bruxa estarem em ascensão ao mesmo tempo não é coincidência: um é reflexo do outro.

Dito isso, a atual onda de bruxas não é novidade. Eu era adolescente nos anos 1990, a década que nos presenteou com um tipo de cultura pop que tinha *Buffy, a Caça-Vampiros*, *Charmed* e o filme *Jovens Bruxas*, sem falar do movimento Riot Grrrls e das feministas da terceira onda, que me ensinaram que o poder feminino poderia se manifestar em uma variedade de cores e sexualidades. Aprendi que as mulheres podem liderar uma revolução usando batom *e* coturnos – e às vezes até um manto.

Mas o meu despertar para bruxaria aconteceu quando eu era muito nova.

Morganville, Nova Jersey, onde cresci, é uma cidade localizada na região metropolitana, mas preservava uma quantidade suficiente de características naturais da região naquela época, o que dava um sentimento de algo fora do comum. Tínhamos em nosso quintal um pequeno bosque que fazia fronteira com uma fazenda de criação de cavalos, e as duas propriedades eram separadas por um córrego que atravessávamos por uma tábua que ficava sobre a água. Quando éramos crianças, minha irmã mais velha, Emily, e eu às vezes nos aventurávamos do outro lado, onde costumávamos alimentar os cavalos (atividade que até hoje me dá medo) e colher punhados de trevos. Mas passávamos a maior parte do tempo no nosso lado do riozinho, explorando os arbustos entre as árvores que eram nossa floresta pessoal. Em um canto do quintal, formava-se uma poça gigante sempre que chovia, cercada por samambaias. Nós a chamávamos de Local Mágico. O fato de ela sumir e depois reaparecer só aumentava o mistério. Era um portal para o desconhecido.

Aquele bosque foi, pelo que lembro, o primeiro lugar onde pratiquei magia, entrando naquele estado de brincadeira profunda em que a ação imaginativa torna-se realidade. Eu passava horas lá, criando rituais com rochas e gravetos, desenhando símbolos secretos na terra, sem a menor noção de tempo. Era um espaço sagrado e selvagem, mas ainda assim estranhamente seguro.

À medida que crescemos, paramos de ocupar a cabeça com essas "bobagens". Os unicórnios são trocados pelas Barbies (embora, na verdade, ambos sejam criaturas míticas). Deixamos de acreditar na fada do dente, nos afastamos dos magos. Os dragões são sacrificados no altar da juventude.

A maioria das crianças cresce e sai da "fase mágica". Eu me aprofundei ainda mais na minha.

Minha avó Trudy era bibliotecária na Biblioteca de West Long Branch, o que significava que eu passava muitas tardes entre as seções decimais 001.0 e 135, lendo sobre o Pé-Grande, interpretação de sonhos e Nostradamus. Eu ficava horas no meu quarto para aprender acerca de bruxas e de deusas e amava os livros de George MacDonald, Roald Dahl e Michael Ende – escritores fluentes na linguagem do encantamento. Os livros eram a minha vassoura. Possibilitavam minhas viagens a outros reinos, onde qualquer coisa era possível.

Meu livro favorito era *Wise Child* [Criança Sábia], de Monica Furlong, que conta a história de uma garota levada por Juniper, uma bruxa boa e bonita que vive no alto de uma colina na região rural da Escócia. Os habitantes da região têm medo de Juniper porque ela não segue a religião deles e é uma mulher independente. Ela ensina medicina natural e magia à Criança Sábia e a trata com um amor próprio de mãe. Os aldeões as procuram secretamente quando precisam de alguma cura, no entanto, em público, Juniper e a Criança Sábia são evitadas. Aprendi com esse livro que as bruxas são criaturas complicadas, fontes de grande conforto e também de grande pavor. E por mais bondosa que uma bruxa seja, ela acaba se tornando o alvo de interpretações errôneas, na melhor das hipóteses, e de perseguição, nos casos mais graves.

A bruxa sempre corre riscos. Mesmo assim, persiste.

Embora as bruxas da ficção tenham sido minhas primeiras guias, logo descobri que magia era algo praticado por pessoas reais. Comecei a frequentar lojas da nova era e fazer experiências com livros baratos de feitiçaria, comprados em *shoppings*. Fui criada como judia, mas me sentia atraída por sistemas de crença que pareciam mais individualizados e místicos e valorizavam o feminino. Por fim, encontrei o caminho até o paganismo moderno, uma via espiritual autodirigida que me inspira até hoje. Não sou o único exemplo nessa trajetória de mudança da religião institucionalizada para algo mais pessoal: em setembro de 2017, mais de um quarto dos adultos norte-americanos (27%) afirmam que são espiritualistas, mas não religiosos, segundo o Centro de Pesquisas Pew.

Hoje me identifico tanto *como* bruxa quanto *com* o arquétipo da bruxa em geral, e uso o termo sem problemas. Posso utilizar a palavra bruxa para indicar minhas crenças espirituais, meus interesses sobrenaturais ou meu papel como mulher complexa e dinâmica, sem ter de me desculpar, em um mundo que prefere que as mulheres fiquem caladas e sejam sorridentes. Uso a palavra sendo meio sincera e meio irônica: com um pé em uma história rica e geralmente dolorosa da bruxaria mundial e outro em meio aos membros de nossa sociedade não tão secreta de pessoas que lutam pela liberdade de sermos estranhas e maravilhosas como quisermos. A magia é praticada às margens.

Um ponto de esclarecimento: você não precisa praticar bruxaria ou qualquer forma alternativa de espiritualidade para despertar sua bruxa interior. Você pode se sentir atraída pelo simbolismo, pelo estilo ou até pelas histórias, mas não precisa correr para comprar um caldeirão ou entoar canções ao céu. Talvez você seja mais uma *mulher nefasta* que uma devota da Deusa. Está tudo bem: a bruxa faz parte de você também.

Estou mais convencida do que nunca que o conceito da bruxa perdura *porque* ela transcende o literalismo e tem muitas coisas ocultas e brilhantes para nos ensinar. Muitas pessoas ficam obcecadas pela "verdade" da bruxa, e vários livros bons de história tentam abordar o tópico sob o ângulo da tal factibilidade. As pessoas realmente acreditavam em magia? Claro que sim, e ainda acreditam. Os milhares de indivíduos que foram mortos na caça às bruxas dos séculos XVI e XVII eram bruxas e bruxos de verdade? Provavelmente não. Bruxas existem? Ora, sim, você está lendo o livro de uma delas. Tudo isso é verdade.

Mas se existiam ou não mulheres e homens que praticavam bruxaria em Roma, Lancashire ou Salem é algo que me chama menos atenção do que o fato de a *ideia* da bruxaria ter permanecido tão evocativa e influente e, enfim, encantadora, em primeiro lugar.

Em outras palavras, fato e ficção em relação às bruxas estão invariavelmente interligados. Um sustenta o outro e sempre foi assim. Portanto, é por meio deste ponto focal ambíguo e fabulista que abordo a questão das bruxas nos capítulos a seguir – e também de um modo geral. Sou fascinada pelo modo como um arquétipo pode englobar tantas facetas diferentes. A bruxa é uma mutante notória e tem muitas aparências:

> Uma mulher feia com chapéu pontudo, que ri feito uma louca enquanto ferve um caldeirão de ossos.
>
> Uma sedutora de lábios vermelhos que coloca uma poção na bebida de seu pretendente, que não suspeita de nada.
>
> Uma revolucionária francesa que carrega um crucifixo e ouve vozes de anjos e santos.
>
> Uma dona de casa da área metropolitana, perfeitamente arrumada, que torce o nariz para mudar as circunstâncias por capricho, apesar das reclamações do marido.
>
> Uma mulher que dança no Central Park, em Nova York, com o grupo de bruxas do qual faz parte, para assinalar a mudança das estações ou uma nova fase lunar.
>
> A bruxa tem rosto verde e uma frota de macacos voadores.
>
> Ela usa cachecol, couro e renda.

Ela mora na África; ou na ilha de Eana, em uma torre; em uma cabana; em Peoria, Illinois.

Ela se esconde nas florestas dos contos de fadas, nas molduras douradas dos quadros, nos roteiros das séries de comédia e nos romances juvenis, bem como nas entrelinhas das letras das fantasmagóricas canções de *blues*.

Ela é solitária.

Ela sempre mora com mais duas.

Ela faz parte de um grupo de bruxas.

Às vezes ela é um homem.

Ela é estonteante, horrorosa, traiçoeira, onipresente.

Ela provoca nossa ruína; é a nossa salvação.

Nossas bruxas dizem tanto sobre nós quanto sobre qualquer outra coisa, para o bem ou para o mal.

Mais que qualquer coisa, contudo, a bruxa é um símbolo brilhante e obscuro do poder feminino e uma força para subverter o *status quo*. Independentemente da forma assumida, ela é sempre uma fonte elétrica de agitação mágica que podemos acionar quando precisarmos de uma carga de alta voltagem.

Ela é também um invólucro de nossos sentimentos conflitantes *acerca* do poder feminino: nosso medo desse poder, nosso desejo de tê-lo, nossa esperança de que possa ficar (e que ficará) mais forte, apesar do fogo lançado contra ele.

Sendo a bruxa retratada como vilã ou como corajosa, ela sempre é uma figura de liberdade – tanto perdida quanto conquistada. Talvez ela seja o único arquétipo feminino que retrata independência. Virgens, prostitutas, filhas, mães, esposas – cada uma delas é definida pela pessoa com quem dorme ou deixa de dormir, pelo carinho que dá ou recebe, ou por alguma espécie de dívida simbiótica que cedo ou tarde terá de pagar.

A bruxa não deve nada. Isso é o que a torna perigosa. E é o que a faz divina.

As bruxas têm poder próprio. São atuantes. Elas criam. Louvam. Comungam com o reino espiritual livremente, sem qualquer mediador.

Elas se transformam e fazem as coisas acontecerem. São agentes de mudança cujo propósito primário é transformar o mundo atual no mundo como elas gostariam que fosse.

É por esse motivo que ser chamada de bruxa e chamar a si própria de bruxa são experiências muito diferentes. No primeiro caso, geralmente é um ato de degradação, um ataque contra uma ameaça percebida. O segundo é um caso de reivindicação, uma expressão de autonomia e orgulho. É importante nos lembrarmos desses dois aspectos do arquétipo. Eles podem parecer contraditórios, mas se interconectam.

A bruxa é o ícone feminista supremo porque consiste em um símbolo perfeito da opressão das mulheres *e* de libertação. Ela nos mostra como podemos recorrer ao nosso poder e magia, apesar daqueles que tentam nos privar desse poder.

Precisamos dela agora mais do que nunca.

O que veremos a seguir é uma exploração do arquétipo da bruxa: meditações sobre os diversos aspectos e associações, perguntas que ela me fez ao longo da minha vida e lições que aprendi ao trilhar o caminho da bruxa.

E é uma permissão para você se identificar com ela, caso sinta-se inebriar pelo feitiço da bruxa.

Olhe ao seu redor. Olhe dentro de si.

A bruxa está despertando.

Capítulo 1

AS BOAS, AS MÁS E AS PERVERSAS

"Você é uma bruxa boa, certo?" Foi o que me perguntou a CEO da empresa onde trabalho, enquanto bebíamos Aperol Spritzes em um restaurante suntuoso de West Village, em Manhattan. Ela toma um golinho e então me olha meio desconfiada, com um sorriso preocupado.

"Claro", respondo, rindo, e logo mudo de assunto. Não menti. O problema era que eu sabia onde aquela conversa iria parar, já havia passado por ela muitas vezes, e não queria segui-la naquela noite. É a estrada onde me pressionam para falar de minhas crenças pessoais e atividades extracurriculares sobrenaturais como se fosse uma questão de conversa fiada, tentando deixar a pessoa que faz as perguntas à vontade o tempo todo. É a estrada na qual tento me encaixar em um destes dois caminhos de Oz: a bruxa boa ou a bruxa má.

Não escondo minha identidade de bruxa. Francamente, acho que nem conseguiria. Entre meu *podcast*, meus textos e outros projetos voltados para a magia – sem falar na minha preferência por roupas com tecidos escuros que tenham transparência e joias com temas lunares – a esta altura da minha vida, qualquer um me identifica. Entretanto, as coisas ficam mais complicadas quando tento conciliar minha identidade como bruxa com todos os meus outros papéis na vida; por exemplo, nora de dois sacerdotes episcopais; convidada da festa de um amigo sendo apresentada a alguém; figura pública que representa uma corporação de peso há catorze anos. Por mais positivo que as relações públicas sejam nos últimos tempos, o uso da palavra *bruxa* para uma descrição pessoal ainda incomoda as pessoas.

Meu instinto é aplacar os temores: não, não sou satanista (embora os satanistas que eu conheço são na verdade muito legais, diferentes de tudo o que você imagina!). Não, não faço feitiços para prejudicar ninguém (não mais, digo!). Não, não sou do mal (pelo menos não pior que qualquer pessoa que se esforça, mas que em última instância está sujeita às fraquezas da humanidade!). Não, não, não, não vou amaldiçoar seu casamento, destruir sua colheita, azedar seu leite, beber seu sangue ou sacrificar seus filhos. Não se preocupe, prometo que não estou aqui para cumprir ordens do diabo!

Bruxa é uma palavra que escolhi para mim. Significa, em parte, que pratico o paganismo, termo comum a uma vasta comunidade de pessoas que encontraram um caminho para a espiritualidade fora das cinco religiões dominantes mundialmente (embora não seja necessariamente oposto a elas). Sigo a roda sagrada do ano e os ciclos da lua, com rituais e celebrações sazonais apropriadas. Respeito a natureza e a divindade dentro de mim e de todos os seres vivos e me esforço para disseminar a luz e ser prestativa a algo maior que eu: Espírito, os deuses, a Deusa, o Mistério – aquilo que a linguagem é limitada demais para nomear.

Também faço tudo isso enquanto pago o aluguel em dia, tenho um bom emprego, doo tempo e recursos a causas nas quais acredito e apoio meu marido, meus amigos e familiares sempre que precisam.

Acho que sou uma ótima bruxa, muito obrigada.

Para complicar ainda mais, nos círculos de bruxaria há outras classificações além de "boa" e "má". Alguns falam de "bruxas brancas", ou bruxas que alegam não causar mal algum, e "bruxas negras", aquelas que recorrem a todo tipo de feitiço, embora esses termos já comecem a cair em desuso por causa das conotações racistas. Há quem fale de magia de "esquerda" *versus* magia de "direita", indicando se o foco é no autodesenvolvimento do indivíduo ou dirigido a um grupo ou a uma deidade universal. Alguns praticam "magia do caos", que parece um tanto assustadora, mas é uma simples referência a uma abordagem do tipo pós-modernista "qualquer coisa que funcione", que mescla imagens e técnicas de diferentes religiões ou gêneros, às vezes de maneira engraçada e nada ortodoxa.

Como acontece com todos os sistemas organizados em categorias, as interpretações de cada um desses termos variam e a separação entre eles pode ser muito tênue. Além do mais, muitas pessoas são atraídas pela bruxaria *justamente por ser* muito individualizada. Não existe um único livro ou líder, nem mesmo um conjunto de dogmas, o que significa que você aprende no seu ritmo. Você pesquisa, faz experiências e evolui à medida que conhece outras pessoas que também foram atraídas por essa via.

Os praticantes que conheço, em sua maioria, são as pessoas mais compassivas e curiosas que já vi. Valorizam o amor e o conhecimento acima de tudo, e em muitos casos você não saberia que são bruxas ou bruxos se não lhe dissessem. Conheço bruxas que são advogadas, chefes de cozinha, professoras, executivas do ramo publicitário, artistas, contadoras, enfermeiras e tudo o mais entre estas categorias. Praticar bruxaria é um meio de nos tornarmos a melhor versão possível de nós mesmas, respeitar o sagrado e, no fim, tentar fazer deste planeta um lugar melhor. É uma prática que leva em conta o fato de a luz *e* a escuridão oferecerem dádivas grandiosas. Embora nossas práticas de bruxaria geralmente sejam parecidas, cada pessoa faz as coisas de um modo um pouco diferente. Podemos lançar encantamentos, fazer rituais, meditar, buscar a assistência de sistemas como astrologia ou tarô. Podemos honrar nossos ancestrais, celebrar os ciclos da natureza, pedir ajuda e agradecer. Tentamos curar ou oferecer um serviço espiritual. Mas seja qual for a forma de praticar magia, para muitas de nós, a própria palavra *bruxa* significa que somos pessoas que personificam de maneira ativa o paradoxo de ter uma experiência transcendente e, ao mesmo tempo, sentir uma conexão profunda consigo mesma e com as outras, aqui nesta terra.

Eu me intitulo de *bruxa* por outras razões, também. É um meio de identificar meu modo de ser no mundo e o tipo de corrente energética da qual quero ser um veículo.

A qualquer momento, posso ser considerada feminista; uma mulher que comemora a liberdade de todas e que luta contra a injustiça com todas as ferramentas à sua disposição; uma pessoa que valoriza a intuição e a autoexpressão; um espírito que se sente ligado a outras pessoas com predileção pelo não convencional, pelo oculto e pelo estranho. Ou a palavra pode ser uma simples referência ao fato de eu ser uma mulher que se atreve a dizer o que pensa e exibir toda a gama de emoções humanas – comportamento que ainda é visto pela sociedade com desdém e crítica. Como muita gente hoje em dia, uso essa palavra com convicção e sem papas na língua. E como tantos epítetos, a palavra é carregada e codificada. Sou cautelosa no emprego da palavra, quando, por quê e com quem a uso, pois ela tem peso, embora seja libertadora.

Não aceita ser achatada ou diminuída. Tem natureza binária; e é também por isso que amo essa palavra, pois assim sou eu.

* * *

Asas de morcego à parte, o problema com as bruxas é que elas *sempre* foram seres difíceis de definir.

A maioria dos livros sobre a história da bruxaria começa do mesmo modo. O início da apresentação é a palavra em si: de onde vem, o que significa e como o autor pretende usá-la em seu texto.

Muitas dessas obras explicam ao leitor que a etimologia da palavra *bruxa* é incerta. Diversas fontes afirmam que o termo em inglês para bruxa, *witch*, deriva do inglês antigo *wicca* ou *wicce*, que significa "operador de magia do sexo masculino ou feminino", respectivamente. Alguns dizem que esses termos, por sua vez, vêm de palavras associadas ao verbo entortar, ou aos pavios, ou ainda aos salgueiros. Também pode ser uma permutação de palavras mais antigas que indicavam "sabedoria" ou "sábio". Assim, esses autores sempre concluem que a bruxa é uma pessoa com conhecimentos sobre como moldar a realidade e, portanto, sabe realizar mudanças quando bem entender.

Bem, tudo isso é referente à bruxa ocidental com seu contexto distintamente europeu. Mas quase todas as culturas tem sua versão de bruxa, sem falar dos diversos tipos de indivíduos ligados à magia tais como feiticeiros, videntes, oráculos, curandeiros e xamãs. Para o propósito deste livro, enfoco basicamente a palavra "*witch*" (bruxa) de origem inglesa, que em si já é complicadíssima.

Enfim, o que queremos dizer quando a usamos?

Bem, na verdade, depende.

No livro de Ronald Hutton, *The Witch: A History of Fear, from Ancient Times to the Present* [A Bruxa: Uma História de Medo, dos Tempos Antigos Até o Presente], o autor afirma logo no início que atualmente não há menos que quatro significados comuns para a palavra *bruxa*. Parafraseando-o: uma pessoa que usa magia para fins malignos; qualquer pessoa que use magia (boa, má ou neutra); um indivíduo seguidor do paganismo baseado na natureza, como, por exemplo, Wicca; e uma figura de poder feminino transgressivo. Muitos livros de história como o dele tendem a focar a primeira definição. Afinal de contas, as bruxas são associadas ao mal desde que apareceram em cena.

Hoje, porém, essas definições se mesclam, informando-se e influenciando-se mutuamente. A bruxa não seria agora um ícone feminista, por exemplo, sem aquele primeiro significado maligno, rechaçado pelas pessoas.

Malcolm Gaskill escreve sobre aquilo que ele chama de as "trevas" do arquétipo da bruxa. Em seu livro *Witchcraft: A Very Short Introduction* [Bruxaria: Uma Breve Introdução], ele afirma: "[...] As bruxas resistem à simplificação e são tão diversas e complicadas quanto os contextos dos quais fazem parte: economia, política, religião, família, comunidade e mentalidade [...]".

Ou como Jack Zipes coloca de maneira mais sucinta em *The Irresistible Fairy Tale* [O Conto de Fadas Irresistível]: "Usamos a palavra 'naturalmente' em todos os países ocidentais, como se soubéssemos mesmo o que é uma bruxa. Mas não sabemos".

No entanto, talvez minha explicação favorita sobre o assunto seja a de Margot Adler, que em seu livro monumental sobre o paganismo moderno, *Drawing Down the Moon* [Desenhando a Lua], escreve: "As definições lexicográficas de *bruxa* são muito confusas e têm pouca relação com as definições dadas pelas próprias bruxas".

Ora, você pode sugerir que deveríamos ao menos olhar para os fatos e começar pelo início da civilização humana, quando a maioria das pessoas acreditava em magia. O problema, o enorme entrave, é que uma história clara das bruxas é impossível de se concretizar, embora várias tentativas admiráveis tenham ocorrido. Conforme nos contam esses livros, uma multiplicidade de tradições de magia folclórica, bruxaria e xamanismo se espalham por todo o globo. Muitas dessas crenças existem há milhares de anos e perduram, sendo praticadas por pessoas de todos os gêneros.

Mas como foi que todo esse histórico nos trouxe ao ponto em que estamos hoje, quando a definição básica do dicionário Merriam-Webster para *bruxa* é "uma pessoa à qual se atribuem poderes sobrenaturais geralmente malignos; *principalmente*: uma mulher que costuma praticar magia negra com o auxílio de um demônio ou espírito familiar"? Quando apareceu este "*principalmente*: uma mulher"? Afinal, sempre existiram homens e mulheres não conformistas e praticantes de magia que foram chamados, ou chamavam a si próprios, de bruxos e bruxas. Gerald Gardner, fundador da religião que passou a ser chamada Wicca, era homem. Entretanto, a vasta maioria das pessoas perseguidas por causa da bruxaria sempre foi de mulheres.

Se hoje alguém pedir a um grupo de pessoas que desenhe uma bruxa, essas pessoas provavelmente empregariam um estilo visual semelhante a este: uma mulher com um chapéu pontudo preto e cabelos longos, mais madura e acompanhada de uma vassoura, um caldeirão e/ou um gato. Quando perguntei a um membro do Subcomitê de Emoji do Unicode por que o emoji universal de uma pessoa com chapéu pontudo e varinha era chamado de *mage* [mago] em vez de *witch* [bruxa], ele me disse: "Pedi que os nomes de personagens de fantasia tentassem evitar conotações de gênero... *witch* [bruxa] é feminino (embora eu saiba que existam bruxos!)... também sugerimos *wizard* [feiticeiro] ou *warlock* [mágico], mas são termos que em geral são considerados masculinos. Sugeri '*mage*' [mago] por ser uma boa abreviação das palavras 'pessoa mágica', e a imagem padrão (segundo as diretrizes do Unicode) deve ter 'gênero neutro'".

Deixemos de lado a questão do gênero por um momento e voltemo-nos para o intento da bruxa; é aqui que se complica a questão de "bruxa boa/bruxa má". Muitas de nossas ideias modernas acerca da bruxa vilã vêm de fontes históricas errôneas. Por exemplo, os estudiosos que sugeriram que as "confissões" diabólicas de bruxaria durante a caça às bruxas na Europa e na Nova Inglaterra colonial deveriam ser encaradas como evidência de prática verdadeira de bruxaria foram, em grande parte, desacreditados. Além disso, pouquíssimos relatórios confiáveis daqueles incidentes ainda existem. Grande parte de nossas imagens relacionadas às bruxas vem dos manuais de caça às bruxas escritos pelos próprios caçadores, obviamente preconceituosos, ou de refutações desses manuais escritos por outros autores da época.

As verdadeiras "transcrições" dos julgamentos de bruxas também não podem ser consideradas reais. Em primeiro lugar, nem precisamos dizer que os acusados não eram os narradores mais confiáveis, pois lutavam pela vida sob as mais inimagináveis circunstâncias cruéis de tortura física, horror psicológico e/ou devaneios. Em segundo lugar, os documentos que contêm as tais confissões não eram bem guardados; e muitos não existem mais, se é que existiram um dia. Por exemplo, nossos conhecimentos a respeito do incidente histórico mais famoso relacionado a bruxas que aconteceu nos Estados Unidos, os julgamentos por bruxaria em Salem, são no mínimo fragmentados. Nas palavras de Stacy Schiff em seu livro *The Witches: Salem, 1692* [As Bruxas: Salem, 1692]: "Nenhum vestígio de uma única sessão dos julgamentos por bruxaria nos tribunais sobreviveu. Temos relatos sobre os julgamentos, mas nenhum registro. [...] O livro de registros de Salem desapareceu. [...] Mais de cem funcionários colheram depoimentos. Poucos tinham o treinamento apropriado. Os relatos eram irritantemente incoerentes". O que os julgamentos de bruxas na verdade provaram é que seres humanos não praticantes de magia são capazes da mesma malignidade e de assassinatos que temiam ser feitos por "bruxos" e "bruxas".

Do outro lado da moeda, muitos dos textos dos séculos XIX e XX que plantaram as sementes para retratações positivas das bruxas, incluindo a moderna religião de Wicca, também já foram contestados. Livros como *Aradia, or the Gospel of the Witches* (*Aradia: o Evangelho das Bruxas*), de Charles Godfrey Leland; *The Golden Bough* (*O Ramo de Ouro*), de *Sir* James George Frazer; *The Witch-Cult in Western Europe* (O Culto das Bruxas na Europa Ocidental), de Margaret Murray; *The White Goddess* (*A Deusa Branca*), de Robert Graves; e *The Language of the Goddess* [A Linguagem da Deusa], de Marija Gimbutas, para citarmos alguns, contribuíram para dar uma noção mais simpática, até romântica, das bruxas, mas todos foram submetidos a subsequentes escrutínios e debates acerca de sua validade. Embora seja importante tirar as bruxas das profundezas do inferno e colocá-las em um pedestal, de acordo com os padrões acadêmicos de hoje, essas versões mais favoráveis à bruxaria se baseiam em conjectura, estudo incompleto ou simples licença poética.

Além disso, esses "históricos" das bruxas estão embaraçados em uma verdadeira teia de lendas, mitos e contos de fadas. Nossas pressuposições sobre as bruxas se acumularam no decorrer dos séculos até formarem um emaranhado obscuro de associações. Histórias sobre bruxas ficcionais e ideias a respeito de bruxas "reais" sempre se contaminam até se metamorfosearem em versões mais novas. É por esse motivo que acho mais correto falar da bruxa como um símbolo em vez de uma realidade, embora às vezes ela seja real.

Entretanto, é importante observarmos que até o século passado, ou pouco depois, sempre que aparecia uma bruxa na ficção ou mesmo em histórias supostamente reais, como no caso de acusações de bruxaria no mundo real, ela era geralmente uma pessoa perigosa que tentava subverter crianças, mulheres sensatas e homens incorruptos e bons. E é por causa dessa reputação que, por mais que tentemos, nunca tiramos dela todo o cheiro de enxofre.

Enfim, se a bruxa é uma espécie de monstro há milênios, como chegamos ao ponto de haver a possibilidade de existir uma "bruxa boa"? Abordaremos muitas iterações acerca dessa pergunta nos capítulos seguintes, mas há alguns elos de importância vital nessa corrente.

A despeito dos séculos de má propaganda, as atitudes populares em relação às bruxas começaram a mudar em meados do século XIX, catalisadas em grande parte pelo historiador francês Jules Michelet em 1862 com seu livro *La Sorcière* (*A Feiticeira*). Nessa obra, Michelet sugere que a palavra *bruxa* era um termo pejorativo que a Igreja usava contra qualquer mulher com dons de cura ou para se referir às "Sumas Sacerdotisas da Natureza". O autor escreve que essas feiticeiras, como ele as chama, eram figuras trágicas, oprimidas e quase aniquiladas tanto por forças de domínio masculino quanto pela Igreja Católica, pelo sistema feudal e pela ciência: "Onde, então, ela poderia morar se não fosse na mata selvagem, essa filha da calamidade, perseguida com tanta truculência, amaldiçoada e proscrita?". Em seguida, ele dá detalhes de como essas feiticeiras cuidavam dos próprios interesses iniciando uma religião satanista própria, na qual, ao contrário do que ocorria na Igreja, celebravam as mulheres e a natureza.

A Feiticeira é uma das primeiras obras populares simpatizantes das bruxas, além de ser uma dissertação acalorada e lírica sobre a sujeição sistêmica do poder feminino como um todo. Embora o livro seja repleto de erros históricos e muita fantasia do autor, seu efeito sobre o conceito popular das bruxas foi extenso.

Em 1863, o livro de Michelet foi traduzido para o inglês sob o título mais chamativo de *Satanism and Witchcraft* [Satanismo e Bruxaria]; e sua influência direta pôde ser observada no século XX nas obras de poetas, cineastas e artistas, incluindo os surrealistas, que incorporavam em seus trabalhos a visão romantizada de Michelet acerca da bruxa. Houve também uma adaptação livre da obra em 1973 por meio da animação adulta psicodélica da Mushi Production, *Kanashimi no Belladonna* (*A Tragédia de Belladonna*), relançada nos cinemas em 2016. Mas o impacto das feiticeiras de Michelet se estende para além dessas reinterpretações óbvias. Na verdade, pode ter uma associação direta com as bruxas fictícias mais famosas de todos os tempos.

Quando o livro de L. Frank Baum, *O Mágico de Oz*, virou filme na década de 1930, estabeleceu para sempre o conceito e a terminologia de bruxas boas e bruxas más na consciência popular.

Na história original de Baum, há duas bruxas boas. A primeira é a Bruxa do Norte, que Dorothy conhece logo ao chegar em Oz, depois que sua casa é levada por um tornado e esmaga a Bruxa Má do Leste.

A Bruxa do Norte é uma velha vestida de branco brilhante, que dá a Dorothy sapatos prateados mágicos (como estão no livro; os de rubi só aparecem no filme). A bruxa também entrega a ela o "beijo da bruxa": uma marca na testa de Dorothy que será uma fonte de proteção e passagem segura para ela e seus amigos durante toda a história.

Glinda, a Bruxa Boa do Sul – e a única que Baum achou digna de ter um nome –, só aparece no fim da história, embora no decorrer do enredo fiquemos sabendo que ela é a mais poderosa de todas as bruxas. Quando Dorothy e seus companheiros por fim conhecem Glinda, ficam impressionados com seus cabelos vermelhos, olhos azuis e aparência jovem (apesar de ter idade avançada, como a história nos diz). Também se comovem com a generosidade dela. "Você é tão bondosa quanto linda!", exclama Dorothy, depois que Glinda dá os tesouros personalizados ao Homem de Lata, ao Leão Covarde e ao Espantalho. Essa bruxa gentil e adorável ensina Dorothy a usar os sapatos prateados para voltar para casa e reencontrar sua tia Emma.

É uma história espetacular, não só como uma parábola sobre amizade e a busca pela verdade, mas, também, por sua excepcional originalidade. A Cidade das Esmeraldas, a estrada dos tijolos amarelos, sapatos mágicos, uma protagonista fazendeira e corajosa e, claro, a bruxa má e a boa são, todos, ícones atemporais que fazem muita gente considerar a história "o primeiro conto de fadas norte-americano". Muitas das ideias do livro, porém, não foram inventadas totalmente por Baum. Na verdade, várias delas remontam à influência de sua sogra, a sufragista e pioneira na defesa da igualdade de direitos, Matilda Joslyn Gage.

Gage era seguidora da teosofia, o movimento religioso do século XIX que trouxe o pensamento místico oriental para o Ocidente. Ela deveria ter familiaridade com o conceito de que uma pessoa pode fazer uma jornada espiritual subindo os treze degraus dourados para encontrar a iluminação no Templo da Sabedoria Divina, o qual consegue revelar a verdade suprema por trás de todas as religiões do mundo, desde que levante metaforicamente o véu da ilusão (ou espie atrás de uma cortina, talvez). É interessante o fato de a Sociedade Teosófica ter sido fundada por outra mulher poderosa: a madame Helena Petrovna Blavatsky, uma das poucas líderes femininas da época, que foi alvo de calúnias e chamada de fraude pela imprensa daquele tempo. Mesmo assim, a Teosofia teve muitos seguidores, e ainda tem hoje. Encorajados por Gage, Baum e Maud Gage Baum, sua esposa, tornaram-se membros da divisão da Sociedade Teosófica em Chicago no dia 4 de setembro de 1892. (Foi por um pedido da sogra que ele começou a escrever as histórias.)

Como muitas sufragistas, Gage era também abolicionista, e a casa de sua infância em Fayetteville, Nova York, fazia parte da ferrovia subterrânea. "Acho que já nasci com ódio da opressão", Gage teria dito no Conselho Internacional das Mulheres em 1888, antes de iniciar o relato de suas reminiscências de abrigar escravizados e frequentar reuniões antiescravagistas.

De certa forma, as bruxas boas de Baum são abolicionistas, pois a escravidão está bem presente nos domínios das bruxas más. Quando a Bruxa Má do Leste é morta no começo da história, a Bruxa Boa do Norte diz a Dorothy: "Ela mantém os Munchkins como escravizados há muitos anos, e eles trabalham dia e noite. Agora que estão livres, são todos gratos a você [...]". A Bruxa Má do Oeste também possui escravizados. Dorothy se sente meio escravizada quando a Bruxa Má a aprisiona: ela trabalha arduamente na cozinha da bruxa por vários dias, e o Leão também está trancafiado. A primeira ação de Dorothy após a morte da bruxa é libertar os Winkies, que eram escravizados da bruxa. Eles, então, declaram que aquele dia seria um feriado a ser celebrado todos os anos.

Mais significativo para o desenvolvimento do conceito da "bruxa boa" de Baum, porém, foi o ensaio de Gage, em 1893, *Woman, Church, and State* [A Mulher, a Igreja e o Estado], publicado cinco anos antes de seu falecimento. Nele, ela escreve que a submissão das mulheres em sua época era comparável com a caça às bruxas na Europa. Ela acreditava que as bruxas da Europa Ocidental sofriam perseguição porque a sabedoria delas era uma ameaça à Igreja patriarcal. Nas palavras de Gage: "Seja qual for o pretexto para a perseguição por bruxaria, temos provas abundantes de que a tal 'bruxa' era, na verdade, uma das figuras mais profundamente científicas de nossa era. A igreja, que proíbe seus ofícios e todos os métodos externos de conhecimento às mulheres, ficou extremamente indignada por ela ter uma sabedoria própria, que penetrava alguns dos segredos mais sutis da natureza: e, na Idade Média, debatia-se se o aprendizado para as mulheres não seria uma condição adicional da malignidade, uma vez que foi por intermédio da mulher que o conhecimento entrou no mundo pela primeira vez".

Sob a perspectiva de Gage, rotular mulheres brilhantes de "bruxas" era um meio encontrado pela Igreja para demonizar e racionalizar a aniquilação delas. (Ou como diria Lisa Simpson 115 anos depois: "Por que sempre que uma mulher é confiante e poderosa, todos a chamam de bruxa?".)

E de onde Gage tirou tal ideia? Pelo menos em parte, de *A Feiticeira*, de Jules Michelet, que ela cita diversas vezes nas notas de rodapé de seu livro.

Embora o ensaio de Gage tivesse grande influência no advento do feminismo norte-americano, deve-se notar que, assim como *A*

Feiticeira, está cheio de erros. Hoje sabemos que uma boa parte das mulheres e dos homens condenados à morte na caça às bruxas era, provavelmente, de classes mais baixas, sem educação formal, e tais pessoas não eram, portanto, "profundamente científicas" como ela imaginava. Gage também foi responsável por circular a informação, hoje, desmentida, de que nove milhões de bruxas e bruxos foram condenados à morte na Europa – os estudiosos hoje calculam que o número seria entre cinquenta e duzentos mil.

De qualquer forma, a maneira como ela reconfigura a caça às bruxas mexeu com a imaginação de muitos leitores, entre os quais, seu genro. Se não fosse por Gage, L. Frank Baum nunca teria concebido a noção de uma bruxa boa.

Em suma, a marca feminista de Gage está presente em Oz, e seu legado das bruxas boas permanece vital até hoje. Nas palavras de Kristen J. Sollée em seu livro *Witches, Sluts, Feminists: Conjuring the Sex Positive* [Bruxas, Vadias, Feministas: Conjurando o Sexo Positivo]: "[...] Gage adotou a defesa do feminino divino como sua prática espiritual, e é a primeira sufragista reconhecida por acolher a palavra "bruxa". [...] Sem Gage, as bruxas talvez ainda fossem vistas na cultura popular como criaturas absolutamente malignas".

Poderíamos até dizer que Matilda Joslyn Gage foi a Glinda original.

Em 1939, quase quarenta anos após a publicação do livro de Baum, a MGM lançou o filme *O Mágico de Oz*, e a pergunta de Glinda a Dorothy: "Você é uma bruxa boa ou má?" reverbera desde então. O filme se tornou um clássico por diversas razões, mas uma delas, sem dúvida, é que injeta a noção da bruxa boa de Baum na corrente sanguínea cultural das massas. Também abriu as portas para outras personagens bruxas cheias de glamour como Jennifer, de Veronica Lake, no filme *Casei-me com uma Feiticeira*, de 1942; Gillian Holroyd, interpretada por Kim Novak no filme de 1958, *Sortilégio de Amor*; e a bruxa Samantha Stephens, de Elizabeth Montgomery, na série de TV nos anos 1960, *A Feiticeira*. Se Michelet, Gage e Baum ajudaram a tirar as bruxas das sombras, Hollywood as colocou nos holofotes.

A versão da MGM de Glinda abriu o caminho para uma bruxa cinematográfica que era não apenas bondosa, mas muito linda. Foi interpretada pela atriz de cinema e teatro Billie Burke, casada com o lendário produtor da Broadway Florenz Ziegfeld Jr., famoso por *Ziegfeld Follies*. Surpreendentemente, Burke tinha cinquenta e quatro anos quando filmou *Oz*, quase vinte anos mais velha que Margaret Hamilton, atriz que interpretou a horrenda Bruxa Má do Oeste.

No filme, Glinda e a Bruxa Má sem nome são apresentadas como a derradeira dicotomia: Glinda é a meiguice pura, coberta de rosa e estrelas, meio fada e meio flamingo. Seu método preferido de transporte é a flutuação, e quando ela aparece reluzente em bolhas de sabão, cheia de espuma, logo sabemos que é um ser benevolente. Ela tem uma estrela no centro e usa uma coroa que se parece com a de Maria, Rainha do Céu. Glinda é, portanto, quase uma santa. Celestial, etérea, mestra da elocução, tem o aspecto de uma menina brilhante. Mais que isso: é uma figura materna, uma guardiã, uma doadora. É a personificação da gentileza.

A Bruxa Má do Oeste é completamente oposta. Com os traços bem marcados e usando um vestido preto, ela nos cumprimenta com uma cacofonia de gritos e grasnados. É uma mulher irritável, uma criatura de fome e desejo, com um riso libidinoso e uma paixão por sapatos vermelhos. Ela não flutua, mas voa como uma flecha sempre em frente, montada em sua vassoura, e deixa um rastro de fumaça.

É uma chama viva, livre, veloz e ardente. Mesmo no começo do filme, usando o disfarce de sua outra identidade, a maldosa senhorita Gulch, ela anda de bicicleta – uma atividade um tanto quanto independente para mulheres dos anos 1930. Ao contrário da outra bruxa de coloração rosada, hermeticamente protegida, esta bruxa sente o ar na pele enquanto passeia. Mas ela é também uma personagem ctônica, rainha de um mundo de cabeça para baixo, habitante de um castelo cinzento no alto de uma cadeia de montanhas que parece uma fileira de dentes pontudos. A pele da Bruxa Má é verde brilhante, evocativo de veneno, inveja e peste. Sua palidez cor de ervilha e paleta de cores em geral demonstram que ela é uma mensageira doentia da morte.

Ironicamente, a personagem da Bruxa Má do Oeste foi um tanto ameaçadora à atriz que a interpretou. A maquiagem verde era à base de cobre e, como diz o Oz Wiki: "potencialmente tóxica", e só podia ser removida com álcool, um processo altamente doloroso por causa da abrasão antisséptica. Também era difícil para Margaret Hamilton comer enquanto usava o figurino da personagem; e tinha de ingerir quase só líquido ou um assistente de produção precisava partir a comida em pedacinhos. Algumas fontes dizem que a pele da atriz permaneceu verde durante várias semanas após o término da filmagem. Mais angustiante ainda foi o fato de seu figurino pegar fogo durante a filmagem da cena em Munchkinland, causando-lhe queimaduras no rosto e na mão direita. Ela precisou se ausentar das filmagens por dois meses até se recuperar. Como quase sempre acontece com as bruxas, a linha divisória entre vilã e vítima se sujou de fuligem.

De qualquer forma, Hamilton foi aclamada por interpretar um papel tão icônico. Na verdade, ela o reinterpretou diversas vezes ao longo da vida, como em um episódio de *Vila Sésamo* em 1976 (que só foi ao ar uma vez por causa de reclamações dos pais), e em uma sessão de fotos em 1980 feita por Andy Warhol, cujas fotos impressas foram adicionadas à sua série *Myth* [Mito], de 1981. As crianças que talvez a temessem em 1939 se tornaram adultos que a aplaudiram. Podemos encontrar na internet um áudio dela e de Judy Garland juntas no *The Merv Griffin Show* em 1968, quase trinta anos depois do lançamento de *O Mágico de Oz*. No vídeo do programa, Garland está encantadora, mas o que mais atrai a audiência é o ruidoso e ornitológico riso de bruxa de Hamilton. Existe uma palavra no inglês antigo, *kench*, que significa "rir muito alto". Pois eu poderia ouvir o *kench* de Margaret Hamilton o dia inteiro.

A Bruxa Má do Oeste é estridente, sem dúvida, e o que é pior: ela adora essa estridência. Talvez seja por isso que ela é tão amada. É assustadora, sim; tanto que partes de sua fala foram cortadas depois que o trailer foi exibido a uma plateia de crianças aterrorizadas. Mas o mais importante era que ela parecia se divertir muito. Mesmo quando estava derretendo, ela *vive* o momento e proclama sua "linda maldade". Suas ações são condenáveis, mas devemos reconhecer: ela não tem vergonha nem remorso. E esse tipo de maldade é imensamente fascinante. Aquela era uma bruxa ousada.

Recentemente apareceu na internet um vídeo de Margaret Hamilton com 72 anos no programa *Mister Roger's Neighborhood*, em 1975, e não me canso de vê-lo. Ela entra na casa dele segurando uma bolsa arredondada que parece ser usada para carregar uma bola de boliche e com seu famoso chapéu preto pontudo. Ela usa pérolas e um terninho listrado de cor-de-rosa. A escolha semiótica dessa combinação – a Bruxa Má no figurino rosado de Glinda – me emociona até a alma.

Gentil, Rogers a conduz até o sofá xadrez, onde ela se senta com as mãos cruzadas como um dignitário estrangeiro e radiante.

Ele diz: "Gostaria muito de saber como você se sentiu ao interpretar a Bruxa Má em *O Mágico de Oz*".

MARGARETH HAMILTON: Bem, fiquei muito emocionada. [...] Eu havia brincado de bruxa tantas vezes [...] quando era criança, no Halloween. [...] Muitas crianças preferiam ser bruxas a qualquer outra coisa. Há muitas outras opções, mas essa era a que eu amava; então, quando tive a chance de fazer o papel, fiquei muito, muito feliz.

FRED ROGERS: Tanto as meninas quanto os meninos gostam de brincar de bruxa e bruxo, não é verdade?

MH: Sim, e como gostam.

FR: E, quando você tem vontade de brincar de algo que cause medo, a bruxa é uma boa escolha.

MH: Há muitas coisas sobre a bruxa. Sempre senti que [...] às vezes as crianças acham que ela é uma bruxa muito má, e creio que pareça isso mesmo. Mas penso que a bruxa tem dois lados: gosta de tudo que ela faz, seja bom ou mau, e curte isso. Mas às vezes também se sente, como costumamos dizer, frustrada. Ela é muito infeliz porque nunca consegue o que quer, Mister Rogers. A maioria das pessoas obtém alguma coisa no caminho. Mas pelo que sabemos, aquela bruxa nunca consegue nada do que quer, e o que ela mais desejava eram aqueles sapatos de rubi. Porque eles tinham imenso poder, e ela queria mais poder. E entendo que às vezes a achamos maldosa, uma pessoa muito má, mas na verdade temos de interpretar o ponto de vista dela. Não era feliz porque jamais conseguia o que tanto queria.

O diálogo inteiro me comove: Rogers trata Hamilton com grande reverência, e ela fala da personagem de sua vida, a bruxa, com enorme compaixão e, ouso dizer, amor.

É a reformulação da maldade que ela faz que mais me impressiona. Não há dúvida de que a Bruxa Má do Oeste é a antagonista da história de Oz: ela é uma assassina e uma tirana; e muitas de suas ações são pura maldade. Mas a desenfreada paixão da bruxa que lhe dá um apetite insaciável por cada vez MAIS é o que dá luz à personagem. E estas duas coisas – deleite feminino e desejo feminino – são constantemente demonizadas.

Chamamos de "bruxa" qualquer mulher que queira algo.

Margaret Hamilton e eu não somos as únicas a considerar o ponto de vista da Bruxa Má. Eu tinha 14 anos em 1995, quando foi publicado o romance de Gregory Maguire, *Wicked: The Life and Times of the Wicked Witch of the West* (Wicked: a História não Contada das Bruxas de Oz), e logo me apaixonei por ele. A ideia de tirar da fossa a velha personagem de Oz, cor de esmeralda, e trazê-la para o centro da história combinava com minha sensibilidade oprimida. Queria saber mais a respeito daquela ladra mágica de sapatos.

O primeiro truque de Maguire em *Wicked* é dar um nome à nossa bruxa: Elphaba, em homenagem às iniciais de L. Frank Baum. Após lançar um encantamento de sete letras, ele a transforma, de uma vilã genérica, em uma protagonista perfeita, com nuances, motivações e toda uma história por trás. O livro nos conta que ela é resultado de um estupro, sua mãe era viciada em drogas e o pai adotivo, um entusiasta apaixonado; a pele verde de Elphaba é fruto de profunda vergonha e desgraça por toda a vida. Entretanto, ela é também uma estudiosa talentosa e defensora dos oprimidos: torna-se uma porta-voz dos direitos civis dos "Animais" falantes, que são discriminados e tratados como cidadãos de segunda classe. Ela sofre perdas irreparáveis: Fiyero, o amor de sua vida, é capturado e provavelmente assassinado durante uma batida policial, e a irmã, Nessarose, morre ao ser esmagada quando a casa de Dorothy, levada pelo tornado, cai sobre ela. A reformulação de Maguire da história da Bruxa Má do Oeste se torna um conto sobre política, perseguição e dor pessoal. Ele nos instiga a considerar os fatores que podem transformar um indivíduo bom em um Supervilão.

Eu me identifiquei com isso quando li o livro, porque também me sentia sempre incompreendida e gostava de qualquer história que tratasse com ternura e compaixão os rejeitados pela sociedade. Essa nova versão da história da bruxa obviamente tocou outros nervos além dos meus. Foi adaptada para um musical da Broadway em 2003, muito aclamado pela crítica, e ganhou três Tony Awards. Ainda hoje é um dos espetáculos de maior sucesso na história, tendo conquistado uma renda superior a um bilhão de dólares em março de 2016; tornou-se o segundo espetáculo de maior venda de ingressos da Broadway em julho de 2017, perdendo apenas para *O Rei Leão*. *Wicked* está sendo adaptado para uma série pela rede ABC, além de um filme musical pela Universal Pictures. Logo o mundo inteiro poderá cantar o lamento da Bruxa Má com ela.

Ironicamente, sentir-se um esquisito, um estranho, um indivíduo incompreendido é uma experiência bastante comum. Acompanhamos o drama da bruxa com grande interesse, pois alguma parte de nós quer vê-la vencer. Afinal, nós também tememos ser esmagados, afogados, destruídos pelas Dorothys alfa. Cada pessoa tem um desejo secreto de ser destaque e adorada, com verrugas e tudo.

Há outro aspecto da presença de Hamilton no programa de Mister Rogers que também é significativo. Fica claro que ambos tentam dissipar o medo de muitas crianças que viam na Bruxa Má do Oeste um verdadeiro pesadelo, eles querem deixá-la mais aprazível e humana.

Rogers pergunta se foi trabalhoso fazer *O Mágico de Oz*. Ela diz que sim, e descreve a dificuldade de usar maquiagem verde todos os dias e conta como se esforçava para não a desgastar, mesmo na hora do almoço. Ainda se mostra perplexa quando se lembra de como assustou as crianças:

> MH: [...] Às vezes, Mister Rogers, fico triste de saber que tantas crianças têm medo dela e isso me deixa um pouco chateada, pois acho que ninguém envolvido na produção, na ocasião, achava que seria uma figura tão apavorante. Mas quando você a compreende, quando percebe que é faz de conta e que qualquer pessoa pode interpretá-la, então você também começa a interpretar o papel, meninos e meninas são capazes de interpretá-la e, às vezes, quando você já é mais crescidinho e chega a época do Halloween, quer se fantasiar de outra coisa...
>
> FR: E nem todas as bruxas têm de ser más.

Mais adiante no programa, Rogers pergunta se ela gostaria de experimentar a roupa de bruxa de novo. Ela concorda, dizendo que adoraria e seria muito divertido. Ele abre um baú e começa a tirar peças do desprezível figurino preto. Quando Hamilton vê as roupas, seu rosto se ilumina. "Puxa vida! Que coisa boa!", ela exclama, e começa a se vestir.

Põe a saia e a amarra, em seguida, a ajeita nos quadris.

MH: Veja isto. Um espaço para colocar coisas! Até as bruxas precisam de bolsos.

FR: Só de ver você envolvida com essas coisas, já me ajuda a...

MH: Ah, fico feliz.

FR: ... saber que você é uma verdadeira dama que se vestiu para interpretar essa personagem.

Ele a ajuda a colocar uma blusa preta com mangas largas, depois pede que se vire para os telespectadores notarem a parte de trás. "Há um zíper aqui, igualzinho aos zíperes de meus suéteres", ele explica.

Ela se vira, agora com o figurino completo. "Pronto!", os dois dizem juntos. Ela ri. "Não é divertido?", pergunta. "Você está ótima!", Rogers diz. Os dois estão claramente deslumbrados.

Ela põe a capa um instante e gira. Em seguida, coloca o icônico chapéu velado na cabeça e sorri para a câmera.

"Esta é a sua velha amiga, a Bruxa Má do Oeste!", diz, com uma gargalhada.

A pedido de Rogers, ela faz a voz e a famosa risada. Ele diz que deve ser divertido falar assim; e tenta imitá-la fazendo o mesmo riso.

"Você consegue!", Hamilton afirma. "Todos conseguem. Você, também!"

Fica evidente que os dois curtem muito a companhia um do outro.

Rogers pergunta se ela tem netos. Ela diz que tem três, diz os nomes deles e comenta que é sortuda por tê-los. O segmento termina com Hamilton ainda no figurino de bruxa, saindo para visitar um dos amigos de Mister Rogers.

MH: ... Vou deste jeito.

FR: Ah, é mesmo?

MH: Tem problema?

FR: Ah, isso não seria um problema para a vizinhança.

MH: Acho que vai ser divertido.

Eles se despedem. Ela se abaixa ao passar pela porta para não derrubar o chapéu.

"Lá vou eu!", anuncia ela, e sai do set.

Nas primeiras vezes que assisti a esse vídeo, fiquei emocionada demais. Tantos foram os elementos que me comoveram: a admiração de um pelo outro, aqueles dois lendários governantes de suas respectivas vizinhanças imaginárias. O modo como se divertiam sem restrições do medo provocado pela Bruxa Má. O misto de orgulho e vulnerabilidade de Margaret Hamilton, quase no fim da vida, retornando a uma personagem que interpretara quatro décadas antes, com respeito, prazer e graça.

Mas o que mais me toca é a dança delicada que ela e Mister Rogers fazem para dissipar os temores das pessoas, mas sem roubar a magia da bruxa. Sim, eles nos dizem, é só faz de conta. Mas também é real e acessível a VOCÊ. E essa não é a magia mais maravilhosa de todas?

Eu já me vi em posição parecida várias vezes durante toda a minha vida: essa postura de revelação enquanto preserva o mistério; de me deixar ser assustadora, ao mesmo tempo que garanto às pessoas que não sou uma ameaça. A resistência a me amarrar neste ou naquele mastro.

Tentamos sempre classificar, colocar cada pessoa em um envelope diferente e rotulado, para depois lacrá-los com a ponta da língua. Resistimos às nuances a cada instante, e para as mulheres isso se multiplica por dez. São puritanas ou devassas, passivas ou mandonas, inocentes ou promíscuas, meretrizes ou bruxas. Se você se interessa por moda, beleza e roupas brilhantes, é considerada inconsequente, cabeça vazia e não a levam a sério. Se expõe suas opiniões ou sua ambição, ou fala demais ou ri muito alto, é dominadora, tagarela, inconveniente, uma chata.

Talvez o maior presente que L. Frank Baum nos deu seja a visão de um espectro em pleno tecnicolor do poder feminino.

Sim, sou uma bruxa e uma pessoa boa. Mas também tenho complexidades. Pretendo usar uma capa preta por cima de meu vestido rosa proverbial. Quero rir alto, ficar nervosa e defender a mim mesma e as pessoas que amo. Quero mais da vida que simplesmente flutuar em uma bolha. Tenho a intenção de usar o chapéu pontudo *e* a coroa. Viver o mais intensamente possível aquilo que sou. Ser perversa e encantadora, selvagem e inteira. Quero ser mais que o simples isto ou aquilo.

Mas o verdadeiro desejo de meu coração é viver em uma terra mágica que valorize tudo: a bondade de Glinda, a alegria de Gulch, a arte de Margaret Hamilton e a promessa de Matilda Joslyn Gage. Chamar essa terra mágica de lar.

Capítulo 2

BRUXA ADOLESCENTE: FEITIÇOS PARA AS REJEITADAS

Sabrina Spellman não tinha sobrenome nos primeiros trinta e quatro anos de sua existência como personagem da cultura pop. Loira, modernosa e marota, Sabrina, a bruxa adolescente, como era chamada no começo, apareceu pela primeira vez na 22ª edição da revista em quadrinhos *Archie's Mad House* [A Casa Louca de Archie], em outubro de 1962. "Espero que você não tenha pensado que eu morava em algum pico obscuro de uma montanha [...] usava trapos velhos e cozinhava alguma gororoba nojenta", ela diz, deitada no chão e cercada de discos e revistas. "Não [...] nós, bruxas modernas, acreditamos que a vida deve ser uma festa! [...] Além disso, viver bem não reduz nem um pouco nossos poderes!" Ela explica que as bruxas não conseguem chorar nem afundar na água; não devem se apaixonar, pois correriam o risco de aborrecer Della, a bruxa-chefe mais glamorosa de todas. Inevitavelmente, esse último detalhe é muito problemático para Sabrina, que é doida por garotos.

Para complicar a situação, de acordo com as tradições das bruxas, ela deve lançar feitiços e fazer mágicas maldosas de brincadeira, mas Sabrina não resiste ao uso de seus poderes para o bem. Ela ajuda as amigas com problemas de relacionamento, decora o próprio quarto com cores alegres e tira os vizinhos de muitas encrencas. Às vezes, os feitiços de Sabrina funcionam, mas, na maioria das vezes, o tiro sai pela culatra: ela atinge a pessoa errada e mesmo os feitiços de azar acabam com um final feliz. "Preciso ser uma bruxa bo... quero dizer, uma bruxa *má*; e não a desgraça da família!", diz a si mesma quando aparece em uma edição de junho de 1970. Um novo elemento é introduzido no decorrer da série: ninguém pode descobrir sua verdadeira identidade – nem mesmo o namorado dela, Harvey Kinkle, um garoto meigo e desajeitado que a tia de Sabrina, Hilda, não suporta.

Durante toda a série de quadrinhos e depois no programa de TV, Sabrina se vê dividida entre obedecer à autoridade ou seguir o próprio coração. Às vezes, ela gostaria de ser uma adolescente normal e não ter poderes. Sentimentos assim refletem a tristeza de muitas adolescentes, divididas entre o desejo de seguir as normas de um grupo social e a necessidade de se estabelecer como jovem adulta independente.

Esses conflitos estabeleceram uma sintonia muito maior com os leitores do que imaginavam os criadores de Sabrina, George Gladir e Dan DeCarlo, no começo: "Acho que nós dois a víamos como uma personagem de uma única edição e ficamos surpresos quando os fãs pediram mais", disse Gladir em 2007. Por causa da demanda do público, Sabrina se tornou uma personagem recorrente nas revistas em quadrinhos *Archie's Mad House* e *Archie's TV Laugh-Out* [A Risada da TV de Archie], além de aparecer em vários desenhos animados. Por fim, ela virou estrela de sua própria revista em 1971, abrindo as portas para as futuras gerações de bruxas adolescentes.

O tom das primeiras histórias em quadrinhos de Sabrina era leve e despretensioso, uma fantasia projetada por criadores homens sobre o que uma jovem adolescente faria se pudesse fazer alguma coisa. Ela cria pizza mágica, salva um festival de música que seria cancelado pelos velhos ranzinzas da cidade, termina as lições de casa em tempo recorde e, claro, tenta fazer com que os garotos se apaixonem por ela. Mas ela é também um produto de sua época, evoluindo com os estilos e as preferências daqueles tempos. Em abril de 1971, ela é convidada por seu primo mais velho, o maravilhoso Sylvester, para ajudá-lo a espalhar a notícia do "Novo Movimento da Bruxaria". Ele aparece em casa após obter uma licença da Salem U, usando jaqueta de couro com franjas e calça boca de sino. "O que estou tentando dizer é que nós, os gatos mágicos de hoje, não saímos por aí assustando as pessoas naquelas fantasias loucas de Halloween, montados em vassouras, isso é coisa da Velha Guarda!", proclama Sylvester, refletindo os sentimentos da geração *flower-power* e inserindo o estilo de Sabrina da década de 1960 no movimento *hippie chic*.

A personagem Sabrina reencarnou diversas vezes desde os anos 1960, e a cada iteração se tornou mais complexa, capaz de mostrar um conhecimento com mais nuances da psique da garota adolescente. Embora sua vida amorosa continue presente nas gerações, com o passar do tempo a prioridade de seus interesses gira em torno de conciliar a identidade de bruxa com a de adolescente no ensino médio e aprender como usar seus poderes de maneira mais eficaz.

Eu a conheci quando tinha quinze anos por meio da série de comédia de 1996, *Sabrina, Aprendiz de Feiticeira*, criada por Nell Scovell. A série era estrelada por Melissa Joan Hart, do programa da Nickelodeon, *Clarissa Sabe Tudo*, e foi ao ar até 2003. A série tem um astral bom e é inocente, com risadas gravadas no fundo e enredos sobre confusões mágicas e feitiços que não funcionam. Mas ao contrário da história em quadrinhos de antes, a Sabrina da televisão nos anos 1990 tem uma história por trás: seu pai é um bruxo e a mãe é mortal, o que faz dela um híbrido entre a magia e o convencional. Também recebe o sobrenome de Spellman, que Scovell pegou emprestado de um amigo da família, Irving Spellman, tornando-se assim uma personagem mais convincente e real.

Essa série começa na noite do aniversário de dezesseis anos de Sabrina, quando as tias Hilda e Zelda veem a sobrinha adormecida e levitando acima da cama. Os poderes dela tinham acabado de ser ativados; e é hora de as tias lhe contarem quem ela é de verdade.

Ser bruxa não é fácil. Vemos Sabrina tentando aprender a forma de lançar feitiços e usar ingredientes mágicos, e no começo, ela tem certas dificuldades. Por acidente, ela transforma uma animadora de torcida em um abacaxi e causa um pandemônio na escola, quando usa seu "granulado da verdade" em um bolo feito na aula de economia doméstica, provocando uma epidemia de sinceridade. No decorrer da série, ela tem problemas com questões de amor, amizade e família, e se empenha em aprender quando e como é apropriado usar seus poderes. A série de Sabrina, na década de 1990, é uma história de amadurecimento feminino; um programa com dimensão, embora sempre lúdico. Por mais desafiadores que sejam os problemas da personagem, sejam sobrenaturais ou comuns, ela e as tias sempre conseguem solucioná-los no fim.

Nos anos 2010, toda a turma de Archie passou por uma renovação ousada, com o surgimento de escândalos nas mídias sociais e muito sexo. Eles também ganharam um aspecto muito mais sinistro, graças em grande parte ao roteirista Roberto Aguirre-Sacasa, que introduziu os mortos-vivos e outros elementos ocultistas ao mundo de

Archie, com a série *Afterlife with Archie* [Vida após a vida com Archie]. A série *Riverdale*, sucesso da CW e desenvolvida por Aguirre--Sacasa, reimaginou a história de Archie como uma espécie de *Twin Peaks* para adolescentes, repleta de drogas, suspense e assassinatos. Ele e o artista Robert Hawke também deram a Sabrina um tom bem mais maduro em 2014 na série de comédia *O mundo sombrio de Sabrina*, que foi adaptada para o grande sucesso de 2018 da Netflix, com o mesmo título.

Essa Sabrina mais recente possui alguns elementos das versões anteriores. Ela aparece mais uma vez com a estética dos anos 1960, em homenagem às suas raízes de meados do século XX. Assim como na série de comédia da década de 1990, *O Mundo Sombrio de Sabrina* também começa em seu aniversário de dezesseis anos, quando ela precisa escolher se quer ou não ter um "batismo das trevas" e se tornar uma completa bruxa, como seu pai era, no *coven* da Igreja da Noite. Nessa versão mais adulta, entretanto, descobrimos também que ela não pode perder a virgindade antes do ritual, apesar de sua devoção ao meigo e infeliz namorado Harvey.

As tias de Sabrina comem carne humana; e a iniciação da jovem bruxa no *coven* consiste em assinar o Livro da Besta e se comprometer com o serviço a Satanás sempre que ele chamá-la. Ela também precisará terminar o relacionamento com Harvey e desfazer suas amizades. Quando chega a hora da escolha, ela se revolta ao perceber que a Igreja da Noite é apenas outra instituição hipócrita que prega a "liberdade", mas obriga os membros a serem subservientes a um senhor do sexo masculino.

Essa nova representação de Sabrina é consciente das questões de igualdade dos direitos civis, com preocupações acerca do feminismo e da justiça social, ostentadas com orgulho: quando sua amiga

Susie, que não se conforma com as imposições de gênero, é intimidada por um grupo de atletas, Sabrina e suas amigas fundam a Associação Cultural e Criativa Interseccional das Mulheres (ou WICCA), um clube escolar cuja missão é lutar contra a discriminação de gênero, o racismo e a censura.

Essa é também, sem dúvida, a versão mais sombria que já vimos de Sabrina, com uma aquarela de terror e alusões intencionais a filmes de suspense como *O Bebê de Rosemary* e *O Exorcista*. A descrição do *coven* canibal da Igreja da Noite é uma sátira, claro, que aborda as modernas crenças cristãs de bruxas satânicas. Mas há doses suficientes de sangue e tragédia iminente que tornam a série genuinamente apavorante. Essa Sabrina não se dá ao trabalho de decorar o quarto ou tirar nota máxima nas provas. Está ocupada demais afogando o diretor machista em uma invasão de aranhas, levantando zumbis das tumbas e exorcizando demônios reais e metafóricos.

A adolescência é um show de horror em si mesma; então, faz sentido a bruxa aparecer em tantas alegorias acerca dessa fase da vida. Da noite para o dia, nossos grupos sociais se estratificam, nossa identidade sofre uma taxonomia e nos vemos em um domínio tirânico de multidões e de perdedores. A popularidade se torna um padrão a ser seguido. Alguns de nós são idolatrados; outros, rechaçados, e a maioria se preocupa em encontrar um lugar na hierarquia da concorrência.

Também é um período em que começamos a nos sentir divididos por dentro, desejando ser reconhecidos como alguém especial ao mesmo tempo que ansiamos por pertencimento. Tentamos nos estabelecer como indivíduos e começamos a carregar o peso das opiniões dos outros a nosso respeito. Somos consumidos por paixões e luxúria e ansiamos por reciprocidade. As demandas de responsabilidades familiares começam a entrar em conflito com nossas alianças platônicas ou românticas. E além de tudo isso, há a pressão extra por boas notas e boa aparência. Para muitos de nós, a adolescência é uma excentricidade literal. Você não se encaixa na comunidade certa nem usa as roupas corretas. Não se sente confortável na própria pele.

A puberdade é, sem dúvida, uma das mudanças físicas mais terríveis que enfrentamos. Ficamos sujeitos ao desconforto físico, às premências e à imprevisibilidade do corpo. O corpo do adolescente fica visível em um período no qual muitos prefeririam ficar longe da vista de todos. Causa inconveniências, constrangimentos. Somos transformados em alvo de crítica e desejo. É uma entidade liminar, presa entre a infância e a idade adulta, de repente querendo ser enfeitada e adorada. Muda de tamanho, forma e funcionalidade, e nada podemos fazer para segurá-la – uma transmutação em tempo real.

Embora ninguém questione que o período da adolescência é difícil para a maioria das pessoas de todos os gêneros, o corpo da menina cisgênero na puberdade tem seus próprios elementos específicos: novos seios e novo sangue. Fomos alertadas de que essa mudança viria e que seria súbita. E que precisaríamos comprar itens especiais para lidar com nossa nova forma. Aprendemos a ajeitar os seios de maneira adequada para serem vistos, mas a menstruação sempre deve permanecer oculta e é dolorida. Se tivermos atividade sexual, há uma grande chance de que ocorra cedo demais ou não suficientemente cedo, e que o ato sexual será *muito* doloroso, um tanto invasivo, provocando mais sangramento. Ouvimos histórias de outras garotas, mais velhas, que foram humilhadas ou se feriram. Nós nos aproximamos e ouvimos com atenção: histórias fantasmagóricas numa mesa de cantina. Sussurros três vezes na frente de um espelho do banheiro.

A adolescente percebe os olhares voltados para ela. É uma criatura estranha, um espetáculo. E, então, ela treina a arte da atração, a arte da defesa, a arte da transformação. O glamour das fadas em formato de sombra para os olhos e em "contorno" pode disfarçar suas infinitas inseguranças e desejos conflitantes. Ela aprende que a atenção dirigida ao seu corpo pode se tornar uma arma. Aprende que ela tem poder e que é capaz de exercê-lo.

A combinação de mudanças físicas, hormônios e um novo labirinto de tabus sociais costuma causar sentimentos de impotência, de medo ou de ser apenas meio humana. Não nos surpreende, portanto, que as jovens se apeguem às histórias de bruxas. Esses enredos reproduzem a tensão, de uma forma mais romântica, graças ao brilho da magia. Essas personagens que mudam de corpo oferecem uma poderosa metáfora para as flutuações rápidas das adolescentes, bem como para a fantasia de possuir controle em uma fase em que elas têm tudo, menos controle.

* * *

Minha família se mudou para uma cidade agradável chamada Morganville "por causa da escola". Do jardim da infância ao primeiro ano do ensino médio, recebi uma educação sólida lá, e sei como é raro e providencial crescer em um local repleto de recursos e relativamente seguro. Mas um dos traços tóxicos de uma cidade-dormitório com boas escolas é o classicismo que permeia o cenário social. Havia crianças em minha turma que moravam em mansões luxuosas e podiam escolher entre uma BMW ou uma plástica de nariz ao completar dezessete anos. Havia garotos e garotas que usavam as roupas "certas", cuja definição mudava de um ano para outro: de *shorts* Umbro a tênis Samba, de camisetas Hypercolor a calças Z. Cavaricci, que sabíamos que eram originais por causa da etiqueta branca na braguilha. Para as meninas, os penteados evoluíram desde as enormes franjas retas com a pontas arredondadas (que ostentei durante anos como uma coroa grudada e inchada) a cachos alisados com ferro quente em tiras de fettuccine brilhante.

Gostavam de mim no começo do sexto ano e até fui acolhida por um certo período pelas crianças populares. Mas meu interesse em fazer arte e ter conversas "profundas" acabou nos afastando. Meu aparelho dentário, cabelo encaracolado e seios pequenos com certeza não ajudavam. Naveguei por vários círculos, não me encaixando em nenhum, sensível demais para os agressivos e muito estranha para os que tinham sempre as notas altas. Eu me sentia sozinha e sem raízes.

À medida que me afastava dos populares, minhas roupas ficavam mais escuras e mais soltas. Passava sombra preta nos olhos e usava talismãs no pescoço: uma chave, uma lua crescente, uma cápsula de latão com o poema "Daughter" [Filha], de Nicole Blackman, enrolado dentro dela, no estilo de um mezuzá. Meu guarda-roupa era uma forma de eu me destacar e ao mesmo tempo de me esconder nas sombras.

Eu estava começando a me transformar.

Deixei para trás o núcleo social da escola para me embrenhar mais fundo em um mundo feito por mim.

Diferente de Sabrina, não entrei para um *coven* nem passei por iniciações complexas. Minhas primeiras experiências com magia na adolescência se baseavam em qualquer coisa que estivesse ao alcance de minhas mãos no local onde eu morava. *Bruxa de Shopping* é uma expressão usada de modo pejorativo hoje em dia, mas foi assim que comecei. No condado de Monmouth, Nova Jersey, os fornecedores mais próximos de qualquer material de bruxaria eram as seções de ocultismo nas livrarias de rede em shoppings, como a B. Dalton e a

Waldenbooks. Quando tinha sorte, convencia meus pais a me levarem de carro um pouco mais longe, a lojas como Magical Rocks, de Red Bank, ou Ram III Metaphysical Books, de Mount Holly. Foi nesta última que tive a ideia de me envolver em "metafísica" quando eu crescesse, como ficou evidente em certos joguinhos de palavras que eu rabiscava em um caderno antigo, o qual encontrei há pouco tempo. Se houvesse uma ocasião superespecial, eu ia à meca da bruxaria que era a New Hope, na Pensilvânia, onde eu compraria livros como *Advanced Candle Magick* [Magia Avançada de Velas], de Raymond Buckland, e meu primeiro baralho de tarô, a Rosa Sagrada de Johanna Gargiulo-Sherman, cujas figuras lembravam vitrais da Idade Média.

Meus pais me apoiavam, mas com cautela. Sendo artistas, eles encorajavam minha individualidade e gostavam de ver o modo como me dedicava aos meus interesses, desde que mantivesse uma comunicação aberta com eles. Mas, na escola, meu interesse por magia era secreto e solitário. Não tinha vergonha, exatamente – mas queria me preservar por causa da necessidade de proteger uma das poucas coisas preciosas que eram só minhas. Quando você é uma criança esquisita, aprende a erguer cercas ao redor das coisas que tanto ama. Você as esconde no fundo do coração para que ninguém as tome, zombe ou as destrua por mera crueldade ou apenas falta de cuidado.

Passava boa parte de meu tempo livre escrevendo poesia, lendo e pintando imagens às quais colava objetos estranhos das lojas esotéricas e de livros *vintage* de ciência. Tínhamos em casa dois aparelhos de videocassete, e eu os configurei para fazer um compilado em VHS dos videoclipes que eu amava ou longas cenas de momentos empolgantes de um filme em que a lua aparecia de maneira memorável.

Mas quando eu não estava fazendo arte, eu estava fazendo magia.

A maioria dos meus primeiros feitiços se concentrava em garotos por quem eu tinha uma quedinha, na esperança desesperada de que eles também viessem a me amar. Também comecei a preparar feitiços para algumas poucas amigas, nas quais eu confiava, e que estavam apaixonadas por pessoas que talvez nem soubessem que elas existiam.

Fiz um feitiço para Rebecca, amiga de minha irmã, que se escondeu em meu quarto durante uma festa na minha casa após me dizer que gostava de um "cara gato" que estava lá embaixo. Acendi umas velas, fiz alguns encantamentos, joguei nela um pouco de "pó do amor" que comprara em uma loja da nova era e mandei-a descer. Ela e o cara gato ficaram juntos naquela noite.

Também fiz um feitiço após passar horas até escolher o cristal perfeito na East Meets West, uma loja de produtos místicos no *shopping* de Monmouth. Voltei para casa e o carreguei com magia de amor; em seguida, dei o cristal a Keith, um garoto de rosto avermelhado que interpretava o rei na produção da escola de *Once Upon a Mattress* [Era uma Vez um Colchão]. A tentativa falhou, pois ele me ignorou durante toda a temporada.

Entretanto, nem todos esses feitiços eram benignos.

No nono ano, havia uma garota que eu odiava. Era uma riquinha convencida chamada Tiffany, que representava tudo o que eu era contra. Como se não bastasse ela ser insípida e esnobe, para piorar ela namorava Marc Fleishman, um garoto por quem eu estava apaixonada. Precisava tomar uma providência. Eu tinha um livro de magia medieval que continha feitiços mais malévolos do que os que eu já conhecia. Incluíam ingredientes como patas de rã, ovos pretos e couro recém-curtido. Logo percebi que precisaria improvisar.

Encontrei um feitiço cujo título era "Para se vingar de um inimigo". Não havia bexiga de frango em casa, mas eu tinha um saco hermético. Não havia açúcar demerara, mas encontrei saquinhos de adoçante. Na cozinha, segui todos os passos da melhor maneira possível em uma noite na qual meus pais não estavam em casa. Misturei os ingredientes no fogão, adicionei canela, alho em pó, pimenta preta e uma foto de Tiffany, dos registros da escola, na água fervente. Coloquei na mistura também um pedaço de couro cortado de uma bolsa velha e o espetei nove vezes com um alfinete, de acordo com as instruções do livro. Cuspi na panela. Imaginei Tiffany em uma maré de azar. Disse o nome dela.

Na manhã seguinte, Tiffany apareceu na escola cheia de pústulas. Ela tinha ficado deitada embaixo do sol no dia anterior e adormeceu "como carne assada". A pele dela ficou cheia de bolhas; e ela passou um creme que a deixou com uma aparência ainda mais grotesca. Parecia um molusco descascado. Estava horrenda e sabia disso. Visivelmente chateada, andou o dia inteiro pela escola com o rosto escondido pelos cabelos. O feitiço tinha funcionado.

A princípio, eu me sentia maravilhosa e perigosa: a justiça tinha sido feita. Mas com o passar do dia comecei a sentir um medo terrível. *O que eu tinha feito?* Minha culpa e meu remorso só cresciam, quanto mais eu pensava no episódio. Por maior que fosse o entusiasmo pela eficácia do feitiço, detestava saber que o sofrimento dela era por minha causa, e também temia ter atraído as mais horríveis forças das trevas.

Deitada na cama à noite, não dormi, atormentada por visões do rosto inchado e triste de Tiffany. Resolvi que nunca mais faria aquilo a outra pessoa. Era o fim das maldições. Nada de feitiços do mal de novo.

Inevitavelmente uma conversa sobre bruxas adolescentes remete a *Jovens Bruxas*, o filme de 1996 que originou mil *covens*. Eu tinha 15 anos quando chegou aos cinemas, e nem imaginava, na época, que clássico cult ele se tornaria. É considerado hoje um dos filmes mais influentes sobre bruxas já produzido; e venerado por muita gente. Fãs ainda falam de seus trajes deliciosos ao estilo dos anos 1990 (gargantilhas, coletes elegantes, saias campesinas com botas!) e da descrição extraordinária e ousada de garotas adolescentes vingativas. Muitas mulheres negras também comentaram como foi importante que uma das quatro bruxas fosse negra, algo que ainda hoje é raro; a bruxa arquetípica é quase sempre branca. E, por último, o filme tem um ar de autenticidade que falta na maioria dos filmes sobre bruxas. A sacerdotisa de Wicca Pat Devin trabalhou como consultora para garantir que muitos dos rituais e dos subsídios utilizados se assemelhassem aos que ela mesma usa. E duas das atrizes principais do filme, Fairuza Balk e Rachel True, tinham um interesse pessoal por ocultismo quando assumiram os papéis; e esse interesse continua. Balk foi dona de uma loja esotérica em Los Angeles chamada Panpipes por muitos anos; e atualmente vende seus trabalhos artísticos carregados de magia pela internet. True agora tem um próspero negócio de leitura de tarô chamado True Heart Tarot. (Nos bastidores, há rumores de que durante a filmagem da cena do ritual à beira-mar no pináculo, morcegos de verdade pousaram no círculo "mágico", ondas ficaram violentíssimas e toda a equipe sentiu fraqueza durante a entoação final de Balk. Mas estou desviando do assunto.) Muitas bruxas praticantes mais ou menos da minha idade dizem que esse filme foi uma grande inspiração para explorarem a bruxaria, e a tentativa de realismo é um dos motivos por que mexeu tanto com as pessoas.

Mas há muitos elementos problemáticos no filme *Jovens Bruxas*.

No começo, aparece a protagonista Sarah, uma estudante transferida de outra escola e que tem um histórico de tentativas de suicídio, além de ser assolada por acontecimentos estranhos. No primeiro dia na escola nova, ela conhece Nancy, Bonnie e Rochelle, um grupo de garotas góticas à procura de uma quarta integrante para completar o *coven*. Quando Rochelle vê Sarah fazer um lápis ficar de pé por meio de magia durante a aula de francês, ela se convence de que a jovem é aquela que elas estavam esperando.

A princípio, parece que Sarah finalmente encontrou abrigo com suas irmãs rejeitadas. Juntas, elas podem invocar as quatro direções (algo que as bruxas praticantes fazem na vida real, embora com variações). Com os poderes agora supercarregados, cada uma delas se empenha em realizar seus desejos pessoais. Sarah lança um feitiço de amor sobre Chris, o rapaz que ela ama, apesar de ele ter espalhado rumores sobre ela quando Sarah se recusou a ir para a cama com ele após um encontro. ("Sei que é patético", ela diz, em uma das tentativas desajeitadas do filme de racionalizar a paixonite dela por ele como meramente cruel.) Bonnie usa bruxaria para curar cicatrizes feias nas costas e ficar mais bonita. Rochelle, a única personagem negra do filme, joga um feitiço de vingança para fazer os cabelos de uma pessoa racista e inoportuna caírem. E a líder Nancy usa magia para invocar o deus Manon (fictício), que culmina com o súbito e fatal ataque cardíaco de seu padrasto abusivo. Graças a essa morte, ela e a mãe ganham uma soma enorme do seguro de vida, que lhes permite mudar do trailer cheio de goteiras que moravam para um luxuoso condomínio em Los Angeles.

Claro que as garotas ficam inebriadas por seus dons recém-descobertos. Elas usam magia para mudar a cor dos cabelos e dos faróis dos semáforos, além de estabelecer uma conexão mais profunda com o espírito de Manon. Também emanam mais sexualidade à medida que a magia delas se desenvolve, tanto na postura quanto no estilo pessoal. Conforme me explicou Rachel True, que interpreta Rochelle: "Nossas saias ficam mais curtas à medida que nossos poderes se fortalecem". Sexo e feitiçaria se fundem, o que é comum nas representações de bruxas. Por algum tempo, essas adolescentes se divertem muito, livres das amarras da vitimização adolescente e capazes de atrair quaisquer resultados desejados.

Mas logo seus feitiços originais saem do controle, e Sarah hesita em continuar usando a magia daquela forma. Chris, o garoto que agora a "ama", torna-se um *stalker*; Bonnie, que agora está mais bonita, vira narcisista; a racista inoportuna de Rochelle aparece aos prantos no chuveiro da academia, pois perdeu tanto cabelo que virou uma aberração na escola. Nancy deseja ter mais poder, e depois de completar um feitiço de invocação das trevas, sua magia se torna mortal. As tensões atingem um clímax quando a obsessão de Chris por Sarah, induzida por bruxaria, culmina em uma tentativa de estupro (uma mensagem duvidosa, segundo os padrões atuais: devemos pensar que Sarah é culpada?). Sarah foge e corre até o santuário do *coven*, abalada, desarrumada e coberta de poeira. Quando Nancy descobre o que aconteceu, ela fica brava. Vai a uma festa onde Chris está e tenta seduzi-lo. Quando ele resiste, ela muda de rosto para se parecer com Sarah e o censura por tratar as mulheres como prostitutas. "*Você* é o prostituto!", ela grita, e usa a magia para forçar Chris a cair da janela e morrer.

Sarah, plenamente convencida de que Nancy é malvada, tenta impedi-la com um feitiço de amarração que não funciona. Segue uma briga violenta entre as duas. Sarah, contando com o poder e a bondade de sua mãe falecida (também bruxa, aliás), consegue, enfim, derrotar Nancy, jogando-a contra um espelho em uma verdadeira chuva de cacos de vidro. No fim do filme, as outras duas bruxas tentam fazer as pazes com Sarah. Dizem a ela que perderam a magia e querem saber se ela ainda a possui. Sarah responde conjurando um relâmpago para partir um galho de árvore, que cai aos pés das outras: um alerta de que não devem se aproximar dela de novo. Na cena final do filme, vemos Nancy amarrada em uma cama em um manicômio, onde ela se põe a balbuciar, histérica, sobre Manon, presumivelmente contorcendo-se até o fim de seus dias.

Quando vi *Jovens Bruxas* na adolescência, fiquei incomodada. Fiquei assustada com o fato de os rituais das adolescentes serem tão semelhantes aos meus. Era aquele o caminho que eu trilhava? Seria eu também punida por um destino sinistro? Ao mesmo tempo, há um fator interessante que o filme destaca e ao qual achei difícil resistir: as bruxas são rebeldes e usam jaquetas de couro, batom preto e cordões com talismãs estilosos. Lançam feitiços com a trilha sonora de rock alternativo dos anos 1990 e com a trilha sonora de Graeme Revell que mistura melancolia e Oriente Médio ao fundo. "Cuidado com aquelas esquisitas", um motorista de ônibus as aconselha, em uma das cenas mais icônicas do filme. "Nós somos as esquisitas, moço", Nancy responde atrás dos óculos escuros, antes de sorrir como o gato de Cheshire*. Aquelas garotas tinham uma petulância sobrenatural. Eu queria ter aquilo também.

Entretanto, no fim das contas, o tom do filme me pareceu negativo e um tanto maldoso. A lição era: não se metam com magia negra, moças, ou terão o que merece. Não sejam poderosas demais, fortes

---

* Cheshire é o nome do gato listrado de cor-de-rosa e de sorriso largo da história de *Alice no País das Maravilhas*. (N. da T.)

demais, qualquer coisa demais. *Jovens Bruxas* reforça a ideia de que garotas adolescentes não têm o menor autocontrole ou autorreflexão. A manifestação de seu pleno potencial é um convite para o pandemônio e a destruição. Em determinado momento, a proprietária de uma loja esotérica que elas frequentam diz que magia não é negra nem branca. O bom ou mau é o que está no coração da bruxa. Suponho que Sarah seja considerada uma bruxa boa no fim, mas... ela não usa magia para ferir Nancy e as outras? Somos convidados a admirar o modo como essas jovens se recusam a ser vitimadas, mas também se deixam iludir – *como as garotas sempre fazem*. Melhor, talvez, limitar-se a sorrir e suportar a mexer com coisas que estão além de sua compreensão "limitada". Controle-se para não se machucar.

Não que eu não me identificasse até certo ponto. Minhas primeiras experiências com magia foram inspiradas por muitos dos mesmos impulsos: desejo de amor, vingança, controle. Assim como Sarah, também era movida pelo desejo de viver a vida como eu queria; e aprendi de primeira como é horrível sentir que causei o mal a outra pessoa intencionalmente (embora as minhas consequências tivessem sido menores). Mas me perturbavam as implicações do filme de que para a maioria das garotas o interesse por magia acaba obscurecendo o sentido de certo e errado.

Ao assistir ao filme novamente como adulta, ainda não me sinto muito à vontade. Mal sabemos a história original de cada uma das bruxas, e até uma boa parte do filme não conseguimos sentir empatia pelos traumas pessoais das personagens, que são apenas caricaturas planas. Gostaria que o espectador fosse induzido a se importar com elas, mas o filme se converte em uma história de alerta sobre o que acontece quando jovens adolescentes não são monitoradas. *Jovens Bruxas* é como uma versão ocultista de *Atração Mortal*, outro filme sobre como a vingança na escola pode ir longe demais. Devemos nos identificar com as oprimidas e sentir o gosto de sua vingança quando seus planos dão certo. Contudo, somos castigadas quando os alvos delas sofrem e as meninas se perdem em um desvario de poder. O filme nos estende a mão e, depois, nos dá tapas.

Mas esse ainda não é o aspecto que menos aprecio de *Jovens Bruxas*. O que deixa mesmo um gosto ruim em minha boca é a apresentação que o filme faz da amizade entre mulheres. As garotas não são realmente amigas, mesmo antes do conflito final. Elas unem forças por necessidade, não afeição genuína, e no fim Sarah fica sozinha. Eu adoraria ver as bruxas em uma verdadeira aliança baseada em amizade e interesses mútuos. Em vez disso, o filme reforça o velho estereótipo de meninas que se apunhalam nas costas. Mesmo que tivessem de aprender lições difíceis ou enfrentar forças das trevas, os laços entre elas poderia tê-las ajudado a se portar de maneira ainda mais feroz e fantástica.

É um filme de fantasia de terror no qual aparecem cobras do nada e as bruxas levitam do chão. Mas talvez, para os produtores, a ideia de um grupo unido de garotas fosse implausível demais.

Minha graça redentora na adolescência foi minha melhor amiga, Molly. Era ainda mais baixa que eu, o que era ressaltado por cabelos que desciam quase até os joelhos. Tínhamos um gosto semelhante por música e adorávamos filmes bizarros. Trocávamos bilhetes na escola e presentes que eram velhas caixas de charuto cheias de amuletos, brinquedos antigos, pedras e conchas, além de fotos recortadas da revista *Sassy*. Decoramos o porão de minha casa como se fosse uma exposição de arte, com cabeças de bonecas penduradas no teto com fitas roxas, anúncios de Kate Moss, ilustrações de livros infantis clássicos, fotocópias de páginas da revista *Sandman* e figuras dos desenhos animados da Disney. Passávamos horas vestindo fantasias, em sessões de fotos "artísticas", e nos empenhávamos ao máximo para imitar imagens que descobríamos de fotógrafos como David LaChapelle e Floria Sigismondi e do maquiador Kevyn Aucoin. Montávamos colagens de nossos heróis e caçoávamos das poses de babacas que víamos na TV e em nossa escola. Sempre assistíamos a um programa chamado *Liquid Television* e discutíamos sobre quem de nós era Daria e quem era Jane.

Sonhávamos em dirigir filmes, trabalhar para a MTV ou fazer parte de uma banda. Queríamos construir algo, qualquer coisa. Mais que tudo, queríamos ser alguém na vida, embora não soubéssemos exatamente quem ou como. Mas o que mais desejávamos era sair. Mal podíamos esperar para fugir de nossa cidade esnobe e chatíssima.

Calouras no ensino médio, Molly e eu nos enquadrávamos muito bem em um grupo de jovens, na maioria garotos, que amavam Marilyn Manson e filmes de monstros. Éramos inseparáveis, nos reuníamos todos os fins de semana na casa de dois irmãos cujos pais tinham a fama de permitir tudo – o que era irônico porque o pai era policial. Embora morassem em um condomínio, tinham um porquinho de estimação chamado Hammy. Era uma criaturinha feia que assombrava a casa, sempre com a impressão de que estava pronto para atacar.

Nós oito (ou um pouco mais) passávamos inúmeras horas juntos, tomando cerveja, escutando música ou indo ver filmes assustadores como *Seven – Os Sete Crimes Capitais* e *O Corvo: a Cidade dos Anjos*. Filmávamos entrevistas de nós mesmos com a pergunta: "O que você preferiria?". *Você preferiria ter asas ou barbatanas? Preferiria ser invisível ou ter o poder de se teletransportar?* Passávamos a noite lá, relativamente castos, e cochilávamos em pilhas de almofadas diante de episódios do programa *Mystery Science Theater 3000*, empanturrados de Chex Mix e Budweiser. Molly e eu encontramos nossa tribo. Eles eram a nossa gangue de Garotos Perdidos, e nós éramos a Wendy deles.

Com o tempo, começamos a namorar dois dos garotos: Ryan e Tom, que também eram melhores amigos. Minha primeira vez foi com Ryan, na casa dele enquanto assistíamos a *Colheita Maldita* pelo videocassete. Foi um amor.

Molly foi à casa de Tom em uma noite – a primeira dos dois sozinhos. Ela estava muito nervosa; e eu nervosa por ela. Ela e Tom eram tímidos; portanto, seria impossível saber quem daria o primeiro passo, se é que aconteceria.

Fiz um feitiço.

Comecei a enviar a Molly por telepatia uma mensagem de coragem e fixei em minha mente uma imagem dos dois se beijando. Lembro-me de dar passos no corredor do segundo andar de minha casa, diante das portas de espelho fechadas, de um lado para o outro, enquanto entoava, atraía energia, sentindo uma carga elétrica formigante nos braços. E nesses movimentos continuei até ocorrer, para meu espanto, um relâmpago e o som de um trovão.

Mal pude acreditar. Seria coincidência? Ou de fato invocara algo? Até hoje não sei.

Um telefonema de Molly mais tarde, naquela noite, confirmou o que eu achava ser verdade: sim, os dois se beijaram. Comparamos os horários: batiam. O feitiço tinha funcionado.

No ano seguinte, a situação mudou. Fomos substituídas por modelos mais jovens, mais espertas, duas garotas chamadas Nicki e Angie, que fumavam sem parar e cuja brincadeira principal nas festas era se masturbar sob os jeans enquanto todos olhavam. Nossos relacionamentos com Ryan e Tom já tinham acabado. O clã começou a se embriagar muito mais, e vimos nossos amigos decair até o colapso total, de repente eles estavam mais interessados em contar histórias de como drogavam os próprios cachorros que falar sobre desenhos animados esquisitos. Maconha não era a minha praia. Na primeira vez que fumei, senti a garganta travar e o coração batia tão rápido que achei que ia morrer. Depois daquele dia, fiquei assustada demais para experimentar qualquer coisa mais forte.

De repente, Molly e eu éramos as rejeitadas do grupo dos párias; e nos vimos sozinhas. Mas continuávamos amigas, com um cordão dourado entre as duas que nos impedia de nos afogar de uma vez por todas. Gravávamos fitas de músicas uma para a outra, dormíamos na casa dela ou na minha e ainda nos vestíamos ao melhor estilo vanguarda de Nova Jersey. Começamos a ir a shows, fazendo, afinal, a peregrinação até Manhattan para ver nossos músicos favoritos. Björk no Hammerstein. Tori Amos no Beacon Theatre. Rasputina no Bowery Ballroom. PJ Harvey, Prince, Bowie, Portishead. Eram artistas que nos colocavam para cima e nos transportavam para o mundo do fantástico, do cinematográfico, do tipo qualquer-lugar-menos-aqui.

Certa noite, Molly e eu fizemos um ritual no bosque atrás de minha casa. Resolvemos vestir "trajes cerimoniais". O melhor que conseguimos arranjar foram umas camisolas brancas da Victoria's Secret, que usamos por baixo de coisas que encontramos no guarda-roupa de minha mãe: um roupão cor de vinho e um de seus vestidos antigos de formatura. Nosso propósito era dançar sob o luar como uma espécie de gesto de oferenda; mas, fora isso, nossos objetivos eram realmente vagos.

Cavamos um buraco e o enchemos de gravetos, mas não conseguimos acender o fogo. Uma de nós teve a ideia de fazer uma bola de jornal e borrifá-la com spray de cabelo. Funcionou. Fumamos cigarros de cravo e entramos em transe com o olhar fixo nas chamas. Levantamos as mãos e começamos a nos balançar até uma onda de energia nos envolver. Não sabíamos o que era, mas parecia que algo divino caíra sobre nossos ombros. O vento aumentou e as chamas subiram, até ameaçarem se espalhar. Entramos em pânico e apagamos a fogueira pouco depois, mas a emoção durou por mais de trinta minutos. Nós não nos importávamos se as forças invocadas eram químicas ou apenas quimera. O que conjuramos era conexão: entre nós duas e com algo muito maior que nós.

Quando vemos pela primeira vez Louise Miller no filme de 1989, *O Poder Mágico*, ela é uma nerd que usa suéter e só tem uma amiga. Passa o tempo livre no departamento de teatro da escola e nem desconfia que está destinada a algo muito maior que permanecer no último degrau da escada social. Um dia ela se depara com um amuleto estranho no armário de artefatos teatrais. Não dá muita atenção, a princípio. Mas depois conhece Madame Serena, a médium da vizinhança, que lhe conta que Louise é, na verdade, uma bruxa reencarnada. Serena explica que o amuleto encontrado por Louise é uma espécie de bateria que contém sua magia, e que ela será capaz de acessar esses poderes assim que completar – adivinhe! – 16 anos.

Quando chega o aniversário de Louise e suas habilidades despertam, ela se regozija com tais poderes e os usa para benefício próprio. Lança um feitiço para se tornar popular, transformando-se de um patinho feio em um cisne que usa jeans e tule. Munida dessa nova autoconfiança, ela seduz o garoto mais bonito da escola e o afasta da namorada, uma líder de torcida, embora resista à vontade de jogar sobre ele um feitiço do amor. Em outras circunstâncias, ela não restringe a própria magia: transforma o irmãozinho chato em um cão e retalha contra um professor implicante, fazendo-o ficar nu diante de toda a turma.

Tudo é diversão e brincadeira até as coisas se complicarem. As demandas de sua vida social a sufocam, e ela acaba se isolando de sua melhor amiga, a única que gostava dela de verdade antes de Louise virar bruxa (e que por acaso também é uma das mais impressionantes *rappers* na história do cinema, mas você precisa ver com seus próprios olhos). Louise não sabe se o galã da escola gosta mesmo dela, ou se foi sua popularidade induzida por magia que atraiu a atenção do garoto. Mais uma vez, nossa bruxa adolescente enfrenta uma crise de identidade: onde está a lealdade dela?

O filme termina com Louise jogando o amuleto no chão, durante o baile da escola, pois decidira renunciar à magia em nome do verdadeiro amor. (Mas não se desfaz do guarda-roupa ousado). A mensagem? Bruxaria é um atalho, um código falso no jogo da vida. Melhor não usá-la, pois se o fizer, nunca saberá se conquistou algo por mérito próprio. Mas outra interpretação e que seria uma analogia a outras formas de ilusão: se você contar demais com falsas aparências, nunca saberá se as pessoas gostam de você de verdade.

Assim como acontece no aniversário de 16 anos de Louise e Sabrina, é comum que as histórias de bruxas ativem os poderes da protagonista quando ela "entra na maioridade", uma metáfora clara para a puberdade e a faca de dois gumes da sexualidade. Às vezes, a bruxaria da jovem é uma ameaça, mas outras vezes é uma habilidade. Em alguns casos, ela herda a magia, mas em outros aprende sozinha ou outra pessoa lhe passa o dom. Geralmente, contudo, as novas habilidades são algo que ela precisa aprender a controlar com prática e limite, ou simplesmente terá de renunciá-las. Ela deve decidir que espécie de bruxa quer ser.

Na série de livros infantojuvenis *Dezesseis Luas* (que também foi adaptada para o cinema em 2013, mas muito pouco comentada), Lena Duchannes descende de uma linhagem de "enfeitiçadores". Segundo o histórico da família, ao completar 16 anos ela será "proclamada" uma Enfeitiçadora da Luz ou das Trevas. Mas tem horror da segunda opção. Seu destino será o bem ou o mal? Quem ela é, afinal? A iminente metamorfose a apavora.

No livro *The Girl Who Drank the Moon* [A Garota que Bebeu a Lua], a bruxa Xan acidentalmente alimenta uma bebê órfã chamada Luna com a luz do luar, dotando-a de uma magia que é demais para controlar. Quando Luna completa treze anos, sua magia adormecida começa a aparecer e provoca tudo quanto é tipo de confusão. Ela precisa aprender a manipular essas novas habilidades, se não quiser causar mais danos.

Sunny, a protagonista nigeriana-americana de *Bruxa Akata*, de Nnedi Okorafor, está com doze anos quando tem sua primeira visão. Ela começa a história com os olhos vidrados em uma vela depois que a eletricidade em sua aldeia foi interrompida. De repente, vê uma imagem de "chamas devoradoras, oceanos em ebulição, arranha-céus caindo, pessoas mortas ou morrendo". Ela se aproxima tanto da chama que seus cabelos pegam fogo, e a mãe precisa cortar 70% dele. Sunny se sente sufocada por seus dons até conseguir orientações de amigas e mestres de magia.

E na série de quadrinhos de Greg Rucka e Nicola Scott, *Black Magick* (*Black Magick: O Primeiro Livro das Sombras*), ficamos sabendo por meio de flashbacks como a bruxa e detetive de casos de homicídio, Rowan Black, adquiriu seus poderes. Após sua festa de aniversário de 16 anos, ela aparece em um carro com a mãe e a avó. "É difícil não poder contar a ninguém", diz Rowan. A mãe retruca: "As pessoas não entenderiam, Ro". Em seguida, vemos as três chegarem ao bosque, onde são recebidas por algumas bruxas. O grupo, então, conduz Rowan em um ritual que envolve submergi-la em uma lagoa mágica, em que ela vê todas as encarnações passadas em miragens nas bolhas de água. Ela foi iniciada ou, nas palavras da bruxa, "despertada". Nos três meses seguintes, Rowan cai em depressão profunda. Começa a fazer cenas na escola, enquanto, em casa, chora profundamente e experimenta magia negra. Entendemos que ao se observar sob tortura e perseguição, nas vidas passadas, ela fica muito abalada, e não suporta a dor de descobrir quem é realmente. Para piorar, a mãe morre em um acidente de carro, e uma entidade maligna parece ser a responsável. Embora não se insinue que Rowan causou a morte, fica claro que ela já está envolvida em algum tipo de batalha do oculto. Queira ou não, ela precisa se recompor para crescer e virar uma combatente a favor do bem, como bruxa e agente da lei.

Bruxas adolescentes devem aprender controle e discernimento, assim como as jovens adolescentes precisam lidar com a incipiente sexualidade e o mutável sentido de identidade. Essas histórias retratam a magia como uma bênção e uma maldição: uma fonte de vasto potencial e um mecanismo de possível destruição. A bruxa adolescente é uma chave pronta para a ignição, um palito aceso como promessa de fogo.

Aos 15 anos, fui vítima de outras espécies de forças invisíveis.

Em novembro de 1996, fui chamada à sala do diretor. Minha avó Trudy me aguardava lá, e eu teria de sair mais cedo com ela. Quando chegamos ao carro, ela me disse que minha irmã estava sofrendo um tipo de colapso nervoso na faculdade; e minha mãe tinha pegado um avião para ficar com ela em Savannah. Depois, ela me levou ao *shopping* e me deu uma blusa cor de vinho da loja The Limited, o que me fez entender que a situação estava difícil, pois Trudy nunca pagava o preço cheio das coisas. Era meu segundo ano no ensino médio e o primeiro semestre de minha irmã na Universidade Emory. E o começo dos piores anos de nossas vidas.

Minha mãe trouxe Emily para casa, e ela estava diferente. A irmã amável e meiga que eu conhecia não era aquela pessoa à minha frente. Aos meus olhos adolescentes, ela parecia possuída, e a cada dia enfrentava uma batalha interior para expulsar o demônio ou se entregar de vez a ele. Zangava-se e gritava com qualquer um, transfigurada de fúria. Seus ataques eram ferozes, tanto verbais quanto, às vezes, físicos. Ela oscilava das alturas para as profundezas abissais, destituída de lógica, resistente à razão. Quando não ficava paralisada e gritando no chão, era difícil de compreender. Batia o carro. Tomava remédios em demasia. Ouvia vozes. Tinha crises de riso ou pensamentos obsessivos. Um dia, ela saiu correndo descalça, com um telefone sem fio na mão.

Mas a maior parte do tempo, chorava. Eram torrentes incessantes de lágrimas. A tristeza de Emily era infinda; a carência, insaciável. Minha irmã, o oceano. O tufão humano.

Qualquer pessoa que tentasse consolá-la ficava sob ataque. Ela odiava todos os que a amavam. Detestava os próprios sentimentos. Detestava o modo como nos tratava, e nos odiava por tentar parar aquilo. Vivia convencida de que todos se armaram contra ela, e que o tratamento médico era uma espécie de punição. A ala psiquiátrica era uma prisão, e ela nos via como seus carcereiros. Mas precisou ser internada, enfim. Nos meses seguintes, vi minha irmã entrando e saindo de instituições de saúde mental, à medida que os médicos tentavam ajustar os remédios e lhe ensinar estratégias para lidar com o sofrimento. Foi diagnosticada com psicose maníaco-depressiva. É um termo que já saiu de moda; hoje se diz transtorno bipolar. Mas essa descrição seria insuficiente para as mudanças de humor de Emily, bem como os extremos imprevisíveis de seu comportamento.

Doía o coração vê-la no hospital, mas em casa ela era um cataclismo. Cada dia virava nosso desastre natural, um padrão errático de clima cujos ventos ameaçavam nos soprar para longe. Meus pais e eu viramos nossa própria unidade de crise, bolando estratégias para ajudá-la e ajudar a nós mesmos. Sabíamos que não era culpa dela e ninguém sofria mais que Emily. Mas nós três também precisávamos elaborar meios de sobreviver. Como qualquer equipe de triagem, começamos a trabalhar em turnos. Quando meus pais se cansavam demais ou não aguentavam o tranco, eu ficava ao lado de Emily.

Queria ser uma daquelas bruxas adolescentes com habilidades psíquicas que, de súbito, despertavam. Se isso tivesse acontecido, talvez eu tivesse previsto o futuro, no qual minha irmã não só ficaria estável, mas também melhoraria, graças a uma combinação de remédios certos, boa terapia e do fato de se tornar uma praticante devota da meditação budista. Mas na época, eu não tinha como saber que um dia ela voltaria a ser a boa Emily, muito menos que inspiraria milhares de pessoas – incluindo a mim mesma – com a história de sua própria recuperação.

Em vez disso, meu poder recém-descoberto era ao mesmo tempo uma bênção e um entrave. Por algum motivo, no auge de suas tempestades, era só a mim que Emily escutava.

Não gritava nem chorava em círculos viciosos de lamentações, e eu a ouvia e consolava por horas a fio. Quando caía em devaneios, eu segurava os pés dela no chão. Falava até trazê-la de volta de qualquer muro que ela estivesse escalando. Fui eu que a convenci a aceitar um tratamento, várias vezes. Só eu conseguia amansar a fera, restringir o demônio. Era o anjo da guarda de minha irmã. Sua guardiã. Sua sábia mágica. Ela precisava de atenção constante, e eu não tinha escolha senão dar a ela essa atenção. Sentia que era a salvadora de Emily, impedindo-a de morrer. E às vezes, ela parecia sentir a mesma coisa.

Era um dom que eu nunca pedira. E logo passei a me ressentir dele, pois não durava. Após cada conversa transformadora, cada missão de resgate cumprida ou exorcismo bem-sucedido, via-a novamente, dali a algumas horas, encolhida como um novelo, e me tornava mais uma vez sua adversária. Escrevia poemas sobre ela, comparando-nos com Orfeu e Eurídice, na descida às trevas para tirá-la de seu Hades mental, tentando desesperadamente não olhar para trás por medo de perdê-la.

Nossa casa era uma zona de batalha emocional, uma cadeia de arame farpado. Os gritos assustavam, mas o silêncio era pior. A qualquer momento, algo ou alguém podia estourar.

Meu quarto se tornou meu refúgio. Era meu santuário suburbano, forrado de ícones sagrados. Cobria as paredes de imagens míticas e fotos de meus músicos, artistas, escritores e atores favoritos; santas que me ofereciam a esperança de que o mundo adulto era um local salpicado de filamentos reluzentes de imaginação. Usava aquela goma azul oleosa, Fun-Tak, para fazer bolinhas que prendiam as quatro pontas de todos os cartões postais, cartazes, recortes e impressões, pedaços de papel e poemas, cada um prometendo ficar de vigília até minha fuga. Punha estrelas no teto do tipo que brilham no escuro e cobria minha cadeira e o chão com figuras de padrões celestiais. Acendia tantas velas que não sei como a casa inteira não pegou fogo. Aquele quarto era meu casulo, meu caldeirão. Uma cabana mágica que construíra no coração da floresta, segura e iluminada por dentro.

* * *

Uma das mais adoráveis bruxas adolescentes de todos os tempos é Willow, da série *Buffy, a caça-vampiros*. Quando a vemos pela primeira vez, ela é a melhor amiga de Buffy e membra do que elas chamam, de brincadeira, de Gangue do Scooby: um grupo de amigos (mais um extraordinário bibliotecário da escola chamado Giles) que combate vampiros e desvenda mistérios metafísicos. Estudiosa, confiável e especialista em computação, Willow passa muito tempo na biblioteca pesquisando meios para Buffy enfrentar os diversos tipos de monstros que tomaram conta de sua pacata cidade chamada Sunnydale. Willow descobre que é capaz de fazer magia; e seus feitiços se tornam uma das armas principais no arsenal de Buffy e seus amigos.

No decorrer da série, as meninas começam a faculdade (convenientemente na mesma universidade perto da cidade onde cresceram) e Willow se torna cada vez mais devota da bruxaria, passa muito tempo estudando livros antigos e, no fim, entra para um clube de estudantes de Wicca. Conhece ali uma bruxa chamada Tara; e o relacionamento das duas se torna tema da mais icônica história LGBT, o primeiro caso de amor explícito e bem desenvolvido de duas lésbicas na televisão dos EUA. Elas descobrem que ao ficarem juntas seus poderes aumentam: uma linda metáfora para uma pessoa sair do armário, com vassoura ou sem. O primeiro beijo das duas as faz levitar. Literalmente.

A euforia dura pouco. Logo Willow fica viciada em bruxaria, se entrega a desvarios cada vez maiores e põe em risco a si mesma e seus amigos. Quando Tara é morta por uma bala perdida, a dor de Willow é tão profunda que seus poderes se voltam para o mal. Os olhos e os cabelos dela ficam pretos e as veias se tornam visíveis através da pele. Ela quer vingança, quer justiça e quer Tara de volta. E na busca por tais objetivos, espalha uma onda de destruição que quase acaba com o mundo.

Ela está prestes a conjurar um verdadeiro apocalipse quando seu melhor amigo, Xander, intervém com amor e perdão do coração. Giles, então, a leva a um lugar na zona rural da Inglaterra para treinar uma nova forma de magia baseada na natureza e na luz.

A magia de Willow é uma válvula de escape para extremos emocionais. Expressa os sentimentos colossais da juventude que ameaçam nos dominar. Quando penso nisso agora, vejo a história de Willow como uma metáfora para o vício e as doenças mentais. Mostra que quando uma pessoa sofre, ela pode destruir não só a si própria, mas todos ao seu redor. Ao mesmo tempo oferece esperança de que com o tratamento certo e apoio, a recuperação é possível para todos os envolvidos.

Na primavera de 1997, estava com muita dificuldade. Em casa, eu vivia na escala Richter, hipersensível às mudanças sísmicas de minha irmã.

Odiava a maioria dos adolescentes da minha escola, namorava um garoto gótico chamado Anthony, que era criativo, mas melancólico, como um verdadeiro gótico. Passeávamos no carro dele, escutando Tricky and Nice Inch Nails, depois íamos ao *shopping* em busca de maquiagem extravagante, roupas com franjas e as famigeradas botas Dr. Martens. Ele era dois anos mais velho que eu; e nós dois sabíamos que logo ele entraria na faculdade, uma sombra que pairou sobre minha cabeça por meses a fio. Meus únicos amigos eram ele e Molly, e nenhum dos três era feliz. Minhas notas caíam, e meu estado de espírito estava sempre amargo. Meus trabalhos artísticos eram horríveis, garotas sangrando e rostos machucados. Quando não estava consolando minha irmã, estava a maior parte do tempo sozinha em casa, com a porta fechada, ouvindo música no volume máximo. Ficava acordada até altas horas enquanto rabiscava poemas e lançava feitiços até adormecer. Acordava tarde no dia seguinte, exaurida e com os olhos embaçados.

Conforme os episódios de Emily pioravam e meus poderes de consoladora pareciam diminuir, tentava ao máximo manter uma distância entre nós duas. Descobri que conseguia acessar o telhado pela janela do banheiro do andar de cima e fugia para lá sempre que ela começava a surtar. Punha fones de ouvido e deixava o volume do Walkman no máximo, para abafar os sons lá embaixo. Então, erguia os braços para o céu e rezava por proteção. *Ajude-me, Artêmis. Ajude-me, Nuit. Por favor, Grande Deusa da Noite, ouça meu chamado na escuridão.*

Dando o crédito aos meus pais, embora tivessem muito trabalho com minha irmã perturbada, eles reconheceram que eu também precisava de um norte na vida e se empenharam em não me deixar perdida no espaço. Vinham conversar comigo sempre que podiam. Pagavam terapia e pesquisavam outros meios de me apoiar.

Tinham ouvido falar de um local que ajudara os filhos de um de seus amigos. Era uma escola particular minúscula, mas nada convencional. Não havia uniforme e era administrada por uma poetisa chamada Lois Hirshkowitz, que saía de Manhattan todos os dias para ir ao trabalho. Ela tinha cabelos grisalhos longos, que prendia em um grosso rabo de cavalo, e seus dedos ossudos e sardentos viviam cobertos de anéis que pareciam engrenagens de um relógio. Na entrevista para admissão, ela se mostrou muito séria, fez-me inúmeras perguntas e escutou-me bastante atenta, com um olhar cintilante. Gostei da sala de aula, com uma única mesa comprida, lareira e uma parede repleta de livros do chão ao teto. E também me sentia muito bem perto dela; era como se minhas palavras fossem dignas de consideração. Seria uma mudança grande, principalmente se levássemos em conta que eu só tinha mais dois anos para terminar a escola. Mas resolvi tentar. Não poderia ser pior que a escola que eu frequentava, ponderei, embora envolvesse uma viagem de uma hora de ônibus para ir e para voltar. Gostei da ideia de ter aquela mulher como minha professora. Apreciava a calma que sentia ao lado dela. Era uma pessoa quieta e a sala de aula também, mas tanto a sala quanto ela pareciam repletas de palavras acima da superfície. Eu vivia em uma casa assombrada. A partir daquele momento, a quietude não parecia nada ruim.

A escola preparatória Lakewood era uma mistura da Escola de Mutantes do Professor X e da Ilha dos Brinquedos Desajustados.* Passei de um ano escolar com quinhentos alunos para uma turma de doze pessoas. Éramos todos muito diferentes uns dos outros, mas quando você estuda em uma turma tão pequena, ela vira uma espécie de família, no sentido pleno da palavra. Cada um dos estudantes estava lá por

---

* Professor X é uma referência ao Professor Charles Xavier, que fundou a Escola Xavier para Jovens Superdotados nos quadrinhos da Marvel. Essa escola funciona como um centro de treinamento e moradia para mutantes, que são pessoas com habilidades sobre-humanas em razão de alterações genéticas. A Ilha dos Brinquedos Desajustados aparece em algumas versões da história de *Rudolph, a rena do nariz vermelho*. Compreende um local fictício para onde brinquedos com defeitos, falhas e/ou características específicas são levados. (N. da. P.)

um motivo específico, mas todos necessitavam de uma ajuda extra que as escolas públicas não tinham condições de oferecer.

Havia a escritora com tricotilomania, que usava uma peruca para esconder as falhas no couro cabeludo depois de ela arrancar tantos fios de cabelo. Uma garota que era ex-viciada em heroína, tinha furões como bichinhos de estimação e desenhava super-heróis com olhos gigantes. Havia também um garoto hilário cujo pai era um respeitável policial durante o dia e agressor de criança à noite. Meu namorado, Eddie, era um músico meigo e talentoso, com uma vida familiar tumultuada e a tendência a experimentar qualquer droga que encontrasse.

E lá estava eu. Uma fã de poesia, com as pálpebras roxas, que tinha uma irmã muito doente e era obcecada por ocultismo.

A senhora Hirshkowitz lecionava duas disciplinas: poesia e ficção contemporânea. Ela nos considerava escritores e leitores; e nos mandava ler livros de Nadine Gordimer, Toni Morrison, Geoff Ryman e Patrick McCabe. Líamos poesia de Sharon Olds e Molly Peacock e peças de Tom Stoppard, e tínhamos de escrever algo todos os dias. A senhora H – como a chamávamos – era o tipo de professora que encorajava os alunos, mas seus padrões eram altos. Ela era gentil, mas não media as palavras se detectasse algo que podia ser melhorado, tanto em nossa redação quanto na conduta geral. Percebi também que, apesar da postura discreta, ela possuía um senso de humor perspicaz e, quando ria, seu rosto inteiro trincava como *crème brûlée* e os olhos cintilavam com um prazer perverso. Eu adorava o uso que ela fazia das palavras, não só nas próprias poesias, mas também no falar. Ela tinha o hábito de minimizar frases de importância com uma informalidade seca: "Acho que isso é meio incrível", dizia, por exemplo, quando gostava de algo que eu escrevera. Na minha opinião, ela também era meio incrível.

Na aula dela, eu sabia que era capaz de escrever sobre qualquer coisa; e que o trabalho ficaria bom. Seria até bem-vindo, inclusive. Brotaram de mim páginas e mais páginas sobre minha irmã. Emily era meu monstro e minha musa. Já que eu não conseguia controlar as coisas em casa, ao menos podia reproduzir minha irmã no papel. Aprendi a converter o caos interior em foco criativo e revigorante. A cada poema, eu escrevia com um pouco mais de força: palavras mágicas para curar um coração ferido.

Hermione Granger tem apenas 11 anos de idade quando a conhecemos, mas é adolescente durante a maior parte da série *Harry Potter*. Ela é brilhante, justa e tem uma dedicação profunda aos estudos. Também é rejeitada, de certa forma. Pelo fato de seus pais não serem bruxos, ela sofre retaliações por parte dos estudantes mais cruéis da escola, que a chamam de sangue ruim, uma gíria que significa que ela é menos pura que aqueles nascidos de famílias de bruxos. A Escola de Magia e Bruxaria de Hogwarts oferece a ela amizades queridas e professores atenciosos que a ajudam a desenvolver seus dons. Mas também é o local onde ela cresce e aprende que o mundo pode ser um lugar perigoso e repressor.

Essa descoberta pode deixá-la amarga ou levá-la a experimentar o mal, como acontece com tantas bruxas adolescentes. Mas J. K. Rowling faz certas escolhas com essa personagem que revelam uma opinião muito mais otimista acerca de mulheres jovens e poderosas. No decorrer dos livros, Hermione se envolve com o ativismo e torna-se uma defensora dos oprimidos. Quando descobre que os elfos da casa não são remunerados nem têm folga, ela funda a Sociedade para a Promoção do Bem-Estar dos Elfos (SPEW, na sigla em inglês) para despertar o alerta sobre as condições de trabalho deles. Ela tricota para os elfos meias e chapéus que têm o poder de libertá-los; tudo isso décadas antes dos chapéus cor-de-rosa da Marcha das Mulheres de 2017. E ela acaba se envolvendo no trabalho de organizadora comunitária e encoraja Harry a formar a Armada de Dumbledore, um grupo estudantil secreto focado em feitiços de autodefesa, para que se preparem contra possíveis ataques do vilão Voldemort. Durante toda a série, Hermione se empenha na cruzada pelo bem, usando o cérebro e a compaixão para lutar por igualdade e salvar o dia repetidas vezes.

Assim como outras bruxas adolescentes antes dela, Hermione comete deslizes e dá passos errados em sua jornada para ser uma bruxa melhor. Mas jamais se corrompe pelo poder e nunca é abertamente sexualizada. Tampouco precisa abandonar sua magia no fim. Pelo contrário, ela aprende a canalizar seu talento natural e aplicá-lo em causas que considera importantes. Se Hermione é a bruxa adolescente da geração depois da minha, eu diria que a perspectiva para o futuro é boa.

É fácil banalizar a situação da bruxa adolescente, assim como é tentador revirar os olhos e debochar das adolescentes em geral. Essa jovem bruxa não está livre de ter o coração partido e de sofrer os abalos sísmicos mentais que podem ocorrer a qualquer hora em casa ou na escola. Ela quer beijar o garoto mais bonito, quer a nota máxima na prova de matemática e quer ser convidada para a festa na casa do aluno mais popular. Quer se sentir bonita, claro. Mas também deseja se sentir poderosa, como se a vida não estivesse apenas acontecendo, mas fosse algo que ela pudesse controlar.

Para o bem ou para o mal, as bruxas adolescentes anseiam por justiça. Transformam garotas maldosas em ratos, professores em sapos. Querem ver as pessoas dignas serem recompensadas e as cruéis receberem o destino que merecem. Por isso, fundam grupos secretos e fazem reuniões clandestinas. Planejam e articulam meios de consertar as coisas.

Se tiverem sorte, contarão com as orientações de outras pessoas no caminho, mentores ou amigos ao redor que as ajudem a moldar seus feitiços. Esses aliados as impedirão de incinerar toda a equipe de líderes de torcida e lhes fornecerão antídotos para qualquer veneno que tomem sem querer.

É perigoso ser diferente; e muito arriscado ser uma mulher em fase de instabilidade. A qualquer momento, você pode ser ridicularizada, trancada e expulsa. A bruxa adolescente é um avatar das amarguras, inseguranças e propensões estranhas que tantas de nós guardamos no íntimo enquanto navegamos pela vida na juventude.

Mas ela também oferece um meio de combater a adversidade. A história mais satisfatória da bruxa adolescente nos ensina que não precisamos temer nem diminuir nosso poder inato; só temos de escolher o melhor modo de direcioná-lo. Com a ajuda da bruxa adolescente, podemos ser nós mesmas mais plenamente.

Capítulo 3

SIMPATIA PELA MULHER-DIABO

Caso alguém pense que o medo da sexualidade feminina evapora quando as adolescentes chegam à idade adulta, sugiro levar em conta a bruxa satânica. Essa é uma mulher tão depravada que ela prefere dançar com o diabo sob o pálido luar a passar um tempo com o próprio marido que é muito respeitado e frequentador de igreja. *Quelle horreur!*

Em filmes como *Häxan – a Feitiçaria Através dos Tempos, Os Demônios* e *As Bruxas de Eastwick*, vemos essa dinâmica encenada. As bruxas diabólicas são garotas selvagens. Elas são indisciplinadas, profanas, vão arruinar sua vida.

Bruxas e demônios sempre foram companheiros de cama e enxofre, conforme atestam as histórias de bruxarias que envolvem relações diabólicas de toda espécie. Na maioria dos enredos, a bruxa se torna amante de Lúcifer, serva fiel ou emissária animada e se junta a inúmeros outros bruxos e monstros amarrados a ele por toda a eternidade.

Geralmente, o diabo se apresenta como uma rota de fuga da vida enfadonha da bruxa, um emancipador que lhe dará prazer e onipotência infinitos. Embora possa iniciar as interações e aparecer para tentá-la, ele só pode se tornar consorte da bruxa se ela quiser. A bruxa faz um pacto ou assina o livro do diabo, em um ato de flagrante consensualidade e, assim, concorda em fazer a vontade dele em troca de poder, riqueza e/ou maldades contra as pessoas. Em muitas dessas narrativas, a identidade escolhida como bruxa tem a ver com as limitações da mulher. Ela não tem força de vontade ou fé. Ela tem desejos sexuais. Está entediada. É uma bomba satânica de sexo pronta para explodir.

E parte para a ação. Fornica com demônios. Mata bebês e, com a carne deles, faz um unguento mágico para voar. Seus voos a levam a vilarejos despreparados sobre os quais lança maldições, como infortúnio e morte. Ao voltar para a companhia do diabo, ela se junta às outras seguidoras em atos de adoração profana, envolvendo orgias, farras e bodes, meu Deus.

Mas de onde veio essa imagem infernal da bruxa?

No mundo ocidental, a crença em demônios e bruxas remonta à antiga Mesopotâmia, e os dois arquétipos foram posteriormente adotados pelos persas, hititas e hebreus. A literatura antiga da Grécia e de Roma é repleta de feiticeiras como Circe, Medeia, Canídia e Panfile, mulheres que recorriam a feitiços e poções por motivos de amor ou vingança, geralmente causando males aos homens que as encontravam.

Essas personagens foram, em parte, inspiradas na vida real. Os gregos começaram uma classificação sistêmica de diferentes tipos de magos já no século V a.C., incluindo os *goēs*, especializados em fantasmas; *pharmakeis* (masculino) ou *pharmakides* (feminino), cujo foco eram as poções; e os *magos*, ou mágicos, generalistas que ofereciam serviços e praticavam *mageia*, palavra que originou o termo *magic*, magia, em inglês. Por toda a Antiguidade, alertas sobre magia do mal e sobre as pessoas que a usavam eram dados; e há registros de punições para quem se envolvia com uma atividade tão perigosa. Mas foram os romanos que começaram a perseguir formalmente os praticantes de magia. No século III d.C., o uso de *veneficium* – uma combinação de magia e envenenamento – foi criminalizado em Roma, bem como as pessoas acusadas de usá-lo, na maioria, mulheres.

Entretanto, nossa bruxa sedenta pelo diabo, que voa à noite, resultou da mistura de diversas correntes mitológicas.

Um dos contos mais famosos de uma mulher como monstro maligno de sexo e magia é o de Lilith, predecessora de Eva, e a suposta primeira paixão de Adão. A história de Lilith como primeira esposa de Adão se popularizou no século VIII d.C. graças a um texto chamado *O Alfabeto de Ben Sira*. Diz o texto que Deus criou Lilith e Adão por meio da terra, mas ela se recusou a ficar debaixo dele no ato sexual, pois achava que os dois eram iguais, uma vez que foram criados do mesmo material. Adão se declarou superior a ela e não aceitou o pedido de Lilith para ficar por cima. Furiosa, ela pronunciou o nome verdadeiro de Deus, pecado enorme segundo a tradição judaica, e voou para longe do Éden. Em algumas versões da história, Lilith copula com Samael, o anjo da morte, e gera milhares de filhas, o que lhe confere o apelido de Mãe dos Demônios. Deus manda três anjos ao encontro de Lilith. Eles dizem que se ela não voltar ao Éden, matarão cem filhas dela por dia. Ela se recusa e começa a matar bebês humanos em retaliação pela morte de suas filhas. De acordo com a tradição popular judaica, acreditava-se que só um amuleto mágico com os nomes dos três anjos podia manter Lilith afastada e proteger os recém-nascidos de seus ataques fatais.

Na reestruturação feminista a partir dos 1960, Lilith se tornou um símbolo de independência da mulher, e ela ainda é favorita entre as bruxas modernas hoje em dia. Sua recusa a se submeter a um homem e a escolha de viver segundo as próprias decisões ressoa entre as mulheres que não aceitam o convencional, muitas das quais creem que Lilith foi retirada da Bíblia por misoginia. *O Alfabeto de Ben Sira*, onde lemos que ela foi a primeira esposa de Adão, foi escrito, na verdade, pelo menos quinhentos anos *depois* do livro do Gênesis, mas, se a história já era transmitida oralmente antes, não se sabe.

Embora a personagem de Lilith não apareça na Bíblia, suas origens são mais antigas ainda. O nome provavelmente deriva de *lilītu*, uma classe de demônios femininos da tempestade que pertencem à mitologia mesopotâmica. O primeiro registro escrito de Lilith ou Lilitu como uma deidade singular vem da antiga Suméria, cerca de 2.000 a.C. Segundo o mito, ela é a "donzela das trevas" que habita uma árvore *huluppu* no jardim da deusa Inanna. Os outros companheiros de Lilith na árvore são um pássaro e, sim, uma serpente. Nessa história, Lilith, o pássaro e a serpente se recusam a sair da árvore, e Inanna se enfurece. Ela invoca o deus Gilgamesh, que chega totalmente armado e pronto para derrubar a árvore, e os três intrusos fogem. De acordo com a tradução de Diane Wolkstein e Samuel Noah Kramer: "[...] Lilith destrói a própria casa e foge para lugares selvagens e inabitados".

O livro do Gênesis foi escrito por volta de 1.500 anos depois da história de Inanna e da árvore *huluppu*, e seu conto edênico reflete essa história. E, embora a história de Lilith, a ex-esposa demoníaca, só tenha sido escrita cinco séculos depois do Antigo Testamento, há uma menção à palavra Lilith em Isaías 34:14. As mais variadas traduções da Bíblia interpretaram a palavra como "monstro da noite", "criatura da noite" ou "coruja a piar".

Há também uma teoria que diz que no fim a criatura *lilith* sofreu uma metamorfose e transformou-se na *estirge*, do folclore romano, uma coruja noturna sobrenatural que atacava crianças adormecidas. A palavra *estirge* passou a se referir a uma mulher capaz de se transformar nessa criatura mortal e alada. Nas regiões germânicas, acreditava-se que ela era uma canibal devoradora de pessoas de todas as idades, e não apenas de crianças. *Estirge* veio de *stria* ou *striga*, palavras que nas regiões romanas e germânicas se referiam a uma mulher maléfica com poderes mágicos. Por fim, *strega* tornou-se o termo em italiano para "bruxa", e a associação entre bruxas e corujas continua até hoje.

A crença nessas aterradoras entidades femininas circulou por grande parte da Europa, e a mulher que muda de forma com um apetite insaciável assumiu muitas outras formas. No fim, ela se transformou na bruxa sedenta e louca por sexo do início da era moderna.

Mas antes de tratarmos dela, vamos conhecer o ardente amante da bruxa.

O diabo passou por várias reformulações com o passar dos anos. Até a Idade Média, tinha um papel de pouca importância na teologia cristã. Satanás é mencionado raras vezes na Bíblia, e não existe uma descrição clara de sua última aparição. O caráter que hoje lhe atribuímos – o tentador de almas com cascos, chifres e cajado – é, na verdade, uma amálgama de muitos elementos diferentes, e uma pesquisa completa sobre eles daria um livro inteiro. Mas, para resumir, seus predecessores são: "satã" ou satanás do Antigo e do Novo Testamentos, descrito como um "acusador celestial" enviado para testar e assediar a humanidade, em particular Jó; a serpente no Jardim do Éden; o dragão vermelho do livro do Apocalipse; Lúcifer, o anjo caído, cuja imagem foi muito influenciada pelo *Paraíso Perdido*, de Milton, escrito em meados do século XVII; e uma miscelânea colorida de divindades pagãs (em particular, o deus da fertilidade, Pã, excitado em todos os sentidos da palavra), todas misturadas para acrescentar um sabor especial.

Alguns sugerem que o interesse renovado pelo Velho Tinhoso foi uma reação estratégica ao súbito influxo de textos gregos e árabes sobre magia cerimonial traduzidos no decorrer dos séculos XII e XIII. Os líderes da Igreja começaram a se preocupar que essas influências ocultistas estrangeiras fincassem raízes em seu jardim santo. Ao contrário das tradições folclóricas ou da "magia inferior" que as pessoas mais pobres ou os cidadãos locais "mais simples" praticavam, essa magia literária era uma ameaça à Igreja porque apelava para uma classe mais intelectual, incluindo o próprio clero. Clérigos se comportando como feiticeiros? Alguma providência teria de ser tomada. E, assim, os líderes católicos começaram a rotular a magia estrangeira de "demoníaca", e todos os magos praticantes desse tipo novo e intelectual de magia passaram a ser considerados adoradores do diabo.

Nos séculos XIII e XIV, a Igreja passou a enfocar de forma ativa os perigos da possessão demoníaca, e nesse período o emprego da magia foi declarado ato de heresia. A declaração se oficializou na bula papal de João XXII, em 1326, *Super illius specula*, que afirma:

> *É lastimável a descoberta, e o mero pensar nela enche-nos a alma de angústia, de que há muitos cristãos apenas no nome; muitos desviam da luz que outrora era deles e se permitem poluir a mente com as brumas das trevas do erro e se aliam com a morte, fazendo*

um pacto com o diabo. Fazem sacrifícios a demônios e os adoram, incitam a confecção de imagens, anéis, espelhos, frascos e outros objetos nos quais, por meio da arte ímpia, espíritos mágicos malignos são armazenados. Desses entes, tais pessoas buscam e recebem respostas, e pedem ajuda para realizar seus desejos vis. Lamentavelmente essa moléstia mortal tem aumentado mais que nunca no mundo e infligido danos cada vez mais devastadores em meio ao rebanho de Cristo.

A bula continua e diz que qualquer pessoa que ensine, estude ou pratique esses atos maléficos ou possua livros com tais informações será excomungada e julgada "diante de juízes competentes e sofrerá todas as penalidades a que são submetidos os hereges, de acordo com a lei [...]".

E assim as sementes de Satanás foram plantadas pela própria Igreja, que iniciou uma campanha ativa para informar as pessoas acerca dessa nova ameaça. Frades dominicanos e franciscanos começaram a viajar para cidades e aldeias encravadas nas montanhas de toda a Europa Ocidental com o intuito de explicar ao povo que praticar magia era um ato herético e os que a ela se dedicassem eram aliados do diabo.

Inicia-se o Pânico Satânico original.

E entra a bruxa demoníaca, pela esquerda do palco.

Registros indicam que na década de 1420, uma série de acusações de bruxaria satânica e mortes subsequentes ocorreu na Europa Ocidental, incluindo a região de Valais, nos Alpes, em Languedoque, na França, e a cidade de Roma, o primeiro caso sendo um incidente na cordilheira dos Pirineus em 1424. Esses incidentes podem ser associados com os lugares que os frades visitavam para pregar.

Enquanto os moradores talvez já acreditassem em corujas monstruosas, mulheres canibais da noite e bruxas intrometidas da aldeia, os frades contribuíram com o conceito de magas adoradoras do diabo que tinham de ser detidas a todo custo.

Dois homens específicos foram os responsáveis por identificar bruxaria em mulheres idosas particularmente: um teólogo francês chamado Jean Gerson e um frade italiano de nome Bernardino de Siena. Com o passar do tempo, contudo, pessoas de todas as idades e gêneros passaram a ser acusadas. Claro que os rumores começaram a crescer e se espalhar, com histórias de bruxas satânicas por toda a Europa, em ondas que duraram trezentos anos, com picos entre 1580 e 1630, e um declínio por volta de 1750. Os julgamentos de bruxas na cidade colonial norte-americana de Salem, em 1692, foram tardios na ordem dos eventos e as fatalidades eram pequenas em números, se comparadas com as dezenas de milhares na Europa. Os detalhes específicos sobre os supostos atos de bruxaria testemunhados variavam de região para região e de pessoa para pessoa. Entretanto, alguns motivos eram semelhantes.

O conceito de uma reunião de bruxas satânicas – o Sabá das Bruxas, ou *sabbat*, como é chamado às vezes – se originou, em grande parte, de alguns textos de meados do século XV, tais como *Formicarius*, de Johannes Nider; a obra anônima *Errores gazoriorum* e *Ut magorum et maleficioreum errores*, de Claude Tholosan (os títulos fazem a língua enrolar). Esses ensaios sobre bruxaria eram chocantes e bárbaros. Descreviam o Sabá das Bruxas como uma orgia demoníaca, com banquetes, danças, coito sórdido entre bruxas, demônios e o próprio diabo. Às vezes mencionavam o *osculum infame*, ou Beijo da Vergonha: um gesto de cumprimento no qual a bruxa beijava o ânus do diabo. Outros horrores sobre o Sabá foram catalogados, abrangendo um vasto escopo de atos não convencionais, desde canibalismo a bestialidade e até a participação na missa negra, uma inversão perversa da missa católica às vezes descrita com o envolvimento de sêmen, sangue menstrual ou urina. Há também menções frequentes do uso, por parte das bruxas, de pedaços de um bebê morto para criarem os unguentos de voo que elas utilizavam quando queriam se deslocar até os locais de suas reuniões. Claro que, antes, elas precisam assassinar os bebês. Segundo rumores, as participantes do Sabá ficavam nuas; eram insanas e totalmente descontroladas; pecadoras jamais arrependidas; decididas, com uma vontade infernal de satisfazer os próprios impulsos e servir ao Senhor das Trevas.

Possuídas por ele ou por um de seus demônios lacaios, as bruxas retornavam às aldeias ou cidades para criar tumulto. Geralmente iam acompanhadas de espíritos familiares: animais mágicos ou monstrinhos que as auxiliavam em sua má conduta. Às vezes, acreditava-se que elas próprias podiam se transformar em animais para poderem entrar nas casas e fazendas de pessoas inocentes, sem serem reconhecidas. Seu meio principal de locomoção entre um lugar e outro era o voo, embora o método de transporte variasse entre mastros, vassouras ou espetos de cozinha; ou simplesmente assumiam a forma de um animal alado.

Assim, na virada do século XVI, nascia nossa bruxa assassina de bebês, concubina do diabo, rastejante durante o dia e festeira à noite.

Um livro mais que os outros teve gigantesca influência no conceito da bruxa como figura diabólica – e sempre feminina: o *Malleus Maleficarum* ou *The Hammer of Witches* (O Martelo das Feiticeiras). Pelo que se sabe, esse manual infame de caça às bruxas foi publicado pela primeira vez na Alemanha, por volta de 1486, por "Kramer e

Sprenger" (um bom nome para um escritório de advocacia infernal, na minha opinião). Estudos recentes, porém, sugerem que o nome de Jakob Sprenger só foi acrescido ao livro em 1519, mais de trinta anos após a publicação original, talvez com o intuito de dar maior credibilidade à obra, pois Sprenger era um respeitado frade dominicano.

De qualquer forma, sabemos que o primeiro autor – talvez único – foi Heinrich Kramer, inquisidor dominicano com uma implicância feroz contra as mulheres. Embora seus escritos fossem influenciados por séculos de crendices sociais acerca da inferioridade feminina, ele próprio era um mestre da misoginia e paranoia.

Nas palavras de Malcolm Gaskill: "É um tanto anacrônico chamar Heinrich Kramer de psicopata supersticioso, mas sem dúvida ele seria isso no extremo do espectro medieval".

Ou na linguagem da era digital, poderíamos dizer que Kramer era "[...] um dos mais notórios *trolls* da caça às bruxas", segundo Kristen Sollée.

Eu acrescentaria que ele era um homem vil, cujo medo patológico de mulheres o levou a criar um dos documentos mais idiotas e desprezíveis da masculinidade tóxica que o mundo já viu.

Kramer escreveu *O Martelo das Feiticeiras* para ensinar o leitor a identificar as bruxas e o comportamento delas, combater a magia delas e tentar condená-las, geralmente à morte. Ele alerta que as bruxas são as pessoas mais perigosas da existência, pois "honram os demônios oferecendo-lhes seus corpos e suas almas". Em uma seção intitulada "As bruxas merecem a punição mais pesada acima de todos os criminosos do mundo", ele escreve: "Os crimes das bruxas, portanto, superam os pecados de todos os outros indivíduos [...] Por mais que se penitenciem e retornem à fé, elas não podem ser punidas como outros hereges com o confinamento perpétuo, mas devem sofrer a penalidade extrema".

Ele escreve que as bruxas são propensas a infanticídio, bovinicídio, canibalismo, controle mental, além de causar abortos espontâneos e tempestades de granizo.

Outro passatempo favorito das bruxas, segundo Kramer, era deixar os homens impotentes, criando neles a ilusão de que o pênis fora removido. "Não há dúvida de que as bruxas são capazes de atos extraordinários com os órgãos sexuais masculinos [...] Mas quando [a mutilação] é causada por bruxas, não passa de glamour, embora pareça real na opinião do sofredor". Enfim, deixemos este ponto claro: as bruxas podiam copular com demônios, cometer assassinato e mudar o clima sozinhas; porém, causar a perda de uma extremidade tão importante era demais para a imaginação de Kramer: *Não se preocupem, garotos, é apenas um truque!* Nem mesmo as mais poderosas bruxas eram capazes de romper a santidade do falo.

Kramer descreve o pacto que cada bruxa faz com o diabo, às vezes em uma cerimônia em grupo solene, outras vezes em particular: ela jura se tornar devota dele, renuncia a fé cristã e promete arrumar-lhe mais seguidoras. Também se compromete a fazer certos "unguentos" de ossos e membros de bebês mortos, principalmente os já batizados. Em troca, ela ganha prosperidade, uma vida longa e um fornecimento prolongado do pênis vermelho do diabo.

Kramer enfatiza que, dos dois sexos, as mulheres são as mais propensas à bruxaria por uma gama de razões, que ele explica em detalhes: elas são mais crédulas, mais impressionáveis e mais indiscretas que os homens, além de "mais fracas de mente e corpo". Usa vários parágrafos para citar exemplos históricos e bíblicos, além de fazer referências a outros escritores, todos homens, que endossariam suas explicações.

O mais importante, contudo, é que Kramer ressalta que as mulheres são mais prováveis de serem atraídas pela bruxaria por causa de sua libido inexorável: "[...] A mulher é mais carnal que o homem, conforme se pode ver em suas diversas abominações carnais". E acrescenta que isso se deve ao fato de as mulheres nascerem com defeito, pois vieram da costela retirada de Adão: "E como, por conta desse defeito, ela é um animal imperfeito, a mulher sempre engana".

Sim, segundo Kramer, todas as mulheres são vagabundas e mentirosas. Não é nossa *culpa*, entendam: nascemos assim, querido.

A frase mais citada do *Malleus* – a própria tese do livro – é: "Toda bruxaria vem do desejo carnal, que nas mulheres é insaciável". E ele vai mais longe: "É por isso que, com o intuito de satisfazer sua luxúria, elas copulam até com os demônios". Não é à toa que fugimos para transar com íncubos. Os homens não aguentam.

As ideias de Kramer acerca de mulheres-bruxas castradoras receberam um grande incentivo: a primeira máquina de impressão, inventada por Johannes Gutemberg, já existia desde 1450, e essa inovação tecnológica da escrita foi fundamental para replicar e disseminar textos e imagens de bruxas por toda a Europa. Calcula-se que o *Malleus Maleficarum* tenha sido republicado trinta vezes no decorrer dos duzentos anos seguintes, enquanto só perdia para a Bíblia em termos de vendas. De acordo com a introdução de Montague Summers à edição inglesa de 1948: "O *Malleus* constava na mesa de todo juiz, na escrivaninha de todo magistrado. Era a autoridade suprema, irrefutável, indiscutível". Nesse sentido, o livro definiu o padrão de quem eram as bruxas (ou seja, mulheres) e como elas deviam ser punidas (com brutalidade). Assim, embora já existissem ideias sobre adoradoras do diabo sexualmente promíscuas antes do livro, o *Malleus Maleficarum* selou o destino delas. Kramer ajudou a criar não apenas a *femme fatale,* mas também a *femme infernale*.

Imagem é tudo; e um segundo texto também foi fundamental na codificação do visual da bruxa. Em 1489, um alemão estudioso das leis, chamado Ulrich Molitor, escreveu *De lamiis et pythonicis mulieribus* (geralmente traduzido para o português como *Sobre Mulheres que são Bruxas e Videntes*) em resposta a *O Martelo das Feiticeiras* e, em vários exemplos, refuta algumas das afirmações da obra de Kramer. Talvez o detalhe mais significativo nos escritos de Molitor, porém, seja o fato de vir acompanhado de seis xilogravuras feitas por um artista anônimo; possivelmente, as primeiras ilustrações de bruxas que foram amplamente disseminadas. Com legendas do tipo "Duas bruxas clamam por tempestade", "Bruxas transformadas voam em cajado pelo céu" e "Bruxa e Diabo se abraçam", essas seis figuras sedimentaram a imagem da bruxa como uma mutante lasciva de cabelos soltos e pernas mais soltas ainda. Esse livro foi reimpresso em mais de vinte edições ilustradas; e visto por muitos dos artistas mais proeminentes da Alemanha, que criaram interpretações próprias dessas feiticeiras promíscuas e viciadas em sexo.

Artistas da época como Albrecht Dürer e seu pupilo Hans Baldung Grien foram influenciados por escritos sobre bruxaria como esses, bem como pelas ilustrações, e começaram a incluir a bruxa licenciosa como figura de sua "arte pessoal". Tais obras eram compradas por homens ricos para suas coleções particulares – *muito* particulares – do que Yvonne Owens chama de "pornografia religiosa de inspiração clássica". Os desenhos de Dürer, Baldung e seus pupilos mostravam mulheres nuas de todas as idades praticando bruxaria e, no ato, invocando demônios e outras forças destrutivas. Essas imagens tinham uma dualidade obscura. Por um lado, serviam como alegorias ilustradas de moralidade que, nas palavras de Linda C. Hults, aconselhavam os leitores nestes termos: "Controlem suas mulheres, ou o diabo usurpará sua autoridade". Ao mesmo tempo, eram imagens que despertavam o desejo sexual, com a intenção de excitar os colecionadores. Como geralmente ocorre quando o desejo, a vergonha e a crítica fazem parte da mesma equação: *dê uma olhada nesta cena muito ruim*.

Imagens alarmantes e anedotas escandalosas em torno dessas bruxas adoradoras do diabo viralizaram. Apareciam em textos impressos de caça às bruxas, reproduções de artistas, sermões de pastores, questionamentos de perseguidores de bruxaria e boatos entre os próprios cidadãos. O poder da sugestão não pode ser ignorado quando analisamos por que tantos dos mesmos elementos apareciam repetidas vezes nas supostas confissões de milhares de pessoas acusadas de praticar bruxaria na Alemanha, França, Suíça, Itália, Espanha, Dinamarca, Escócia, Irlanda, Inglaterra, Islândia, Hungria, Polônia, Rússia, Holanda e em Luxemburgo.

Muitos já escreveram sobre os problemas cotidianos nessas regiões à época, como, por exemplo, o alto índice de mortalidade infantil, as condições climáticas severas, doenças e problemas econômicos. Essas lutas diárias deixavam as pessoas vulneráveis, em busca de um bode expiatório – ou um demônio com pés de bode e, nesse caso, suas amantes bruxas. Começaram, enfim, a acusar os próprios vizinhos de bruxaria e culpavam uns aos outros por quaisquer infortúnios que assolassem suas famílias.

E os resultados foram horríveis. Embora seja impossível determinar um número exato, os historiadores contemporâneos estimam que por volta de duzentas mil pessoas na Europa Ocidental foram acusadas de praticar bruxaria; e cerca de metade delas perdeu a vida por conta de tal acusação. Isso ocorreu em todo o continente. Práticas de identificação de bruxas eram absurdamente dolorosas, humilhantes e às vezes fatais. Os caçadores de bruxas examinavam o corpo da acusada a fim de detectar uma "marca do diabo", que significaria um pacto infernal e seria deixada pelo próprio Satanás com ferro em brasa ou com suas garras na pele da bruxa. Procuravam também uma "teta de bruxa", ou seja, um mamilo extra cujo objetivo era amamentar o espírito de um familiar ou o diabo-bebê. Qualquer verruga, protuberância, descoloração ou marca de nascença na pele da acusada era vista como suspeita e seria cutucada com um alfinete. Se não saísse sangue, a pessoa era bruxa. Havia também o "teste de nadar". Passavam uma corda em volta da cintura da acusada e a atiravam na água de um rio, por exemplo. Se ela flutuasse, era culpada, pois a água "rejeitava" a malignidade da bruxa. Se afundasse... Oops! Ela era inocente! Era comum torturar a acusada até ela confessar ou morrer, o que acontecesse antes. Em outras ocasiões, as bruxas eram aprisionadas e não tinham a menor esperança de sair. As bruxas "comprovadas" eram rapidamente executadas na fogueira ou na forca.

Embora pessoas de todos os gêneros fossem acusadas de bruxaria, calcula-se que entre 75% e 85% tenham sido mulheres. Há muitas teorias para explicar esse fenômeno, desde a condição socioeconômica até crenças bíblicas. Mas quando nos lembramos da veemência do *Malleus Maleficarum*, creio que tudo se resumia na boa e velha misoginia generalizada.

De qualquer forma, é evidente que a partir do fim do século XV, uma das imagens mais comuns da bruxa inculcada nos cidadãos era a de uma mulher satânica e sexualmente promíscua. Também é claro que quase todas essas narrativas eram disseminadas por homens:

papas, padres, demonologistas, magistrados, artistas, escritores. Sem dúvida, os *acusadores* de bruxas existiam em todos os gêneros. Mas mesmo a história mais infame de uma acusação por parte de uma mulher foi distorcida por um homem.

* * *

Eu estava no primeiro ano do ensino médio quando lemos na escola *As Bruxas de Salem*, de Arthur Miller, peça de 1953 e em grande parte a responsável por popularizar no século XX a história dos julgamentos por bruxaria em Salem. E a história de uma das protagonistas, Abigail Williams, que gostava de mexer no caldeirão, é um bom exemplo de como as obsessões sexuais de um autor do sexo masculino podem remodelar a realidade.

No começo da peça de Miller, o reverendo Samuel Parris está preocupado com sua filha de 10 anos, Betty, deitada inconsciente na cama. Ele a vira dançar na floresta com sua sobrinha de 17 anos, Abigail Williams, em companhia da escravizada Tituba e mais dez ou doze garotas. Os espectadores logo descobrem que Abigail e as amigas participavam de um ritual mágico profano que envolvia sangue e nudez; e que Abigail tentava lançar uma maldição mortal sobre Elizabeth Proctor, esposa de seu antigo patrão e amante, John Proctor, de 30 e poucos anos. Embora o reverendo Parris não saiba o propósito do ritual, teme que os aldeões pensem que seja bruxaria, o que ameaçaria sua condição de pastor, além de macular seu bom nome cristão.

John Proctor chega, e ele e Abigail têm uma cena a sós. Descobrimos que ela foi demitida do serviço de criada na casa de Proctor porque Elizabeth, esposa dele, soube do caso extraconjugal do marido. Abigail se aproxima dele, com desejo nos olhos, e insiste que Proctor está ali porque ainda gosta dela. Ele nega:

PROCTOR: Abby, o que diz é loucura...

ABIGAIL: Uma pessoa louca pode dizer coisas loucas.

Proctor diz a Abigail que ela deve deixar para trás o caso que tiveram, que tinha ficado no passado. Furiosa, ela começa a chorar: "Você me amava, John Proctor, e mesmo que seja pecado, ainda me ama!". Salem não conhece fúria maior que a de uma bruxinha desprezada.

Pouco depois, Abigail é interrogada por outro reverendo sobre suas atividades na floresta. Como não quer que ninguém saiba sobre a maldição que jogou em Elizabeth Proctor, ela acusa Tituba de forçá-las a fazer o ritual. A escravizada nega, a princípio: "Não faço pacto com o Diabo!". Mas quando é ameaçada de enforcamento, Tituba afirma ter dito ao diabo que não trabalharia para ele. Desesperada para escapar de qualquer acusação, ela diz: "Senhor reverendo, creio que outra pessoa esteja enfeitiçando essas crianças. [...] O Diabo arrumou vários bruxos e bruxas".

E esses bruxos ou bruxas podem ser qualquer pessoa, em qualquer lugar. Todos nós sabemos o que acontece em seguida.

Como que possuídas, Abigail e Betty começam a citar os nomes de diversos aldeões, acusando-os de serem vistos com o diabo.

Começam, então, os julgamentos por bruxaria em Salem. Dizem que as garotas da aldeia têm se comportado como se estivessem sendo atacadas por bruxaria, gritando e tendo convulsões no chão. As acusações aumentam e vários aldeões são presos.

Mais adiante na peça, Abigail acusa Elizabeth Proctor de usar uma boneca mágica para feri-la a distância no estômago, com uma agulha. John Proctor vai ao tribunal para defender a esposa, mas logo percebe que sua própria devoção é questionada. Quando a criada,

Mary Warren, começa a testemunhar que as convulsões das garotas são falsas, Abigail a acusa de enfeitiçá-la com um vento gelado. Abigail grita: "Oh Pai do Céu, levanta esta sombra!". Proctor, convencido de que ela mente, vocifera: "Como ousa invocar o Céu? Vagabunda! Vagabunda!".

Por fim, ele confessa no tribunal que os dois tiveram um caso, para provar que Abigail tem motivo para querer mandar sua esposa à forca.

> PROCTOR: [...] Ela pensa que dançará comigo sobre o túmulo de minha esposa! E entendo o motivo, pois eu lhe tinha afeição. Que Deus me ajude, pois fui sucumbido pela luxúria, que sempre *vem* com promessas. Mas agora estamos falando da vingança de uma vagabunda, e vocês precisam enxergar [...]

Elizabeth, sem saber da confissão do marido, sobe para depor. Quando lhe perguntam sobre o caso extraconjugal dele, ela nega porque quer defender a reputação de John, mas com isso acaba condenando-o. O julgamento termina e a última frase de John Proctor na cena é: "Vocês rebaixam o Céu enquanto elevam uma vagabunda!".

No ato final, sabemos que Abigail desapareceu após roubar as economias do reverendo Parris e partiu em um navio com uma das garotas. John Proctor está prestes a ser executado, e o único modo de se salvar é "confessar" que se aliou a Satanás e citar outras pessoas que também têm pacto "com o Diabo". Ele começa a fazer isso, mas não consegue prosseguir. Decide, então, que prefere ser enforcado, e o tiram do palco para morrer. O reverendo implora a Elizabeth que suplique pela vida do marido: "Vá falar com ele. Acabe com a vergonha de seu marido!".

Mas ela responde: "Ele alcançou a paz agora. Deus me livre de tirá-la dele!".

É uma história muito dramática. Quem resiste ao relato de uma Jezebel sexy e bruxa, que causa a ruína de seu ex-amante e incita um massacre na cidade? Abigail Williams, de *As Bruxas de Salem*, é uma destruidora de lares leviana e também uma bruxa adolescente, cuja ira e artimanha condenam um homem inocente à morte. Mais ainda, ela foge e nos deixa tristes com o destino de Proctor e sua pobre e pura esposa.

É também uma alegoria, extremamente eficaz. Afinal, a principal intenção de Miller em escrever essa peça era traçar um paralelo entre a histeria de Salem e o Macartismo da época, nos anos 1950, período em que centenas de pessoas inocentes foram investigadas por supostas tendências comunistas, sob a direção do senador Joseph McCarthy, e submetidas a audiências pelo Comitê Parlamentar de Atividades Antiamericanas. Os acusados tinham de citar nomes de pessoas que eram simpatizantes do comunismo; do contrário, podiam perder seu meio de sustento ou até terminar na prisão.

Miller quis mostrar que apesar dos duzentos e cinquenta anos de distância entre esses eventos, ambos se fundamentavam na paranoia e no hábito de culpar os outros, atitudes que podem corroer a sociedade de dentro para fora. A peça é um dos principais motivos para usarmos hoje em dia a expressão *caça às bruxas* ao descrever qualquer circunstância em que uma comunidade tenta, de maneira agressiva, extirpar seus próprios transgressores, geralmente sob alegações falsas (voltaremos a essa questão mais adiante). Não há dúvida de que *As Bruxas de Salem* entrou para a história como uma das grandes obras-primas teatrais da América. Ganhou o prêmio Tony de Melhor Peça quando estreou na Broadway em 1953, foi produzida em vários países inúmeras vezes e é até hoje presença constante nos currículos escolares, desde a primeira apresentação. É com essa peça que muita gente aprende a respeito dos julgamentos por bruxaria em Salem e de como esse legado se entrelaça com a história dos Estados Unidos.

Eu estava no segundo ano do ensino médio quando a peça foi adaptada para o cinema, em 1996, e dava para entender como Daniel Day-Lewis, no papel de John Proctor, se apaixonou pela Abigail Williams interpretada por Winona Ryder, bela como sempre. De acordo com o roteiro do filme (também escrito por Miller), a paixão entre os dois e as acusações "histéricas" de Williams quando ele a rejeita provocam a queda de Proctor.

Entretanto, vejamos o que realmente aconteceu:

A verdadeira Abigail Williams tinha 11 anos na época dos julgamentos em Salem, não 17 (muito menos 24, idade de Winona Ryder quando o filme foi gravado). E John Proctor? Ele tinha 60, não "30 e poucos", como na obra de Miller, também a idade de Daniel Day-Lewis na época que interpretou o personagem. Não há prova de que houvesse qualquer relacionamento romântico entre Abigail e John, nem de que ela tivesse trabalhado na residência da família Proctor.

Do mesmo modo, não há evidências de qualquer reunião na floresta, menos ainda de nudez envolvendo sacrifícios de sangue.

Claro que na condição de escritor e dramaturgo, Miller tem o direito à licença poética e fez várias escolhas teatrais que contradizem abertamente os registros públicos. Conforme ele declara logo no início do *script*: "Esta peça não é histórica no sentido da palavra usada pelo historiador acadêmico". Alguns personagens centrais da peça são, na verdade, amálgamas de vários indivíduos reais, e tanto Cotton Mather quanto John Indian (John, "o índio"), marido de Tituba, não são incluídos na história. Tituba, uma escravizada negra praticante de vodu, foi na vida real uma indígena sul-americana vendida para trabalhar na plantação de açúcar da família Parris em Barbados. Há quem teorize que ela viria de uma aldeia Arawak, onde hoje está localizada a Guiana ou a Venezuela.

Algumas dessas decisões foram intencionais, e outras talvez se basearam em livros históricos com dados errôneos, que Miller lia na época. Mas certamente o enredo base da peça – uma bruxa adolescente com apetite sexual e desejosa de vingança – foi invenção do autor.

O que Williams e suas amigas convulsionadas fizeram foi horrível; e, pode-se dizer, imperdoável. Suas acusações e depoimentos são a principal causa das execuções reais de dezenove seres humanos e da morte de vários outros. E quem conhece a verdade de seus motivos? Talvez ela tivesse alucinado após ingerir ergotina de centeio, conforme supõem certos estudiosos. Talvez estivesse de fato enfeitiçada ou sofrendo de algum transtorno convulsivo, o termo atual para "histeria". Talvez ela fosse apenas uma pré-adolescente que vivia em uma sociedade altamente opressiva e tentasse desabafar: uma criança fazendo algo errado com a criada e que mentiu para se defender; as mentiras, porém, culminaram em um desvario fatal de fantasia. Posso agir como Arthur Miller e inventar minha história: uma jovem que após ser abusada sexualmente por um homem enlouquece porque não consegue lidar com o baque. Mas é pura especulação, sem base alguma, exceto minha imaginação restrita e influenciada por conversas e eventos de meu tempo e espaço.

Pouco sabemos sobre o que aconteceu com a verdadeira Abigail Williams depois dos julgamentos em Salem. De acordo com os documentos dos tribunais, ela deu seu último testemunho em 3 de junho de 1692 e depois desapareceu dos registros públicos. Suas atividades e seu paradeiro permanecem um mistério para os historiadores, e ninguém sabe onde ela foi enterrada.

Mesmo assim, no epílogo da peça de Miller, ele escreve: "Segundo a lenda, Abigail reapareceu mais tarde como prostituta em Boston".

As Bruxas de Salem apresenta John Proctor como um tipo de mártir, um homem orgulhoso que prefere encarar a morte a deixar que mentiras diabólicas arruínem seu bom nome. Parece que Miller via a si próprio como Proctor. Afinal, ficou arrasado quando o diretor Elia Kazan, seu amigo e frequente colaborador, testemunhou no Comitê Parlamentar de Atividades Antiamericanas em 1952, traindo vários de seus colegas atores e dramaturgos por tendências esquerdistas. Quando o próprio Miller foi convocado perante o comitê em 1956, recusou-se a citar nomes de simpatizantes do comunismo e acabou caindo na lista negra de Hollywood.

Entretanto, ao escrever a peça, Miller deu ao nome da jovem Abigail uma mancha sexual que se estendeu por gerações futuras.

Miller seguia uma tradição estabelecida, uma vez que no século XX as bruxas se tornaram um tema erótico frequente. Na década de 1920, o fotógrafo de Hollywood William Mortensen começou a fazer uma série de imagens chamada de *A Pictorial Compendium of Witchcraft and Demonology* [Um Compêndio Pictórico de Bruxaria e Demonologia]. Continha imagens de mulheres nuas posando com monstros, bruxas nuas em estado de êxtase voando em vassouras e hereges nus presos em correntes ou chicoteados em estacas da madeira, acrescentando um toque de sadomasoquismo e partes íntimas do corpo feminino. Embora alguns considerassem tais imagens algo de mau gosto na época – Mortensen foi chamado por Ansel Adams de "o Anticristo" –, elas acabaram reaparecendo em galerias e exibições em museus, notáveis não só pelo tema sensacional e pela qualidade das composições, mas também pelas técnicas inventivas de manipulação fotográfica de Mortensen.

As décadas de 1960 e 1970 viram o avanço de toda uma espécie de bruxas mais intensas e sexuais. Filmes que exploraram as bruxas e publicações baratas entraram em cena, com títulos como *Virgin Witch* (A Bruxa Virgem) e *Bitchcraft** [Vagabruxa], apresentando imagens de feiticeiras nuas e depravadas, envolvidas nas mais diversas atividades ocultistas. Algumas dessas produções, como o documentário *Witchcraft '70* [Bruxaria '70], alegavam educar o público acerca da bruxaria moderna, incrementando as cenas com vários clichês. Outros eram mais honestos em suas obscenidades. O filme alemão de 1970, *Mark of the Devil* (A Marca do Diabo), contava a história de um caçador de bruxas na Áustria do século XVIII e ficou famoso pelas cenas explícitas de mulheres bonitas sendo torturadas. A classificação do filme tinha um "V" nos pôsteres para indicar a presença de cenas de violência e eram distribuídos sacos para vômito como material promocional, com os dizeres "Certeza de que vai lhe causar transtornos estomacais".

Os anos 1970 também trouxeram uma nova linha de pensamento que acentuava a reputação sexy das bruxas. Àquela altura, já era bem documentada a questão do "unguento para voo", que provavelmente era feito de partes de bebês e que as bruxas deviam usá-lo para se locomover até o Sabá. Textos que remontam à *Magia Naturalis*, de Giambattista della Porta, escrito em 1558, afirmavam que o unguento talvez fosse feito com base em plantas alucinógenas, como a

---

* *Bitchcraft* é um jogo de palavras com o termo *witchcraft*, bruxaria, em português, e *bitch*, vagabunda, em português. (N. da P.)

beladona, que induziam visões fantasmagóricas e sensações de estar voando em quem usava. Portanto, a história de bruxas voando, dançando e copulando com demônios não era verdadeira, embora não fosse totalmente falsa; apenas compreendia uma longa e estranha viagem. Mas foi o livro *Hallucinogens and Shamanism* [Alucinógenos e Xamanismo], do antropólogo Michael Harner, publicado em 1973, que difundiu a ideia de como o unguento devia ser aplicado. Segundo Harner, as bruxas eram associadas com vassouras porque as mulheres usavam de fato cabos de vassouras como "um aplicador para a planta que continha atropina para membranas vaginais sensíveis [...]". Em outras palavras, as vassouras das bruxas talvez fossem brinquedos eróticos psicotrópicos, que proporcionavam uma grande viagem às mulheres.

Sendo judia, não cresci ouvindo falar muito sobre o diabo ou o inferno ou mesmo o pecado. Mesmo assim, aprendi desde cedo como o lado escuro é tentador. Antes da puberdade, costumava ter uma queda por garotos com rosto de bebê: Davy Jones dos Monkees. Joey McIntyre do New Kids on the Block. Macaulay Culkin, de *Esqueceram de mim*, embora eu soubesse que nosso amor seria impossível porque ele era velho demais para mim (eu tinha nove anos; ele, dez). Esses garotos pareciam querubins e não eram ameaçadores, e balançavam meu coração. Mais velha, porém, sentia chamas em áreas um pouco mais baixas que minha região cardíaca: Jareth, o Rei dos Duendes, em *Labirinto*, interpretado com maestria por David Bowie e sua braguilha, e Frank N. Furter no musical *The Rocky Horror Picture Show*, papel interpretado com imenso prazer e espartilho por Tim Curry.

Chama-me a atenção hoje que esses dois personagens eram homens sexualmente ambíguos (ou onívoro, no caso de Frank) com maquiagem, o que alguns já poderiam considerar fora dos limites da decência. Entretanto, deixando de lado a questão de gênero, Jareth e Frank se assemelham em outro sentido: são transmissores sobrenaturais do pecado a pessoas inocentes, e ambos parecem bonzinhos ao fazê-lo. Eu sabia que devia me horrorizar com eles, mas, em vez disso, achava-os deslumbrantes.

A heroína de *Labirinto*, Sarah, interpretada por Jennifer Connelly jovem, é uma morena de 15 anos, que mora em bairro de classe média, obcecada por magia e faz de conta. Amargurada por ter de passar uma noite como babá do irmãozinho ainda bebê, ela entoa um feitiço para que Jareth, o Rei dos Duendes, venha e leve embora o bebê Toby. Para a infelicidade dela, o desejo se realiza e Toby é abduzido. Sarah precisa consertar o erro e resgatar o irmão do reino labiríntico de Jareth. O Rei dos Duendes monta diversas armadilhas e truques para impedi-la, mas ele tem outra motivação: quer seduzir Sarah e tê-la como adoradora por toda a eternidade.

Em uma cena que lembra Branca de Neve e a maçã envenenada, Sarah ganha um pêssego que Jareth envenenou e fica em um transe alucinógeno. Ela sonha que é transportada para um baile de máscaras, onde Jareth aparece usando uma máscara com chifres. Eles dançam a canção romântica "As the World Falls Down" e Sarah fica fascinada com Jareth, boquiaberta durante os três minutos da cena. De repente, soa um relógio e Sarah desperta do estupor. Quando se dá conta, está em uma pilha de lixo, sem se lembrar do que aconteceu.

Olhando em retrospecto com meu cérebro adulto de hoje, vejo como a diferença de idade entre os dois é complicada (Connelly tinha 15 anos quando interpretou a personagem e Bowie quase 40), sem mencionar a cena nojenta de uma mulher coberta de lixo orgânico. Mas, ainda garota, não pensava na dinâmica de gêneros nem na consensualidade sexual. Em *Labirinto*, vi pela primeira vez um vilão atraente. Certa ou errada, só sabia dizer que ele me excitava.

E era essa a intenção. Jim Henson, diretor do filme, queria usar um astro do rock que emanasse carisma e atração sexual, e David Bowie tinha as duas coisas (parece que Michael Jackson também estava na lista de Henson). Brian Froud, o artista conceitual de *Labirinto* e famoso ilustrador, explica que eles queriam apresentar em Jareth a confluência dos desejos de Sarah. Em sua entrevista para a revista *Empire* em 2016, ele afirmou: "Não vamos atrás da realidade. Estamos dentro da mente da menina [...]. Há referências a tantas coisas no figurino dele. Existe perigo em um garoto que usa uma jaqueta de couro, que lembra a armadura de um certo tipo de cavaleiro germânico; há referências a Heathcliff, de *O morro dos ventos uivantes*; e as calças justas são uma referência a bailarinos. Ele é uma amálgama das fantasias internas dessa garota".

Claro que tudo isso é apenas uma projeção das fantasias de um homem sobre o que uma garota talvez desejasse; uma fantasia de uma fantasia, podemos dizer. Mas, pelo menos no meu caso, essas fantasias estavam certas, e não posso reclamar.

No fim do filme, Jareth e Sarah têm um confronto final. Ela começa a recitar o encantamento mágico que derrota o Rei dos Duendes e liberta o irmão e a si própria, mas ela não consegue se lembrar do fim. De repente, as palavras lhe vêm à memória. Olhando direto nos olhos dele, ela diz: "Você não tem poder sobre mim".

As palavras quebram o pacto original feito com Jareth (sem mencionar o fato de refletirem muito bem a afirmação de Glinda à Bruxa Má do Oeste em *O Mágico de Oz*: "Você não tem poder aqui. Saia!"). Já na cena seguinte, Sarah está de volta em casa, com o bebezinho seguro no berço.

Adoro o figurino ostensivo de *Labirinto*, a magia dos bonecos de Henson e Froud, a trilha sonora irresistível (ainda considero "Underground" uma das melhores músicas de Bowie e desafio a provarem o contrário). Creio que sua mensagem feminista acerca de uma jovem que usa a inteligência para salvar uma criança e rejeitar um homem abusivo compensa as falhas. A busca de Sarah é um dos primeiros exemplos da jornada do herói de Joseph Campbell que tem uma mulher no centro, pelo que me lembro.

Em termos objetivos, o Rei dos Duendes é um homem manipulador que assedia uma garota menor de idade, enquanto se coloca como vítima. As palavras finais de Sarah a ele são um mantra de vitória, e até hoje me arrepiam quando as ouço. São as palavras finais de uma mulher, ou de qualquer pessoa, que reconhece sua própria força e se liberta. Minha cabeça sabe disso. E meu coração também sabe.

Mesmo assim, só digo que pelas calças de Bowie talvez valesse a pena entregar um irmãozinho.

Frank N. Furter, personagem de Tim Curry, é ainda mais gótico e transgressor que o Rei dos Duendes de Bowie. *The Rocky Horror Picture Show* foi lançado em 1975, onze anos antes de *Labirinto*, mas só chegou ao meu conhecimento depois. Eu era adolescente quando o aluguei na Blockbuster de nosso bairro. Os lábios cor de sangue e o tipo de letra macabra na capa da fita VHS me intimidavam, mas garanti a mim mesma que poderia parar o filme a qualquer momento, se fosse assustador demais. O fato de ser uma comédia foi a primeira de várias surpresas.

Frank N. Furter era diferente de tudo o que eu já tinha visto: um homem de quase 1,83 m, com meias sete oitavos, sapato meia pata de couro, espartilho de brilho e bíceps vantajosos. Ele é sinistro, mas sedutor e insaciável. Meio dr. Frankenstein e meio Drácula, ele cria um escravo sexual chamado Rocky em seu laboratório. Além disso, vai para a cama com seus visitantes de olhos esbugalhados, Janet e Brad (interpretados por Susan Sarandon e Barry Bostwick, respectivamente), em um dos primeiros exemplos de bissexualidade do cinema. Janet se transforma de uma moça recatada e pura em uma devassa sexual que perambula pelo castelo só de sutiã e calcinha, até dormir com Rocky, quebrando os laços do matrimônio e chocando seu anfitrião de uma vez só. Durante todo o filme, Frank é acompanhado por um séquito de esquisitões debochados, e o espírito daquele lar compartilhado por todos eles é totalmente bacanal. Em um número musical climático, ele entoa:

Entregue-se ao prazer absoluto
Nade nas águas cálidas do pecado da carne
Pesadelos eróticos sem medida
E devaneios sensuais para guardar eternamente...
Consegue ver?
Não sonhe apenas – seja [...]

Por fim, fica claro que Frank é também um tirano e assassino, e seus seguidores acabam lhe dando um golpe que culmina em sua morte. Afinal, nossos demônios devem ser derrotados, principalmente aqueles que parecem sedutores na superfície. Mas, ah, como lamentei o fim de Frank! O mundo parecia muito menos interessante sem sua louca imoderação.

Jareth e Frank são derrotados porque merecem, já que são malévolos, apesar das pelves cheias de glitter.

Mas confesso que esses filmes me deixaram com uma certa vontade de conhecer mais histórias nas quais o diabo jamais obtém o que quer e as garotas se dão bem no fim.

O historiador Jules Michelet compreendia a atração do Príncipe das Sombras quando escreveu a obra já mencionada aqui, favorável às bruxas, *A Feiticeira*, em 1862. Ele sentia que não era certo culpar as mulheres da Idade Média por recorrerem ao satanismo. De acordo com ele, essas mulheres sofriam abusos constantes, negligência, e ouviam que eram impuras, então, por que não procurar uma alternativa que as empoderasse? Nas palavras de Michelet: "Só o Diabo, velho aliado e confidente das mulheres no Jardim, e a Bruxa, a criatura perversa que faz tudo de *trás para a frente* e de *cabeça para baixo*, em contradição direta com o mundo da religião, levavam em conta a tristeza feminina, ousavam pisotear os costumes e cuidar da saúde das mulheres, apesar do próprio preconceito dessas mulheres".

O romance maravilhoso de Sylvia Townsend Warner, *Lolly Willowes*, lançado em 1926, é uma extensão dessa linha de pensamento. Logo no início o leitor é apresentado a Laura Willowes que, após a morte do pai, ganha uma liberdade doméstica. O ano é 1902. Considerada solteirona na tenra idade de 28 anos, Laura é pressionada a se mudar para Londres e morar com o irmão, a cunhada e suas duas filhas, que a chamam de tia Lolly (nome que ela detesta). Ela se ressente por ter de abandonar os dias de jardinagem, culinária e brincadeiras ao ar livre que ela tanto apreciava. Acha a vida em Londres terrivelmente enfadonha, com suas rotinas, cordialidades e obrigações incessantes, ainda mais por ter de assumir a função de babá de duas sobrinhas chatas. Ela nunca tem tempo para si, pois "[...] é útil demais para sair por aí". Depois de vinte e poucos anos cumprindo os deveres familiares e de uma guerra que começa e termina, Laura fica desesperada por uma mudança.

Sempre que chega o outono, ela começa a sentir um impulso sinistro de fugir: "Seu espírito ansiava por algo que enevoasse aquela rotina, algo sombrio e ameaçador, mas ao mesmo tempo congenial". Com o tempo, ela se acostuma com essa "febre recorrente de outono" e a enfrenta com longas caminhadas na hora do entardecer e buquês de flores raras até o fim da estação.

Um dia ela se depara com uma mercearia repleta de guloseimas do campo. Perde-se em um devaneio de ameixas e nabos e geleias feitas em casa, imaginando a origem idílica de tais delícias. Ela compra um cesto de crisântemos e o florista acrescenta uns ramos de faia ao arranjo. As folhas enchem de anseio o coração de Laura: "Tinham o aroma dos bosques, de florestas sombrias e farfalhantes como aquela da qual ela se aproximava nas terras de sua imaginação outonal".

Naquele momento, já com 47 anos, Laura decide mudar-se para o campo e viver sozinha. Finalmente, seguirá aquele tenebroso chamado.

Apesar dos protestos do irmão, ela se muda para uma casa no vilarejo de Great Mop, alugando alguns cômodos da proprietária, a senhora Leak. Laura logo começa a se apaixonar pela nova residência e ama o aspecto silvestre da região, além da própria independência, claro.

Mas as coisas se complicam quando seu sobrinho Titus passa a morar com ela. A presença do extrovertido jovem a sufoca, e ela reassume o papel de titia submissa. Desespera-se para recobrar a vida reclusa nos bosques. Um dia, em um raro passeio a pé sozinha, ela grita em meio a um campo isolado: "Oh, ninguém pode me ajudar?". Ela sente uma mudança na atmosfera e percebe que algo – ou alguém – a escutou. Quando volta para casa, encontra um gatinho branco, que aparece ali misteriosamente. Vai acariciá-lo, ele a arranha e a faz sangrar. Em seguida, enrola-se e adormece. Logo ela compreende a verdade: "Ela, Laura Willowes, no ano de 1922, na Inglaterra, fez um pacto com o Diabo". Aquele gatinho era seu familiar e agora ela é uma bruxa.

A terceira parte do livro a mostra em um Sabá de Bruxas, onde ela descobre que a senhora Leak e a maioria dos moradores em Great Mop são, na verdade, bruxos. Nos dias seguintes, seu sobrinho sofre males misteriosos, provocados por problemas como leite coalhado e um ataque de vespas, mas acaba se apaixonando e sai do vilarejo com sua noiva. Finalmente, Laura está sozinha e ama ser bruxa. Percebe que era alvo de Satanás quando ainda vivia em Londres, e que ele a tinha atraído para aquela nova vida de liberdade. Ela o chama de "o caçador amável" (que é também o subtítulo do livro), pois embora a tenha assediado, agiu com gentileza e lhe proporcionou a verdadeira felicidade.

No fim do livro, ela e o diabo finalmente se encontram, e Laura lhe diz que ele a salvou:

> *Acho que você é um tipo de noite escura em peregrinação, resgatando moças desesperadas [...] É por essa razão que nos tornamos bruxas: para mostrar como desprezamos fingir que a vida é segura e para satisfazer nosso gosto por aventura [...] Ninguém vira bruxa para disseminar o mal ou fazer o bem. Não visitamos as aldeias montadas em vassouras. O que queremos é uma fuga; é ter uma vida própria.*

Lolly Willowes logo virou um *best-seller*, mas ficou um pouco esquecido até a *New York Review of Books* republicá-lo setenta e três anos depois, em 1999. Eu só o descobri em 2011. Tinha 30 anos na época e ele logo ganhou um espaço em meu panteão literário pessoal. Fiquei comovida com essa história de uma mulher que rejeitava as expectativas impostas a ela pela sociedade e que ousava atender a um chamado maior. Seu caçador amável não era um vilão. Pelo contrário, livrou-a dos males das convenções patriarcais. Ela vivia sufocada, e ele lhe deu um vasto campo para ser preenchido com seu pleno potencial.

O livro me lembra de outra escritora da mesma época de Warner. No livro de palestras de Virginia Woolf, *A Room of One's Own* (*Um Teto Todo Seu*), publicado em 1929, ela escreveu: "Quando lemos sobre uma bruxa torturada por afogamento, uma mulher possuída pelo demônio, uma curandeira que vendia ervas ou mesmo um homem muito notável e sua mãe, então penso que estamos na pista de uma romancista perdida, uma poeta suprimida, uma Jane Austen muda e inglória, uma Emily Brontë que estourou os miolos nas charnecas ou se extraviou pelas estradas, enlouquecida pela tortura imposta por seus próprios dons. De fato, arrisco-me a pensar que Anon, autor de tantos poemas sem tê-los assinado, na maioria das vezes era uma mulher".

Não sei o que Lolly Willowes faz depois do encontro com seu redentor diabólico. Talvez escreva poemas ou livros, ou simplesmente passe os dias caminhando pela floresta. Mas fico feliz em saber que é ela quem decide.

Uma última história de libertação pelo demônio: um filme de terror lançado em 2015. *A Bruxa*, de Robert Eggers, ocupa um espaço que é em parte folclórico, em parte histórico (o subtítulo é *Um Conto folclórico da Nova Inglaterra*), o que faz dele um veículo ideal para examinar esse arquétipo sombrio. A história se passa na Nova Inglaterra colonial por volta do ano 1630 e gira em torno de Thomasin, uma adolescente puritana de pele branca como a neve e cabelos claros que ela esconde embaixo de trajes simples, próprios da boa cordeirinha que a garota representa. O filme começa quando o pai de Thomasin é expulso do vilarejo por causa de um desentendimento religioso. Com a mulher e os cinco filhos, ele constrói uma morada para a família, e decide viver a vida humilde de Deus. A nova fazenda é pequena e isolada, não há nada por perto, exceto um campo árido, um riacho e alguns bosques muito ameaçadores. As únicas companhias da família são um cachorro, um cavalo, duas cabras brancas e um bode preto que as crianças chamam de Black Phillip. Os dias são trabalhosos, cheios de preces fervorosas, leituras da Bíblia, madeira infinita para cortar e milho estragado para colher. Parece que ninguém se esforça mais que Thomasin, a quem os pais atribuem todo tipo de tarefa imaginável, desde ordenhar as cabras até lavar roupas e cuidar dos quatro irmãozinhos precoces, incluindo o recém-nascido Samuel. Um dia, Thomasin está brincando de mostrar e esconder o rosto com o bebê ao redor da água, em volta da floresta. Depois de fazê-lo rir muito, ela abre os olhos pela última vez e fica horrorizada: o bebê desapareceu. A cena é cortada para uma bruxa velha vestida com um manto vermelho carregando o bebê em meio à floresta até sua cabana. Vemos uma coletânea de terrores: primeiro, o bebê vivo sob a luz da lareira; depois, a bruxa faz uma espécie de poção de sangue e a esfrega pelo próprio corpo e pela vassoura. Por fim, ela voa no céu noturno em direção à lua cheia. Obviamente, a bruxa usou o bebê como ingrediente básico para o unguento de voo. Samuel virou purê.

Enquanto isso, a família de Thomasin começa a se desesperar. A dor de perder uma criança, as circunstâncias terríveis da vida rural e o extremo fervor religioso da família se misturam e formam uma nuvem opressiva que ameaça sufocá-los. O desenvolvimento sexual de Thomasin também é uma força ameaçadora da natureza: seu irmão Caleb começa a olhar demais para o decote da jovem, e a mãe a culpa por tudo que dá errado, por fim, acaba mandando Thomasin à casa de outra família para trabalhar como empregada. Antes que isso se concretize, Thomasin e Caleb pegam o cavalo e entram no bosque, com o objetivo de encontrar uma outra solução. Eles se deparam com uma lebre morta em uma armadilha montada pelo pai e se alegram, pois sabem que a comida extra será uma dádiva para a família. No caminho de volta para casa, outra lebre aparece à frente deles – possivelmente o espírito familiar da bruxa ou ela mesma transformada em animal – e assusta o cavalo e o cão. Os irmãos se separam: Thomasin cai do cavalo, bate a cabeça e desmaia, enquanto Caleb persegue a lebre e se perde. Ele acaba encontrando uma cabana na floresta, onde está uma bela jovem de cabelos escuros que abre a porta para ele. Ela o beija com paixão e, em seguida, vemos o braço dele enrugado agarrado por trás. Ela é a bruxa, vestida de glamour, e sabemos que Caleb está em maus lençóis, e que seu pecado da luxúria o levou por um caminho sombrio. Quando ele volta à fazenda, está nu e em uma espécie de transe. Parece que a mandíbula está travada e os pais tiram uma maçã inteira da boca do jovem. Após horas de preces, derramamento de sangue e um falatório religioso histérico, Caleb morre. A mãe fica desesperada e furiosa. Tem certeza de que se trata de bruxaria, e logo a família acusa Thomasin de ser a bruxa responsável. Thomasin nega e acusa o irmão e a irmã mais novos, gêmeos, dizendo que eles conversam com o bode, Black Phillip. O pai, com os nervos à flor da pele, tranca os três – Thomasin e os gêmeos – no curral das cabras e enterra Caleb. A partir daí, tudo piora: a bruxa aparece no curral trancado e com a boca coberta de sangue de cabra. Na manhã seguinte, o pai vê o curral destrancado, com Thomasin deitada no chão, em choque. As duas cabras estão mortas, os gêmeos sumiram e Black Phillip está solto. A violência cresce e culmina com a morte dos adultos: o pai é atacado no estômago por Black Phillip e uma pilha de lenha desaba sobre ele. A mãe tenta sufocar Thomasin, mas ela pega um machado e parte a cabeça da mãe em legítima defesa.

Com os membros da família mortos ou desaparecidos, Thomasin fica totalmente sozinha. Olha em direção à floresta, volta para o curral, tira parte das roupas ensanguentadas e dorme ali mesmo. Quando acorda, vê que já anoiteceu. Ela acende uma tocha e, com os cabelos soltos, caminha em direção a Black Phillip.

THOMASIN: Black Phillip, o invoco a falar comigo.

BLACK PHILLIP (*EM TOM SEDUTOR*): O que você quer?

THOMASIN: O que pode oferecer?

BLACK PHILLIP: Quer provar manteiga? Um vestido bonito?

E, então, a frase mais citada do filme:

BLACK PHILLIP: Quer viver na luxúria?

O bode pergunta se ela vê um livro ali e pede que tire todas as roupas. Vemos o bode, agora em forma humana, colocar as mãos nos ombros desnudos de Thomasin. Ela diz que não sabe escrever o nome. Ele explica que guiará a mão da garota.

Depois dessa conversa, Thomasin entra na floresta. Vê um círculo de mulheres nuas dançando, frenéticas, em volta de uma fogueira. As bruxas começam a levitar. A câmera se fecha no rosto de Thomasin. Ela ri e treme, em êxtase, enquanto o fogo ilumina sua pele nua e manchada de sangue. Ela começa a levitar também, chega à altura das copas das árvores, com os braços estendidos como asas.

O fim do filme tem várias interpretações. Alguns o consideram uma tragédia: todos os membros da família de Thomasin se voltaram contra ela antes de se tornarem vítimas de uma vilã sobrenatural. E a própria garota sucumbe ao mal, provando que as suspeitas dos familiares estavam certas. Fica órfã e conta apenas com o próprio Satanás, então é para ele que Thomasin se volta. Superficialmente, *A Bruxa* é uma crônica sobre a queda de uma jovem inocente, depois que sua igreja e toda a comunidade a abandonam. Sozinha, corre para os braços do diabo. Talvez seja uma história sobre moralidade ou no mínimo uma perversa fantasia sobre o que acontece quando o poder feminino se descontrola.

Na minha opinião, porém, essa análise faz um grande desserviço à personagem de Thomasin e ao *script* de Eggers. Até aquele momento, a vida da garota tinha sido repleta de abusos e confinamento. Durante todo o filme, ela é brutalizada e acusada pelos pais de ser a responsável por todos os infortúnios. Não vive em segurança, e é tratada como burro de carga, cedida a outra família quando os pais passam a considerá-la perigosa demais. A sexualidade de todos na família é reprimida por uma prática religiosa severa, e eles passam fome em todos os sentidos da palavra: de comida, de prazer e qualquer tipo de catarse. O orgulho e as crenças rígidas do pai fizeram com que eles fossem expulsos da comunidade. É ele que põe grilhões de literalismo bíblico e fanatismo na família, e é por causa dele que todos são forçados a viver sob circunstâncias miseráveis. A ruína de Thomasin é uma sutil alegoria do modo como a tirania patriarcal e a opressão religiosa costumam punir as mulheres pelos erros dos homens. Thomasin já vive no inferno. Depois de tudo o que ela sofre, a oferta de Black Phillip de manteiga e luxo parece uma troca justa pela alma eterna de uma pessoa. Se acrescentarmos a isso uma vida deliciosa, até você assinaria o livro dele.

A bruxa da floresta é a confluência brilhante de Eggers de tantas crenças em bruxas: uma velha horrorosa, uma sedutora, uma viajante da noite, assassina, serva do mal e, por fim, uma jovem que desperta para a sexualidade. Poderia ser a antagonista do filme, mas, convenhamos, parece se divertir mais que qualquer outro. Quando a própria Thomasin vira bruxa, pode ser sua ruína. Mas, pelo menos, nessa queda ela cai de pé. Na imagem final do filme, ela aparece cruciforme, talvez sacrificada a algum deus caprino profano. Mas o outro lado da crucificação é a ressurreição. Ela sorri e voa, mais livre do que nunca. E, ao vê-la, também tive um sentimento de liberdade.

No fim das contas, essas ficções mefistofélicas fazem a pergunta: até que ponto essas mulheres têm poder de decisão? Não trocaram uma prisão patriarcal por outra? Afinal, segundo todos os relatos, o diabo é masculino, e de repente se torna o mestre e guardião delas. Será que o falocentrismo existe até no inferno? Mas creio que a ideia seja uma simplificação exagerada. Penso que essas fantasias sobre demônios e bruxas representem algo além, pois são comentários sobre a falácia da deficiência feminina. Oferecem uma espécie diferente de fantasia: uma visão de um mundo onde as mulheres podem viver sem restrições ou vergonhas. Nessas histórias, a bruxa é finalmente iluminada: não pelas chamas da fogueira, mas pelo braseiro de seu próprio fogo interior.

Capítulo 4

MONSTROS DO CORPO

Em 2012, no lançamento de sua exposição de autorretratos nus e provocativos, a artista de renome internacional Tracey Emin declarou: "Minha obra é sobre não querer ter filhos. Na sociedade, se você não quer ter filhos, é vista como uma espécie de bruxa". E ela tem razão. Mulheres que não querem ser mães são tratadas como problemáticas. *Será que há algo errado com o corpo dela? Ela tem algum problema mental? Será que tem inveja de minha família? Ele quer o nosso mal?* Na melhor das hipóteses, a mulher em idade fértil ou mais velha que não tem filhos desperta curiosidade. No pior cenário, é vista como uma violação da ordem natural.

Conheço um pouco o tabu da mulher sem filhos, pois sou casada, estou na casa dos trinta e escolhi não ser mãe. Após anos de conversa com meu marido, meus amigos, minha terapeuta, minhas divindades e comigo mesma, cheguei à conclusão de que meu motivo para não ter filhos é muito complicado e ao mesmo tempo o mais simples do mundo. Resumindo: meu desejo de tê-los é superado pelo desejo de não tê-los. O número de mulheres como eu tem aumentado. Segundo um estudo de 2017 do Centro de Pesquisas Pew, aproximadamente uma entre cinco mulheres norte-americanas em idade fértil não tem filhos, enquanto em 1970 a proporção era de uma a cada dez. Entretanto, as mulheres sem filhos ainda são consideradas anormais. Ocupamos um promontório específico e peculiar de feminilidade que pode ser esplêndido na solidão, mas também vulnerável aos súbitos ventos do confronto. No decorrer dos anos, passei por conversas forçadas e francas com parentes preocupados, piadinhas sem noção de colegas e conversas inesperadas com desconhecidos que começam com um bate-papo informal, para eles inofensivo – "Quantos anos têm seus filhos?" –, mas entram em pânico com minha resposta e só faltam dizer "vamos mudar logo de assunto". Há também os conhecidos que insistem em defender as próprias escolhas, dizendo que adoram ser pai ou mãe e que foi a decisão mais importante e recompensadora que tomaram na vida. Outros ainda parecem pensativos e sugerem que talvez eu mude de ideia, como se "a experiência significativa e recompensadora" jamais tivesse me ocorrido enquanto fazia minha lista de prós e contras para a progênie. Nesses momentos, sou tratada como um erro de um *software*. Ou pior: pena.

Penso nas bruxas com quem cresci, nas habitantes das florestas e nas videntes que povoavam os contos de fadas que eu tanto amava quando era criança. Havia a Mãe Gothel, a bruxa que prende Rapunzel em uma torre depois que o pai da jovem rouba legumes da horta de Gothel. Tem a bruxa de *João e Maria*, que atrai crianças para sua casinha de doce; depois, as ferve no caldeirão e as come; prefiro salgado a doce. Há a bruxa no conto da Bela Adormecida (uma fada má, para ser exata), que ganha o nome de Malévola no desenho animado da Disney em 1959. Por não ser convidada para o batizado da princesa, ela a amaldiçoa ainda no berço: um dia, a jovem furará o dedo em uma roda de fiar e morrerá. Existe ainda A Grande Bruxa, do livro *As Bruxas*, de Roald Dahl, publicado em 1983, interpretada por Anjelica Huston na adaptação cinematográfica de Nicolas Roeg em 1990, que elabora um plano para transformar todas as crianças da Inglaterra em ratos, a fim de que os professores, sem saber quem elas são, as extermine.

Todas essas figuras de bruxas possuem algo em comum: não fazem parte de uma unidade familiar, por assim dizer, e não têm filhos. Seus hábitos de atacar, abduzir, matar ou comer os filhos de outras pessoas remontam à imagem da bruxa medieval assassina de crianças e usuária de vassouras, com certeza. Naquela época, essa paranoia se originava, em parte, do alto índice de mortalidade infantil e da falta de conhecimento das causas. Mulheres sem filhos com poderes diabólicos eram as prováveis culpadas de qualquer coisa. A estudiosa sobre Salem, Marilynne K. Roach, escreveu que o fato de uma mulher casada não ter muitos filhos era um motivo comum para ser acusada de bruxaria em 1692. E, no livro de John Demos, *The Enemy Within: A Short History of Witch-Hunting* [O inimigo interior: uma breve história da caça às bruxas], ele afirma que, para uma bruxa acusada, "sua experiência de família podia também incluir um número de partos muito abaixo da média. As bruxas acusadas geralmente tinham menos filhos que a mulher típica; às vezes, não tinham nenhum". Acreditava-se que o ciúme de famílias maiores poderia incitar a bruxa a amaldiçoá-las, puni-las por ter algo que ela queria. Mas mesmo que os cuidados do pré-natal e o conhecimento médico em geral tenham avançado de maneira significativa desde aqueles tempos, a imagem da monstruosa antimãe ainda persiste. Mesmo hoje, nesta era de autorrealização, do tipo "você por você mesmo", a escolha de nem ao menos *tentar* engravidar é vista como suspeita. *Egoísta, problemática, atrofiada e excessivamente focada na carreira* – sejam quais forem as descrições, a implicação é que uma mulher que não quer filhos tem algum tipo de deficiência e é, portanto, destrutiva.

Particularmente nos Estados Unidos, a pressão para uma mulher procriar vem de todos os lados. Ela sofre essa pressão de um governo que limita o acesso da mulher a métodos contraceptivos e insiste em debates sobre a questão de a mulher poder ou não tomar decisões acerca do próprio corpo. Aliás, o governo também não apoia as mães. Os Estados Unidos são o único país desenvolvido do mundo que não têm licença-maternidade obrigatória e, dentro desse mesmo contexto, é a nação com o índice mais alto de mortes de mães. Segundo o cristianismo, a religião norte-americana dominante, ser mãe (e virgem) é o maior ideal para uma mulher. Isso sem falar da mensagem perene da mídia e dos círculos sociais e familiares de que todas as mulheres adultas saudáveis acabam tendo filhos.

À medida que fico mais velha, sou lembrada a todo instante dos filhos que não tenho: quando estou com minhas amigas e suas famílias; quando caminho pelas ruas da vizinhança repletas de carrinhos de bebê; quando assisto a quase todo filme ou série de TV sobre uma mulher na casa dos 30 anos empenhada em conciliar família e carreira ou fazer de tudo para engravidar enquanto os ovários deixarem; ou ainda sobre mães superando a adversidade para demonstrar aos filhos que a "mamãe é uma heroína". Todas essas narrativas podem ser cheias de nobreza e intrigas, sem dúvida, e eu mesma gosto de às vezes me envolver com filmes e programas assim. Mas também aprecio modelos alternativos da vida feminina, e é isso que a bruxa oferece. Os enredos da bruxa raramente focam no desejo de ser mãe. Ela se ocupa de outras coisas.

* * *

Não sou totalmente desprovida de instintos maternos, fique você sabendo. O amor que sinto pelos filhos de meus amigos é muito grande, e os pais deles são seres humanos magníficos e com a mente aberta. Valorizam o que posso oferecer a seus filhos: uma promessa de que em alguns lugares do mundo, mesmo cheios de adultos, existem feitiços. As filhas, em particular, gostam de meus trejeitos de bruxa, e quando vêm ao nosso apartamento, querem brincar com meus cristais e livros de feitiços (além da coleção de brinquedos de *Star Wars* de meu marido). Algumas semanas atrás, minha amiguinha de 8 anos, Emma, disse ao pai: "Quando estou perto da Pam, acredito em magia". Ela também me ajuda a acreditar em magia.

Algumas de minhas bruxas fictícias favoritas não têm filhos, mas mesmo assim elas desempenham o papel de cuidadora de crianças. Como Juniper na minha amada série *Wise Child* [Criança Sábia], elas se tornam figuras maternas em um contexto de "família adotada": tias ou guardiãs que descobrem um novo tipo de magia ao proteger sob suas estranhas asas filhos de outras pessoas. *Malévola*, na versão da Disney de *A Bela Adormecida*, lançada em 2014, estrelando uma irresistivelmente extravagante Angelina Jolie, é um exemplo. Ela começa como uma vilã vingativa, mas acaba se tornando a protetora da princesa que ela mesma tinha enfeitiçado. É o amor verdadeiro *dela* – não de um príncipe – que quebra o feitiço do sono e liberta a princesa Aurora.

A babá mágica Mary Poppins é outra quase mãe, e tem mais de bruxa por trás do que a maioria das pessoas percebe. A escritora P. L. Travers, que criou a personagem – pelo que consta, uma mulher nada convencional –, seguia mestres místicos como G. I. Gurdjieff, e era amiga de poetas que criavam mitos, tais como William Butler Yeats e George William Russell (mais conhecido como A.E.). Segundo a biógrafa de Travers, Valeria Lawson: "[Travers] escreveu a A.E. para lhe dizer que ela tinha uma mente cheia de histórias fantásticas, de uma bruxa cuja vassoura podia voar por meio da magia branca tanto quanto da magia negra".

A.E. respondeu incentivando-a a escrever um livro que abrangesse seus diversos interesses espirituais, e sugeriu que o título fosse *As Aventuras de uma Bruxa*. Travers já tinha escrito histórias infantis fantásticas, como uma em 1926 intitulada "Mary Poppins and the Match-Man" [Mary Poppins e o Homem-Palito], sobre uma babá que tem um relacionamento mágico com Bert, vendedor de palitos de fósforos e artista de rua. Na história, eles são transportados para o interior de uma de suas pinturas. Quando ela volta para a casa das crianças que estão sob sua tutela, elas perguntam onde esteve. "No país das fadas", Mary responde. Quando ela lhes conta os detalhes, as crianças dizem que não parece o país das fadas que elas conhecem das histórias. "Acho", diz Mary Poppins, "que cada um tem o país das fadas que quiser!"

Vários anos depois, em 1934, Travers resolveu remodelar a personagem Mary Poppins, dessa vez sob as lentes de bruxo de A.E. A pedido dele, ela incorporou mais mitologia e objetos mágicos. E ao contrário da charmosa protagonista de seu conto de 1926 e da melodiosa Julie Andrews do filme da Disney, que Travers detestou, a Mary Poppins mais perene é séria, temperamental e vaidosa, apesar da aparência austera. No livro original, ela vem com o vento do leste e pousa na Alameda Cherry Tree, Nº 17. (A propósito, o leste é a direção dos novos começos, como qualquer *nerd* em magia sabe.) Ela proporciona às crianças sob sua tutela, Jane e Michael, todos os tipos de aventuras miraculosas, tais como uma reunião para o chá em que todos levitam, vacas encantadas e uma garota estelar brilhante, que veio das Plêiades à Terra para fazer compras de Natal.

Em meu capítulo favorito, o aniversário de Mary Poppins cai em uma lua cheia; então, ela leva as crianças ao zoológico para uma celebração especial à noite. Todos encontram animais falantes que tratam Mary como uma hóspede de honra. O Hamadryad – a cobra-real – chama-a de prima e lhe dá de presente uma pele de cobra. Os animais formam um círculo em torno de Mary e dançam, enquanto o Hamadryad sibila: "Pássaro, animal, pedra e estrela, somos todos um, todos um [...] Criança e serpente, estrela e pedra, todos um". As crianças começam a dançar no ritmo da cobra, envolvidas no ritual até adormecerem em um transe. Quando acordam no dia seguinte, Jane e Michael perguntam a Mary a respeito dos eventos estranhos da noite anterior. Aparentando ignorância, ela diz que não tem ideia do que elas estão falando, e manda-os comer logo o mingau. As crianças pensam que foi um sonho, até notarem a pele de cobra dourada em volta da cintura de Mary. É um trecho da história com um toque claramente pagão, desde a importância da lua cheia até a dança em círculo e entoação dos animais, bem como as raízes serpentinas de Mary. Quando ela se despede das crianças no fim do livro, pouco depois do episódio, o guarda-chuva que lhe permite voar poderia muito bem ser uma vassoura.

É essa versão de 1934 de Mary Poppins que me atrai mais que o filme de 1964. Ela é complicada e encantadora, cuida bem das crianças até sentir que é hora de deixá-las. As crianças a amam e Mary provoca nelas uma mudança. Jane e Michael sabem que a verão de novo um dia (e com sete livros de Mary Poppins e dois filmes na sequência, claro que os dois irmãos têm razão). Meu desejo é ser uma mulher assim para as crianças que conheço: adoçar a vida delas com magia e devoção, mas ter a liberdade de me afastar quando os ventos mudarem. Por sorte, tenho essa chance.

* * *

Quem me dera fosse tão simples. O corpo é meu e, portanto, eu deveria ter a escolha do que fazer com ele e como usá-lo. Entretanto, a questão de quando, como e se uma mulher deve ser mãe ainda é uma controvérsia chocante. Isso ocorre, em parte, porque o corpo feminino é visto tradicionalmente como misterioso e "alienígena", uma terra de cavernas sombrias e lagoas inexplicáveis. Ser vista como mulher é uma aberração imediata das normas masculinas dominantes. E as pessoas que se especializam nos cuidados com a saúde da mulher são suspeitas por associação, principalmente se também forem mulheres. Ajudar outra mulher a cuidar de seu corpo desordeiro é um motivo forte o suficiente para alguém ser considerada bruxa também.

No influente ensaio de Barbara Ehrenreich e Deirdre English, *Witches, Midwives, and Nurses* [Bruxas, Parteiras e Enfermeiras], de 1973, elas explicam a mudança histórica desde os tratamentos naturais de saúde, conduzidos por mulheres, até o sistema médico institucionalizado nas mãos dos homens. Afirmam as autoras no livro: "As caças às bruxas deixaram um efeito duradouro: um aspecto do feminino que desde então é associado com a bruxa, e uma aura de contaminação permaneceu, principalmente em torno da parteira e de outras mulheres que lidavam com curas". De acordo com o texto, as parteiras sabiam quais ervas podiam administrar para o alívio das complicações da gravidez, para facilitar o parto e para estimular a produção do leite materno. Elas também eram especialistas no uso de plantas para tratar de problemas ginecológicos, bem como evitar a gravidez e induzir o aborto. Como essas "coisas de mulher" aconteciam atrás de portas fechadas, e as parteiras e curandeiras possuíam conhecimento "secreto", eram vistas como poderosas e desonestas.

No começo do *Malleus Maleficarum*, nosso machista favorito e obcecado por Satanás, Heinrich Kramer, afirma que divulgará no livro informações "[...] específicas sobre as parteiras, que superam todas as outras em malignidade". Ele cumpre a promessa, difamando a vocação por todo o livro, que inclui uma seção intitulada "Bruxas que são parteiras de diversos modos matam a criança concebida no ventre e provocam aborto; ou se não fazem tal coisa, oferecem bebês recém-nascidos a demônios". Diferente das outras bruxas de Kramer, as parteiras eram consideradas ameaçadoras não por causa de sua carnalidade em si – por mais que suas pacientes grávidas estivessem envolvidas com luxúria –, mas porque eram conhecedoras exímias da fisiologia feminina. Pareciam capazes de controlar os fluxos e refluxos e ajudar na geração da própria vida, ou eliminá-la completamente com medidas preventivas ou abortivas.

Podemos entender por que as parteiras talvez fossem as principais suspeitas de bruxaria. Se uma criança morresse durante o parto ou pouco depois por causa de alguma doença, quem teria mais culpa que a mulher cuja tarefa era trazer aquela criança ao mundo? Se uma pessoa perdesse a vida por conta de uma doença, não seria porque a curandeira a amaldiçoou? O conhecimento geral sobre males físicos e doenças era limitado; e a crença em bruxas, bem real. Era plausível supor que forças sobrenaturais e a parteira convertida em bruxa, que sabia invocar tais forças, seriam as responsáveis por essas perdas trágicas.

Isso posto, estudos recentes revelaram que há pouquíssima evidência de que muitas parteiras foram de fato perseguidas durante as caças às bruxas. Sim, foram eclipsadas por médicos qualificados e do sexo masculino, mas tal fato provavelmente se justifica mais em razão do advento das instituições acadêmicas e governamentais sob administração patriarcal. E faz sentido: o conhecimento do ofício da parteira passava de uma mulher para outra. Quando os homens tomaram conta das universidades e hospitais, as mulheres foram quase excluídas da profissão (provável motivo para o clitóris só ser mapeado por completo em 1998; obrigada, doutora Helen O'Connell!). O número de parteiras não reduziu porque tais mulheres morreram na fogueira; diminuiu simplesmente por elas serem mulheres, e como tais foram excluídas e deixadas para trás.

A verdade, porém, é que a *ideia* de que as parteiras eram bruxas persiste até hoje. Esse pensamento pode ter como base informações errôneas ou noções romantizadas, mas os sentimentos ainda são relevantes. Hoje, mulheres que almejam o controle do próprio corpo ou que ajudam outras nesse sentido causam arrepios nos conservadores.

Enquanto escrevo este livro, o controle da natalidade e o planejamento familiar sofrem ataques implacáveis da administração Trump em diversos sentidos, o que levou a sexagenária Cecile Richards, então presidente da Planned Parenthood, a dizer à CNN em maio de 2018: "Para as mulheres, esse governo é o pior de todos que já vi em minha vida".* Não só Donald Trump parece defender a promessa de seu vice-presidente de que "veremos o caso Roe *vs.* Wade relegado à pilha de cinzas da história, onde deveria estar", mas também é o primeiro presidente a falar no evento anual da Campanha pela Vida,

* Este livro foi publicado originalmente em 2019, quando Donald Trump ainda era presidente dos Estados Unidos. (N. da T.)

organizado pelo grupo antiaborto da Susan B. Anthony List. Seus indicados à Suprema Corte alegam defender a vida também.

Além de vociferar contra o aborto, os membros do partido conservador não são grandes fãs dos métodos mais seguros para evitar a gravidez. O acesso aos contraceptivos femininos em geral sofre ameaça nos Estados Unidos, graças à pressão da direita religiosa. Em novembro de 2018, o governo Trump emitiu duas regras decisivas que permitem a qualquer empregador, universidade ou administradora de plano de saúde eliminar a cobertura para controle de natalidade, com base em objeções morais ou religiosas.

E antes, naquele mesmo ano, o Departamento de Saúde e de Serviços Humanitários dos Estados Unidos emitiu o anúncio de que os programas que promoviam a abstinência como o melhor método de evitar a gravidez na adolescência seriam grandemente favorecidos com verbas, embora múltiplos estudos mostrem que essa tática é ineficaz – principalmente se comparada com o uso de contraceptivos.

Legislações à parte, é assustador que tantas figuras políticas demonstrem uma total falta de conhecimento de como funciona a fisiologia feminina ou que expressem objeções generalizadas à sexualidade da mulher. Quando o congressista do Missouri, Todd Akin, foi perguntado por uma estação de TV de St. Louis em 2012 se achava que o aborto era justificável em caso de estupro, sua resposta infame foi: "Se for um aborto legítimo, o corpo feminino tem meios de tentar impedir o processo". Foster Friess, importante financiador dos republicanos, é citado dizendo: "Sabe que, no meu tempo, usavam a aspirina da Bayer como anticoncepcional? As moças a colocavam entre os joelhos e não era algo muito caro". E, no mesmo ano, Sandra Fluke, estudante de direito na Universidade Georgetown, ganhou as manchetes quando fez um discurso no Comitê de Diretrizes e

Políticas Democratas da Câmara explicando por que as alunas não poderiam ter o direito negado à cobertura anticoncepcional por parte da faculdade católica. O apresentador de TV Rush Limbaugh respondeu com este palavreado ilógico misógino:

"O que dizer sobre a estudante universitária Susan Fluke [*sic*], que comparece perante um comitê parlamentar e diz, em suma, que precisa ser remunerada para fazer sexo. O que pensar de uma pessoa assim? É uma vagabunda, não é? Significa que é uma prostituta. Quer receber dinheiro para ter uma relação sexual. Ela tem tantas relações que não consegue pagar pelo contraceptivo. Quer que eu e você e os pagadores de impostos a banquemos. Seríamos o quê, então? Cafetões dela".

Já vimos no capítulo anterior o impulso sexual feminino como força satânica; portanto, não quero abrir de novo essa caixa de Belzebu. Mas há outra implicação insidiosa com o argumento contra a concepção, que nos leva de volta ao ponto de partida: o de que uma mulher só tem valor quando está procriando; ou seja, fornicar por prazer e sem a intenção de gerar filhos é um comportamento antinatural ou vergonhoso. Como muitas escritoras feministas já ressaltaram, parte dessa mentalidade não só é racionalizada a partir de uma perspectiva de moralidade religiosa, mas também de "pragmatismo" econômico. No livro de Silvia Federici, *Caliban and the Witch: Women, the Body, and Primitive Accumulation* (Calibã e a Bruxa: Mulheres, Corpo e Acumulação Primitiva), publicado em 2004, ela teoriza que a caça às bruxas era, em parte, um meio de punir qualquer mulher que não contribuísse, através da reprodução, para a crescente força de trabalho capitalista. Segundo a autora, essa era uma questão particularmente urgente na Europa do século XVII, quando a população começou a diminuir: "Diante desse cenário, parece plausível que a caça às bruxas, ou ao menos parte dela, foi uma tentativa de criminalizar o controle de natalidade e colocar o corpo feminino, o útero, a serviço do aumento da população, da produção e do acúmulo da força de trabalho".

Seja pecaminoso ou apenas egoísta, o fato é que as mulheres têm relações sexuais por vários motivos além de gerar bebês, e a possibilidade de realizar o ato sexual sem ficar grávida é importante para elas. Em julho de 2018, o Instituto Guttmacher divulgou a estatística de que "mais de 99% das mulheres com idades entre 15 e 44 que tiveram relações sexuais usaram pelo menos um método anticoncepcional" – e a propósito, isso inclui mulheres que já têm filhos, ou que querem ter um dia. Negar às mulheres o controle da natalidade é impedi-las de escolher quando ou se desejam ser mães, e essa decisão impacta todos os aspectos de sua vida, desde a mobilidade econômica até o bem-estar mental e físico. As mulheres superaram um longo caminho desde a fase em que tinham que consultar as parteiras em segredo sobre o próprio sistema reprodutivo. No entanto, ainda hoje, mais de quinhentos anos depois de Kramer ter declarado que as parteiras são as piores de todas as bruxas, tanto as consumidoras quanto os fabricantes de cuidados com a saúde feminina ainda sofrem insultos e ataques. Ainda há quem pense que as mulheres não podem decidir o que fazer com o próprio corpo e a própria vida. E isso, sim, é um grande mal em si.

Quando falamos da bruxa e dos tabus do corpo feminino, temos de incluir a questão da ojeriza. Muitos dos ingredientes que ela era acusada de usar nos feitiços são tóxicos ou no mínimo terrivelmente perturbadores, desde as partes de bebês, já mencionadas, até partes de animais, plantas venenosas, e substâncias biológicas de humanos adultos como unhas, cabelo, urina, lágrimas e sangue. No decorrer da história, os fluidos do corpo sempre foram considerados altamente mágicos e, portanto, elementos muito ameaçadores. A antropóloga Mary Douglas escreveu em seu livro de 1996, *Purity and Danger: An Analysis of Concepts of Pollution and Taboo* (*Pureza e Perigo*): "Todas as margens são perigosas [...]. Devemos entender que os orifícios do corpo simbolizam seus pontos de particular vulnerabilidade. A matéria que sai deles é substância marginal da espécie mais óbvia".

De todos os líquidos e secreções emitidos pelo corpo, talvez o mais temido e desprezado seja o sangue menstrual. Seja porque indica que a mulher não está grávida (trágico!) ou simplesmente por ser mal interpretado como uma substância insegura, os tabus menstruais prevalecem em diversas culturas há séculos; e perdura entre nós a crença de que o período menstrual de uma mulher a torna impura. Na Bíblia, vemos em Levítico 15:19-30, detalhes específicos de que quando uma mulher está menstruada, qualquer pessoa ou coisa que a toque é considerada suja; e no Alcorão, Surata Al-Baqarah 2:222, lemos que os homens não devem tocar uma mulher durante o período menstrual e sim esperar até que ela esteja "purificada".

Mas foi o naturalista e escritor romano Plínio, o Velho, que popularizou a ideia de que as mulheres menstruadas possuíam magia negra. No fim do primeiro século da Era Cristã, ele escreveu o seguinte em sua obra de sete volumes, *Naturalis Historia* ou *História Natural*:

> *O contato com o fluxo mensal das mulheres azeda o vinho novo, murcha a colheita, destrói os enxertos, seca as sementes nos jardins, faz cair as frutas das árvores, embaça a superfície clara dos espelhos, cega o fio do aço e tira o brilho do marfim, mata abelhas, enferruja ferro e bronze, e causa um odor horrível no ar. Se um cão*

bebe desse sangue, enlouquece, e a mordida se torna tão venenosa como se ele tivesse raiva. O Mar Morto, rico em sal, não pode ser dividido senão por um fio embebido no fluido do sangue menstrual. Um fio de uma roupa infectada já basta. Panos tocados pela mulher ao fervê-los ou lavá-los com água ficam pretos. Tão mágico é o poder das mulheres em seus períodos do mês que, dizem, tempestades de granizo e vendavais são afastados se o fluido menstrual for exposto aos relâmpagos.

Não surpreende, portanto, que as descrições modernas de bruxaria ainda girem em torno do sangue menstrual. O romance de Stephen King, *Carrie, a Estranha*, lançado em 1974, foi o primeiro livro que ele publicou, e abriu o caminho para sua carreira. A história é sobre uma jovem cujos poderes telecinéticos são despertados depois que ela é atormentada por garotas malvadas na escola assim que menstrua pela primeira vez no vestiário. "Tape tudo! Tape tudo!", elas gritam, jogando nela absorventes de vários tipos. Carrie começa a desenvolver suas habilidades sobrenaturais em segredo. Sua mãe, abusiva e religiosa fanática, a critica, convicta de que Carrie está envolvida em alguma forma de bruxaria, que se manifesta em sua família a cada três gerações: "Primeiro veio esse fluxo de sangue e as fantasias imundas que o Diabo enviou junto. Depois, esse poder infernal que o Diabo deu a ela". Entre o estresse na escola e outro em casa, a tensão cresce. Por fim, Carrie estoura quando é coroada rainha do baile em uma eleição forjada, e jogam sobre ela um balde de sangue de porco – outra alusão ao seu estado vergonhoso. Como todos os que conhecem o livro, assistiram aos filmes subsequentes e ao espetáculo na Broadway sabem, esse episódio a converte em um veículo de vingança que a faz usar os poderes para causar destruição por toda a cidade.

O filme de Anna Biller lançado em 2016, *The Love Witch* (A Bruxa do Amor), por outro lado, faz uma imensa reviravolta. A produção conta a história de uma bruxa chamada Elaine que procura o amor, mas acaba deixando um rastro de pretendentes mortos. Em uma cena crucial, a personagem acabou de matar sua última conquista, e resolve fazer uma "garrafa de bruxa" para pôr dentro do túmulo do rapaz, de modo que uma parte dela o acompanhe. Enche a garrafa com urina dela mesma e um absorvente ensanguentado. "A maioria dos homens nunca viu um absorvente usado", ela diz, uma afirmação que é tanto verdadeira quanto um gesto político por parte da cineasta. Afinal, a maioria dos filmes não mostra absorventes usados, embora milhões de mulheres menstruadas vejam vários entre dois e sete dias, todos os meses. A inclusão por parte de Biller de sangue menstrual no filme é significativa por vários motivos. É um ingrediente narrativo que mostra o poder da protagonista e também um feitiço da vida real na tela do cinema: com essa cena, um absorvente usado se transforma de um segredo feminino vergonhoso em um símbolo cultural visível e poderoso.

Uma mulher sangrando assusta, mas a mulher na pós-menopausa pode muito bem ganhar o troféu de A Mais Horrível do Mundo.

O corpo envelhecido é um local de terror; e o corpo feminino já infértil, o pior de todos. Ao ver rugas e pele flácida, sentimos repugnância. Lembra-nos da morte. Aprendemos a encará-lo como algo decrépito e totalmente assexuado. De tempos em tempos, o corpo feminino idoso é deixado para trás ou visto como algo maligno. Embora existam bruxas de todas as idades e fases da vida, como já vimos aqui, talvez as descrições mais comuns sejam dessa versão velha e pútrida. Você conhece o estereótipo: feia, cabelos grisalhos, nariz como bico de corvo. É a bruxa mais presente nos contos de fadas, como a velha Baba Yaga do folclore eslavo, moradora de uma cabana que, segundo a história, anda com pernas de pau que parecem pernas de galinha. Ela é a vilã em filmes de terror como Sylvia Ganush, de *Arraste-me para o Inferno*, com dentes tortos e amarelos e um olho embaçado. A mera ideia de "uma velha cujos pés não tocam o chão" no filme *A Bruxa de Blair* é perturbadora; nem precisamos vê-la para saber que ela é uma figura de pesadelos.

No arquétipo da deusa trina menina/mulher/velha chata ou donzela/mãe/anciã, popularizada por autores como Robert Graves e Starhawk, a anciã é o aspecto geralmente ignorado e subvalorizado em uma cultura obcecada pela juventude. As donzelas e mães são celebradas por sua beleza, pelo amor incondicional e pelos frutos de seu corpo. Ou seja, seu potencial. Mas a mulher idosa costuma ser abominada. Enquanto as donzelas e mães são maduras, a anciã é podre. De um modo geral, as bruxas da ficção têm medo da mortalidade, desde a Rainha Má, de *Branca de Neve,* até as irmãs Sanderson, em *Abracadabra,* e também Lamia, de *Stardust – O Mistério da Estrela*, de Neil Gaiman. Como tal, elas sofrem um ataque duplo: são punidas pela sociedade por envelhecer e censuradas por recorrer a medidas extremas com o intuito de conservar a beleza e a juventude. E que os céus proíbam um corpo velho de sentir desejo ou luxúria. Essa suposta incoerência é temida há séculos. Em *Game of Thrones*, Melisandre, a Mulher Vermelha, é uma bruxa bela que pratica magia negra sexual. Quando se revela que ela é, na realidade, uma velhota horrível disfarçada, há um choque não só por ela não ser quem pensamos, mas também porque nos lembramos de que a bruxaria sexual de virar a mesa, mostrada antes, foi feita, na verdade, por um saco de ossos idosos.

Uma das reproduções mais famosas de uma bruxa é uma gravura feita por Albrecht Dürer, por volta do ano 1500, conhecida como *Witch Riding Backwards on a Goat* [Bruxa Andando para Trás em um Bode]. Mostra uma velha nua, com peitos caídos e pele enrugada, montada em um bode, criatura frequentemente usada como substituta da carnalidade e do diabolismo, como vimos no caso de Black Phillip, de *A Bruxa*, o bode que oferece manteiga. A bruxa da gravura tem uma vassoura entre as pernas; objeto fálico e, pelo que nos ensinam, nefasto. A mistura entre a posição inversa, o menino de traços angelicais de cabeça para baixo em primeiro plano, e o monograma invertido de Dürer levou os estudiosos a interpretarem essa obra como um alerta contra o pecado e a perversão, além de uma alegoria sobre atos contrários à ordem natural das coisas. Aos olhos feministas modernos, parece que aquela mulher está se divertindo imensamente. Mas a intenção era criar uma imagem de profundo desconforto, até de verdadeiro perigo. Um corpo feminino idoso, nu, exposto e sem a menor vergonha é algo que nunca deveria ser visível, segundo Dürer e seus observadores. A anciã lasciva, afinal, é a consorte do próprio diabo.

De qualquer forma, a velha bruxa tem algumas associações positivas também. Uma das anciãs mais amadas da mitologia é Hécate, a deusa grega da bruxaria e da necromancia. É uma divindade muito poderosa, hoje em dia associada com a lua minguante ou nova. Devemos notar que ela não surgiu como uma mulher idosa e, segundo as tradições, usava uma saia que chegava aos joelhos. Posteriormente ela se transformou em uma deusa trina, às vezes retratada com três cabeças: de um cão, uma serpente e um cavalo. Essa forma tríplice se converteu na deusa romana Trivia, que supervisionava os locais onde três estradas se cruzavam. Qualquer que fosse sua configuração, ela era a deusa das fronteiras, dos portais e das passagens. Os locais intermediários. A região dos limiares.

Com a ascensão do movimento wiccano moderno, Hécate se fundiu com a anciã no paradigma da deusa trina, de modo que hoje costuma ser retratada com a aparência de velha. Na atualidade, você encontra uma profusão de imagens dela com uma túnica, cabelos compridos e enrolados por baixo do capuz. Geralmente está acompanhada de cães e segura as chaves do mistério divino. Assumiu o manto de sábia, mergulhando em segredos antigos que ela só revelará aos merecedores.

Um detalhe sempre consistente em Hécate é que ela costuma ser a portadora da tocha. Era ela que conduzia Deméter pelo submundo todos os anos, para trazer Perséfone de volta à superfície da terra. Diz-se também que as palavras *EN EREBOS PHOS* estavam inscritas acima da entrada principal no interior de seu templo na Grécia Antiga. A tradução seria "Na escuridão, luz", um mantra digno dos tempos atuais, se alguma vez existiu um.

Assim como Hécate, as anciãs são ótimas ajudantes nas histórias. Geralmente aparecem na missão de um herói para dar conselhos, amuletos e ensinamentos. Em *O herói de mil faces*, Joseph Campbell escreveu: "Para aqueles que não recusaram o chamado, o primeiro encontro da jornada do herói é com uma figura protetora (geralmente uma anciã baixinha ou um velho) que fornece ao aventureiro amuletos contra as forças do dragão que ele irá enfrentar". Algumas das minhas guias-anciãs favoritas na ficção são: a senhora Oqueé, a senhora Quem e a senhora Qual, todas de *Uma Dobra no Tempo*; a astróloga Aughra, em *O Cristal Encantado*; e Joan Clayton, conhecida como Cut-Wife, na série de TV *Penny Dreadful*, que é ao mesmo tempo uma bruxa anciã e uma provocadora de abortos. Todas elas oferecem assistência ou são mentoras na missão do herói e, de um modo geral, em momentos de crise e de dúvidas sobre si mesmo.

Mais raros, contudo, são os exemplos de uma anciã como protagonista de uma história.

À medida que fico mais velha, percebo que absorvo descrições positivas da idade avançada com a sede de uma rosa de Jericó. Um de meus prazeres pelos quais não sinto tanta culpa é assistir a filmes que apresentam uma protagonista mais velha que ganha uma segunda chance na vida: *Ensina-me a viver, Sob o sol da Toscana*, *O exótico Hotel Marigold*, *Horas de museu*. Gosto de saber que existe uma via alternativa para eu seguir. Que eu não vou simplesmente murchar e sumir, como grande parte da cultura visual tenta me convencer. Quero saber que a vitalidade e o empoderamento são possíveis em qualquer estágio da vida.

Talvez minha anciã favorita de todos os tempos seja Marian Leatherby, a protagonista surda e banguela, de noventa e dois anos, do romance *The Hearing Trumpet* (A Corneta), escrito pela artista surrealista Leonora Carrington. Marian tem uma barbinha grisalha que ela acha "muito galante", e sua querida amiga geriátrica Carmella afirma: "As pessoas com menos de setenta anos e mais de sete não são muito confiáveis se não forem gatos". Graças a uma combinação de bruxaria e imaginação fértil, Marian parte em uma missão incrível para fugir do asilo onde sua família a colocou. No decorrer da história, ela é sempre uma pessoa mágica, engenhosa e, no fim das contas, poderosa (não muito diferente do que a própria Carrington se tornou, como veremos).

Essas anciãs contemporâneas me lembram de que é sempre bom olhar para dentro de nós e nos conectarmos com quem queremos ser, em vez de como gostaríamos de parecer. Elas me incentivam a acolher o processo de envelhecimento com a magia própria dessa fase à medida que adquiro experiência, aprendo lições e transmito sabedoria para gerações futuras.

As bruxas estão escritas no corpo das mulheres e, portanto, devemos levar em conta como nos vestir delas.

Segundo a Federação Nacional do Varejo, a bruxa foi a fantasia de Halloween mais utilizada entre os adultos durante os catorze anos em que a pesquisa foi conduzida, e sou capaz de apostar que é a primeira da lista há muito mais tempo. Embora o figurinista Adrian tenha solidificado nossa ideia dos trajes da bruxa com seus desenhos para a Bruxa Má do Oeste em *O Mágico de Oz*, da MGM, ele se baseou em uma iconografia muito mais antiga. Fotografias clássicas mostram mulheres vestidas de bruxa nas décadas anteriores ao filme, e a bruxa é uma boa fantasia para festas, sejam de Halloween ou não, pelo menos desde a era vitoriana.

O livro de Ardern Holt, *Fancy Dresses Described or What To Wear at Fancy Balls* [Descrição de vestidos chiques ou o que vestir em bailes de gala], se tornou tão popular na década de 1880, que foi publicado seis vezes. Era um compêndio em ordem alfabética de trajes para senhoras finas da Era Vitoriana, e incluía este verbete:

> *BRUXA. HUBBARD, MAMÃE, Mamãe Bunch, Mamãe Shipton, Nance Redfern, madame Trot, feiticeira, bruxa e fada-madrinha, todas se vestem de modo quase igual. [...] A madame Trot usa um chapéu pontudo não muito alto. Nance Redfern, mamãe Shipton e a Velha que Varreu o Céu, por serem bruxas, carregam uma vassoura e em suas saias existem sapos, gatos, serpentes, maçaricos, rãs, morcegos e lagartos em veludo preto; uma serpente enrolada em um*

chapéu, uma coruja na frente, um gato preto no ombro. Às vezes, uma capa escarlate vem presa ao ombro e o corpete de veludo é alto com mangas esvoaçantes.

As ilustrações dos livros infantis sem dúvida tiveram grande influência na imaginação popular vitoriana e eduardiana, principalmente nos contos de fadas e nas cantigas infantis de autoria da Mamãe Gansa. Os desenhos dos artistas geralmente a mostram usando um chapéu pontudo e, mais interessante, muitos especulam que seus traços aviários podem indicar, na verdade, uma versão mais leve da deusa-bruxa germânica do inverno, Holda.

As primeiras histórias da Mamãe Gansa foram publicadas em 1697 pelo autor francês de contos de fadas Charles Perrault, sob o título *Histoires ou contes du temps passé, avec des moralités,* ou *Contos dos Tempos Passados*, com o subtítulo *Contes de ma mere l'Oye,* ou *Contos da Mamãe Gansa*. E, claro, esses contos e as subsequentes cantigas infantis circulam desde aquela época, com a imagem da Mamãe Gansa reinterpretada tantas vezes quanto as próprias histórias. No fim do século XIX, as edições inglesas das histórias da Mamãe Gansa de editoras como a McLoughlin Brothers e Henry Altemus Company a mostravam usando um chapéu preto pontudo, além de carregar um cajado ou uma vassoura; e as ilustrações de Arthur Rackhman para o livro, de 1913, *Mother Goose: the old nursery rhymes* [Mamãe Gansa: as Velhas Cantigas de Ninar], cristalizaram a imagem dela como uma anciã com chapéu preto de bruxa, montada em um ganso e com a capa balançando ao vento.

Mas a pergunta persiste: qual é a origem desse chapéu pontudo?

Já li várias teorias a respeito disso. Alguns creem que o chapéu seja uma última iteração do Judenhut, ou chapéu do judeu, que os judeus eram obrigados a usar nos tempos medievais. Outros já escreveram que, naquela época, muitos dos produtores de cerveja eram mulheres, e elas usavam chapéus longos e cônicos para serem vistas no mercado. Aliás, segundo algumas teorias, o caldeirão da bruxa e o gato também se originam da fermentação da cerveja, o primeiro para a fabricação e o segundo para afugentar os ratos da cozinha. Li também que esse acessório de cabeça pontudo era simplesmente a moda usada pela elite medieval. A sacerdotisa de Wicca Doreen Valiente escreveu que o chapéu veio do *copataine*, um chapéu francês usado para andar a cavalo. Segundo Erica Jong, o chapéu estava associado com as hereges da Idade Média, e entre os anos 1440 e 1480, o chapéu pontudo das sofisticadas mulheres francesas era considerado diabólico pelo clero.

A resposta pode ser muito mais simples – e bem mais recente – que tudo isso: segundo os historiadores Ronald Hutton e John Callow, os trajes da bruxa, o chapéu e todo o restante, vêm das vestimentas de viagem usadas principalmente por mulheres britânicas da classe trabalhadora nos séculos XVII e XVIII. Hutton ressaltou que o traje nacional do País de Gales adotado em 1820 também incluía um chapéu preto e alto. Há evidências de que algumas mulheres britânicas de classe mais alta também usavam-no, como, por exemplo, em *Retrato da senhora Salesbury com os netos Edward e Elizabeth Bagot*, pintado por John Michael Wright, em 1675, e que embora sem a intenção parece uma alusão irresistível às bruxas. Esse estilo de roupa foi usado posteriormente por artistas para retratar uma mulher antiquada, que era um símbolo de tradições domésticas e estilos arcaicos de pensamento (sendo o caso mais recente retratado nas histórias antigas da Mamãe Gansa e das personagens relacionadas a ela, Mamãe Punch e Mamãe Hubbard).

A ilustração dessa bruxa era uma paródia de uma velha ranzinza ou de uma camponesa simplória. Uma anciã palhaça que se enquadrava em algum ponto do espectro entre tola e assustadora, dependendo do contexto. E seus trajes foram codificados ainda mais por desenhos populares do século XVIII, depois que a caça às bruxas acabou. Um dos retratos mais icônicos de uma bruxa aparece em uma gravura de 1762, feita por William Hogarth, intitulada *Credulity, Superstition, and Fanaticism* [Credulidade, Superstição e Fanatismo]. É um trabalho artístico que satiriza a fé cega da religião, particularmente do movimento metodista. A gravura mostra um pastor pregando à sua congregação sobre o mal, enquanto segura uma marionete de diabo em uma mão e na outra uma bruxa com chapéu pontudo, montada em uma vassoura e amamentando um íncubo felino. Essa imagem causou um impacto enorme sobre a cultura visual da época, embora a bruxa em si seja relativamente minúscula. Talvez tenha definido o padrão de como ainda vemos hoje as bruxas em desenhos animados, livros e roupas.

Essa bruxa também influenciou a moda, principalmente nos últimos anos. Dezenas de *designers* de moda copiaram livremente o armário de vassouras da bruxa. A coleção de 2013 de Hedi Slimane para Yves Saint Laurent apresentou chapéus pretos com aba larga, vestidos de *chiffon* pretos e transparentes, acessórios pretos de couro com tachas e uma aura boêmia sombria que lembrava muito a Bruxa Má do Oeste. A coleção de 2015 de Gareth Pugh incorporou pentagramas de lantejoulas, brinquedos pagãos e cabeças de animais com chifres vendidas como máscaras. A linha de Alexander McQueen tende para a bruxaria desde que surgiu, e a atual *designer* chefe Sarah Burton acentuou esse espírito. Sua coleção outono/inverno de 2017 foi inspirada nas tradições da Cornualha e incluiu fitas de pontos grossos que lembravam uma árvore dos desejos, além de vestidos pretos folclóricos e macacões com filigranas de imagens prateadas das cartas de tarô. Valentino, Rodarte, Elie Saab, Rick Owens, Marc Jacobs, Yohji Yamamoto, Iris van Herpen e Ann Demeulemeester são apenas alguns dos muitos *designers* cujas coleções apresentam saias, acessórios de cabeça e características de bruxas desde 2010.

E é encorajador ver mulheres mais velhas em campanhas de moda mais recentes, geralmente estilizadas como pessoas místicas e cheias de glamour, desde a sábia modernosa de Joni Mitchell, em 2015, vestindo Yves Saint Laurent, até a chiquérrima cartomante de Tippi Hedren, de Gucci, em 2018. Agora a anciã está na alta costura.

A bruxa é uma musa para iconoclastas contemporâneos porque quebra as regras da convenção. Ela não tem interesse em satisfazer o olhar masculino e, aliás, adora se rebelar contra ele. Nas palavras de Hayley Phelan, editora sênior da Fashonista.com, ao *New York Times* sobre a moda da bruxa: "Os maxivestidos e capas não expõem muita pele. [...] [Esses *designers*] apostam em uma espécie de beleza que talvez atraia mais mulheres que homens". A moda da bruxa é poderosa porque derruba as expectativas da exibição feminina em geral. Embora talvez seja atraente, não é *convidativa*. Os trajes de bruxas são maravilhosamente inospitaleiros. Eles dizem: "Não me irrite", ou como Carmen Maria Machado definiu a moda da bruxa em um artigo da *Harper's Bazaar*, em novembro de 2018: "Luxo é você ser você mesma e o resto que se dane". Quando uma pessoa usa roupas que desafiam o contrato social de se vestir para impressionar, ela expurga qualquer observador que poderia achar repugnante sua aparência não tão ensolarada. Ela é a antítese da loira sorridente de biquíni. A bruxa se mostra forte e complexa, não fácil e agradável. Sua estética evoca mistério, até desordem, e ela subverte muitas coisas que aprendemos sobre como deve ser uma mulher atraente: passiva, agradável, um ímã de olhares.

Embora um guarda-roupa de bruxa às vezes seja sexy, ele não costuma chamar atenção para o corpo. Geralmente, a moda da bruxa envolve camadas frouxas que ocultam a forma ou tecidos que disfarçam e cobrem. Esconde mais do que revela. Cria um véu, ainda que seja enfeitado com contas coloridas e símbolos talismânicos. Portanto, aquela que o veste define a si mesma e tem autoproteção; é, ela própria, um feitiço ambulante. Se causa choque, é intencional. Essa bruxa é um transtorno voluntário.

Durantes muitos e muitos séculos, as mulheres ouviram que seu corpo é errado e inapropriado, e que era propriedade de outras pessoas. A bruxa estilosa é dona de si, a primeira e mais importante. Ela controla quanto de si quer mostrar e compartilhar com os outros.

Se as pessoas consideram sua anatomia uma monstruosidade ou algo majestoso, ela pouco se importa. Sabe que o corpo é dela e pronto.

E esse é o verdadeiro poder.

Capítulo 5

IRMÃS TALENTOSAS E SENHORAS SOMBRIAS

Minha cabeleireira é também minha taróloga, e a eficiência dessa arte alegra a bruxa em mim mais do que posso descrever. A cada três meses e pouco, chego ao apartamento decorado com arte *nouveau* de Amber King, onde papeamos sobre a vida e bebemos um pouco de chá morno com a mistura de ervas que ela mesma faz. Conversamos sobre como me sinto, quais são minhas dificuldades e o que pretendo realizar. E então começa o verdadeiro ritual: ela lê minhas cartas com o baralho Klimt dourado que sempre usa e me mostra mensagens sobre o estado de minha vida espiritual; em seguida, sugere os passos seguintes que devo dar ou me alerta sobre as coisas com as quais preciso tomar cuidado. Depois, lava meus cabelos em uma espécie de banheira de cozinha, que é padrão hoje em dia em muitos apartamentos mais antigos de Manhattan, antes de me sentar em frente ao seu espelho, que é motivo de orgulho para ela. É ali que ela corta meus cabelos e, como me explicou na primeira vez, "faz suas bênçãos" que tem a ver com a leitura das minhas cartas. Tudo leva cerca de duas horas e custa, no total, o que apenas um desses serviços custaria. Mais importante: sempre saio me sentindo melhor que antes. Menos pesada por causa dos cachos que estavam muito longos, claro, mas também mais sutilmente calibrada.

A leitura e o corte de cabelo são duas metades de um trabalho mágico holístico. Juntos, eles alinham meu interior com meu exterior, permitindo-me sentir equilibrada em todos os níveis. Ir até o apartamento de Amber é um ato de autocuidado e um encontro metafísico. Ela reorienta minha bússola interior e corta tudo o que não me serve mais, abrindo o caminho à frente. O corte sempre fica ótimo, mas o que mais aprecio é o discernimento que ela me oferece enquanto desembaraça minha cabeça. Literalmente. Passei a vê-la como meu oráculo de folículos.

Se os temores e as fantasias relacionados ao corpo da mulher têm a ver com bruxaria, o mesmo vale para a mente feminina.

As mulheres sempre foram associadas com habilidades sobrenaturais, desde estranhos poderes de conhecimento à percepção extrassensorial, e até a uma forte conexão com o mundo espiritual. Mesmo fora de contextos místicos, uma ideia persistente de "intuição feminina" implica que as mulheres possuem um sentido inato de percepção que falta aos homens. Pessoalmente, não acredito muito nisso. Ainda que as mulheres pareçam mais sensíveis a forças invisíveis ou a sinais emocionais sutis, essa habilidade provavelmente se deve tanto à socialização quanto à biologia. Talvez pessoas de todos os gêneros tenham o potencial de ser igualmente intuitivas, mas muitos homens aprendem a suprimi-lo porque a sensibilidade tem um vínculo histórico com feminilidade e fraqueza.

De qualquer maneira, a impressão de que as mulheres são mais aptas para atividades de outro mundo persiste, e a atual esfera esotérica parece reforçar essa generalização. A vasta maioria de "consultores espirituais" que conheci no decorrer dos anos – paranormais, astrólogos, manipuladores de energia e cartomantes de várias correntes – é de mulheres. Em Lily Dale, na região norte da cidade de Nova York, fica a comunidade de pessoas que recebe mensagens de mortos desde 1879, quarenta dos 51 "médiuns registrados" são do sexo feminino (cerca de 80%). Dos 31 paranormais cadastrados em bestamericanpsychics.com, 23 (ou 74%) são mulheres; e entre os 123 paranormais, tarólogos e médiuns localizados na Califórnia contei 99 mulheres (80%) em bestpsychicdirectory.com. Um estudo mais extenso de gênero e profissionais místicos não caberia neste livro, mas posso apostar que as estatísticas permaneceriam um tanto quanto condizentes.

Apesar de nem todas essas pessoas se identificarem como bruxos ou bruxas, há uma correlação entre o que elas fazem e o que se conta acerca das bruxas no decorrer da história. Supostamente, todas têm acesso ao grande desconhecido e recebem orientações do mundo espiritual. Seja esse dom chamado de percepção extrassensorial, terceiro olho ou sexto sentido, geralmente são as mulheres que possuem habilidades especiais de conhecimento oculto e conseguem alertar, informar ou dar uma luz.

E não importa se são chamadas de bruxas, profetisas, médiuns ou videntes, essas mulheres às vezes são reverenciadas, mas o mais comum é que sejam hostilizadas. A ideia de que seus estranhos dons podem lhes dar uma vantagem sobre as outras pessoas ou permitir que controlem o futuro sempre foi considerada irritante, no mínimo.

"O que as bruxas fazem?", a estudante de balé Suzy Bannion pergunta a um professor no filme de terror *Suspiria*, de Dario Argento, lançado em 1977. Ele explica: "Elas podem mudar o curso dos eventos e a vida das pessoas, mas só para o mal. [...] Podem causar sofrimento, doença e até a morte daqueles que por qualquer motivo as ofenderam". As bruxas da Academia de Dança Tanz fazem jus ao alto faturamento, e a protagonista Suzy precisa destruir a líder delas, Helena Markos, se não quiser ser assassinada. No *remake* de *Suspiria* em 2018, as bruxas que administram a academia de dança possuem capacidades mentais assustadoras. Elas sentem quando as alunas estão "prontas" para realizar rituais ocultos de dança e assediam as garotas com pesadelos. O *coven* das bruxas é dedicado a uma deidade maligna chamada Suspiriorum, ou a Mãe dos Suspiros, e elas sacrificam a vida das bailarinas para mantê-la viva. Embora essas bruxas sejam carismáticas e atraentes em alguns pontos (por exemplo, Tilda Swinton, no papel de Madame Blanc, uma das bruxas líderes, sem dúvida contribuiu para aumentar o glamour), estão todas envolvidas com magia negra; e seus poderes paranormais são um componente vital para os planos malignos.

O medo de mulheres com habilidades paranormais acompanha a humanidade há séculos. A Bíblia não mede palavras quando a questão é bruxaria. O comentário mais notório sobre tal condição é quando Deus diz a Moisés, ao estabelecer as leis acerca da propriedade de terras: "A feiticeira não deixarás viver" (Êxodo 22:18).

Ou em Levítico 20:27: "O homem ou mulher que sejam necromantes, ou sejam feiticeiros, serão mortos; serão apedrejados; o seu sangue cairá sobre eles".*

---

* As traduções em português da Bíblia para este capítulo foram extraídas da *Bíblia Sagrada Almeida Revisada e Atualizada* ©Sociedade Bíblica do Brasil. (N. da T.)

Ou em Deuteronômio 18:10: "Não se achará entre ti quem faça passar pelo fogo o seu filho ou a sua filha, nem adivinhador, nem prognosticador, nem agoureiro, nem feiticeiro".

Aqui surgem as complicações linguísticas, contudo, porque outras traduções da Bíblia usam o termo *bruxa* ou *mulher que pratica magia* em vez de *feiticeira*. Do mesmo modo, uma pessoa chamada de "necromante" às vezes é traduzida como *médium*, pois se acreditava que ela era capaz de se comunicar com o espírito dos mortos.

Tudo isso implica que, pelo menos de acordo com o Antigo Testamento, uma pessoa com poderes especiais rompia o acordo com o Chefe lá no Céu (a menos que o Chefe mesmo concedesse os poderes, o que geralmente fazia com homens como Moisés). Isso significa que se uma pessoa fosse praticante de ocultismo, os seguidores do Senhor a fariam pagar com a própria vida.

Entretanto, no livro de Samuel, uma jovem que fala com fantasmas é descrita em termos mais favoráveis. A história da personagem que ficou conhecida como a Bruxa de Endor começa com Saul, o rei israelita. Sem saber como agir quando suas tropas são cercadas pelos filisteus, ele implora pela assistência de Deus. Deus não lhe responde, e o rei Saul resolve cuidar da situação sozinho: vai com dois homens consultar uma médium, na esperança de ter mais sorte ao contatar o mundo dos espíritos. O único problema é que Saul proibiu a prática de mediunidade e bruxaria em seu reino. Que falta de visão! Então, ele se disfarça e visita uma mulher que ainda pratica necromancia em segredo.

A princípio, ela não o recebe, pois acha que é uma armação. Cita a proibição por parte do rei daqueles que conversam com espíritos, dizendo aos visitantes: "Sabes o que Saul fez, expulsando os necromantes e feiticeiros da região. Queres, então, pegar-me em uma armadilha e ceifar minha vida?".

Saul jura por Deus que nenhum mal acontecerá a ela. A mulher pergunta quem ele gostaria de invocar. O profeta Samuel, diz Saul, e ela faz o que ele pede. Percebe, então, que o visitante é o próprio rei Saul. Diz a ele que vê um fantasma subir do solo, como um deus, é velho e usa um manto. Reconhecendo a descrição, Saul entende que a invocação funcionou.

Infelizmente, o espírito Sam traz más notícias. Primeiro, repreende Saul por chamá-lo, reclamando que se Deus não quis ajudá-lo, que diabos *ele* poderia fazer? Em seguida, diz ao irmão que os filisteus vão dominar Israel, e que Saul e seus filhos morrerão no dia seguinte. Até amanhã, então!

Saul se prostra no chão, chocado com a notícia e fraco de fome. A médium insiste em lhe dar comida após matar um bezerro gordo e fazer um pão ázimo de última hora, que ela serve a ele e a seus homens.

Não ficamos sabendo mais nada sobre ela e podemos presumir que continue praticando necromancia, feliz da vida. Além disso, ela mantém sua reputação intacta: não apenas conduz uma sessão de invocação de alta categoria, mas suas habilidades como anfitriã são exemplares. Saul não se dá bem, pois a visão do fantasma se concretiza. No dia seguinte, os três filhos de Saul morrem na batalha, e depois de ser ferido por flechas, ele cai sobre a própria espada. Os filisteus dominam Israel.

É uma história moralmente curiosa, sem dúvida, e reflete nossa constante ambivalência quanto à consulta com aqueles que se conectam com o plano etéreo. De minha parte, fico irritada com a hipocrisia de Saul. Como tantos outros legisladores (por exemplo, os congressistas que se pronunciam contra o aborto, embora eles próprios paguem pelos abortos de suas amantes), ele é um consumidor secreto dos mesmos serviços que proibiu. Sem falar que deixa nossa bruxa em uma situação delicada, vítima do jogo de poderes. Ela não tem escolha e deve atender ao pedido do rei de invocar o espírito de Samuel, embora saiba que sua vida estará em perigo. Antigamente, eu lia essa história como um ato de misericórdia de Saul e de bondade da bruxa. Agora ela me parece mais um relato de privilégio masculino. É uma história de um homem que tem o poder de mudar as próprias regras quando lhe convém, sem se importar com as pessoas vulneráveis que serão afetadas com isso. Gosto de imaginar que quando nossa Bruxa de Endor ouviu a notícia da morte de Saul jantou carne de vitelo para comemorar.

Um exame mais profundo da Bruxa de Endor é interessante em outro aspecto, pois ela nunca é chamada de bruxa na Bíblia. A descrição hebraica original é *ba'alat ob*, que se traduz mais ou menos como "senhora do ob". Aí você pergunta: o que é ob? As interpretações variam, mas provavelmente seria um tipo de embarcação ou poço para abrigar espíritos familiares ou outras entidades fantasmagóricas. Parece útil.

Parece que a nossa senhora das sombras só foi citada como a Bruxa de Endor centenas de anos depois de a história ser escrita. Na Bíblia Vulgata, traduzida para o latim por Jerônimo no século IV d.C., essa personagem é mencionada como um "*mulierem habentem pythonem*". Essa expressão deriva da pítia, suma sacerdotisa na Grécia Antiga, mais conhecida como o Oráculo de Delfos. As mulheres eram detentoras desse título entre os séculos VIII e IV a.C. na cidade de Pito (cujo nome se referia à serpente mítica píton, que foi morta pelo deus Apolo). Uma das principais funções de pítia era entrar em transe e canalizar palavras e profecias de Apolo para aqueles que procuravam os conselhos dela. Por causa de erros de tradução, as palavras em inglês *pythoness* (profetisa) e *witch* (bruxa) se misturaram, tornando-se uma referência a qualquer mulher com poderes misteriosos, embora no século XVI na Inglaterra ainda parecesse haver alguma diferença. O primeiro uso da expressão "Bruxa de Endor" aparece na obra do cético Reginald Scot, de 1584, *The Discoverie of Witchcraft* [A Descoberta da Bruxaria]. No texto, ele também a chama de "*Pythonissa*", apesar de insistir que provavelmente ela era uma fraude que usou uma forma sofisticada de ventriloquismo para enganar Saul; portanto, não era bruxa nem oráculo. Em 1597, o rei James I refutou essa teoria em seu ensaio *Daemonologie* [Demonologia], no qual afirma que as bruxas são *muito* reais e ameaçadoras, mas que nossa amiga em Endor era uma profetisa, e não uma bruxa. Até o famoso quadro de Salvator Rosa, conhecido como *Saul and the Witch of Endor* [Saul e a Bruxa de Endor], foi intitulado *L'ombre de Samuel apparaissant a Saül chez la pythonisse d'Endor* [A Sombra de Samuel Aparecendo a Saul Entre as Profetisas de Endor] pelo Louvre, onde está exposto hoje em dia. Rosa não deve ter dado nenhum título em italiano, sua língua nativa, pois intitular arte não era uma prática comum naquela época. Mas em uma carta de 15 de setembro de 1668, ele descreve a figura no quadro como a "*Pitonessa*"; parece que sua intenção original era retratar uma profetisa, e não uma *strega* (bruxa, em italiano) ou uma *witch* (bruxa, em inglês).

É bom esclarecer que embora *pythoness*, em inglês, tivesse anteriormente um significado distinto, hoje a palavra caiu em desuso. Suponho que *witch* (bruxa) soe melhor, e o fato de nossa invocadora de fantasmas da Bíblia ser conhecida assim demonstra como as categorias de diversos tipos de magia – adivinhação, necromancia, feitiçaria, canalização etc. – se fundiram com o tempo e receberam o rótulo geral de "bruxaria".

Profecias e os mistérios da mortalidade são elementos importantes em outra história lendária sobre bruxas: *Macbeth*, de Shakespeare. As Três Irmãs Estranhas talvez sejam o trio de bruxas mais famoso na história, as catalizadoras para a perseguição sangrenta de Macbeth pela coroa. Assim como a Bruxa de Endor, elas também se apresentam como figuras de moral nebulosa, que amedrontam o protagonista, embora ele as consulte mesmo assim. E também como a outra, elas não chamam a si próprias de bruxas, apesar de Shakespeare apresentá-las dessa maneira na lista de personagens.

Além disso, na edição original da peça, Shakespeare não se referia a elas como "estranhas", e sim "rebeldes". Entretanto, ele baseou a história de Macbeth em uma série de livros históricos chamados *Holinshed's Chronicles of England, Scotland, and Ireland* [Crônicas de Holinshed sobre a Inglaterra, Escócia e Irlanda], que de fato se referem a essas personagens como "irmãs estranhas" – os tradutores modernos, enfim, recorreram à expressão original. De qualquer forma, é um nome apropriado para elas, pois o termo usado para *estranhas*, a palavra em inglês "*weird*", deriva do inglês antigo *wyrd*, que significa destino. E essas bruxas realmente são agentes do destino, na melhor das hipóteses.

As Irmãs começam a peça dizendo que estão prestes a se encontrar com Macbeth, e que desse encontro surgirá grande ambiguidade: "O justo é sujo, e o sujo é justo [...]". Aí se estabelecem as polaridades proeminentes da história que se desenvolvem até o fim. Dicotomias como natureza humana *versus* o sobrenatural, poder masculino *versus* poder feminino e desejo *versus* destruição entram em constante confronto nos escritos de Shakespeare; e seu texto sempre sonda os espaços onde esses aparentes opostos coexistem, fundem-se ou se invertem.

Quando Macbeth e seu companheiro, Banquo, veem as Irmãs pela primeira vez, elas dizem a Macbeth que ele será rei e que Banquo gerará uma linhagem de reis, embora ele próprio não seja. Essa informação, somada a uma influência astuta de sua esposa, a Senhora da Casa, motiva Macbeth a assassinar o atual detentor da coroa, o rei Duncan, e alguns guardas. Em seguida, ele contrata alguns assassinos para matar Banquo e o filho dele, Fleance. Mas Fleance escapa. O fantasma de Banquo aparece a Macbeth em um banquete mais tarde, naquela noite. Sentindo-se acometido pela assombração e inseguro quanto ao futuro, Macbeth procura as Três Irmãs novamente, na esperança de que lhe revelem mais alguma coisa.

A cena icônica do caldeirão borbulhante é a preparação delas para esse encontro. O olho de salamandra, pé de rã, sangue de babuíno e outras tripas horríveis são os ingredientes para o "feito inominável", que deve ser a conjuração de quatro visões proféticas – embora crípticas – a seguir. Essas mensagens são interpretadas de maneira errônea por Macbeth como positivas, e ele continua com a matança, já em um estado cada vez mais paranoico. Claramente, ele crê que a previsão das bruxas de que "ninguém nascido de mulher fará mal a Macbeth" significa que ele está protegido contra os perigos mortais. Logo descobre, porém, que isso não é verdade, pois seu inimigo Macduff veio ao mundo em uma cesariana, de uma mulher que provavelmente morreu no parto. Esse homem mata Macbeth e, assim, valida as palavras das Irmãs Estranhas.

No fim das contas, *Macbeth* é uma história sobre o destino em contraste com o livre-arbítrio. As Irmãs causam a ascensão assassina de Macbeth e seu inevitável assassinato? Ou a queda de Macbeth foi simplesmente um caso de profecia autorrealizável: a culminação inevitável de ambições desmedidas, fomentadas pelo poder da sugestão?

Por um lado, no decorrer da peça, as bruxas fazem tudo com intenção: conjuram ventos, gabam-se de causar mal a outras pessoas e, além disso, são elas que procuram Macbeth. Pouco antes de se encontrarem com ele e Banquo pela primeira vez, fazem uma dança em círculo para lançar algum tipo de feitiço:

As irmãs estranhas, de mãos dadas,
Imagens de mar e terra,
Giram e giram ao redor,
Três vezes para ti e três para mim,
E mais três, compondo nove.
Paz, assim se completa o encanto.

E temos também a fala da deusa das Irmãs, Hécate, que segundo alguns estudiosos foi escrita, na verdade, por Thomas Middleton e acrescida à peça posteriormente, o que complica ainda mais a situação. Diz ela:

[...] Como ousaste
Confabular com Macbeth
Em enigmas e questões de morte;
Sem que eu, senhora de vossos encantamentos,
A incitadora de todos os males,
Fosse chamada para fazer minha parte,
Ou mostrar a glória de nossa arte?

Vemos que Hécate repreende as Irmãs por ludibriarem Macbeth sem ela. Em versões da peça que incluem essa fala, é Hécate que as encoraja a agir como agem, em primeiro lugar: ordena que se encontrem com ele pela manhã para uma sessão de feitiços, na qual revelarão a Macbeth seu destino.

Apesar disso, também é possível dizer que Macbeth interpreta as profecias da maneira que mais lhe agrada, e seu fim trágico é provocado por ele mesmo.

Ou talvez seja uma combinação das duas coisas, e por causa de nossas escolhas chegamos ao destino no meio do caminho.

Seja como for, vale a pena examinar os ingredientes díspares que Shakespeare usou para criar as Irmãs Estranhas, pois ele ampliou as fronteiras de nosso conceito de bruxa. Elas foram, em parte, inspiradas pelos Três Destinos que aparecem em diversas tradições: as Moiras, dos gregos, e as Nornas nórdicas eram iterações diferentes de um grupo semelhante de três deidades femininas que determinavam a vida dos indivíduos e o momento de sua morte. Nessa tríade mitológica, às vezes elas são retratadas como uma mulher que tece o fio da vida, outra que mede o comprimento do fio e uma terceira que o corta com tesouras terríveis e capazes de matar. Essas mulheres são as guardiãs do destino, altamente respeitadas e poderosas.

Shakespeare escrevia na época do rei britânico James I (antes conhecido como rei James VI da Escócia), um homem que, como já vimos, era obcecado pela bruxaria. Acreditava que as bruxas tinham formado uma tempestade na tentativa de afundar o barco no qual ele e sua nova esposa, a princesa Anne, vinham de Copenhague para casa, depois do casamento. Por causa desse incidente, foram realizados julgamentos por bruxaria na Dinamarca e depois em North Berwick, Escócia (o primeiro no país). O julgamento na Escócia foi presidido pelo rei. Concluídos os julgamentos em 1597, James publicou a já mencionada obra *Demonologia*, também uma possível refutação de *A Descoberta da Bruxaria*, de Reginald Scot. No livro, James afirmava que as bruxas eram "escravas do Diabo", e utilizou à vontade as "confissões" das bruxas julgadas como evidência dessa noção. Nesse contexto, *Macbeth* pode ser considerado evidência de que Shakespeare era uma espécie de cordeirinho da realeza. Conforme escreve a professora Carole Levin: "O fascínio de James I pela bruxas era muito conhecido e, sem dúvida, Shakespeare escreveu *Macbeth* em 1605 ou 1606 [...] para satisfazer seu novo rei". O uso da Demonologia pelo próprio rei como recurso forneceu amplo material no desenvolvimento das Irmãs, o que explicaria por que elas são uma mistura de oráculos proféticos e cozinheiras de feitiços culinariamente questionáveis.

A peça também era muito relevante para o público da época. Muitos homens e mulheres de todas as classes sociais na Inglaterra acreditavam que as bruxas eram capazes de usar magia como retaliação contra pessoas que lhes causaram algum mal. A prática de bruxaria era criminalizada na Inglaterra desde a Lei contra Bruxaria de 1542, que foi revogada cinco anos depois, porém substituída por várias outras. As leis de 1563 e 1604 transferiram os julgamentos por bruxaria da Igreja para os tribunais. A lei de 1604 foi promulgada pouco depois que o rei James assumiu o trono; e seu título completo era *Uma lei contra conjuração, bruxaria e acordos com o diabo e espíritos ímpios*. Foi esse estatuto que autorizou Matthew Hopkins, o autoproclamado General Investigador de Bruxas, a processar e condenar à morte cerca de trezentas mulheres entre os anos de 1644 e 1646, além de escrever o infame ensaio *The Discovery of Witches* [A Descoberta das Bruxas] em 1647. A última pessoa a ser executada nas Ilhas Britânicas por bruxaria foi uma mulher escocesa chamada Janet Horne, queimada na fogueira, em 1727.

Certamente havia também indivíduos como Reginald Scot, que eram céticos quanto à bruxaria ser uma ameaça real ou, aliás, ter qualquer fundo de verdade. Ninguém sabe com certeza quais eram as crenças de Shakespeare, embora ele continuasse interessado no tema da magia, como demonstra em *A Tempestade*, que muitos julgam ser a última peça que ele escreveu sozinho, cinco ou seis anos antes de sua morte, em 1616. Ele deixou escrito um "feitiço" destemido para a própria lápide:

Em nome de Jesus, bom amigo,
Não remexas a terra aqui comigo.
Bendito seja aquele que estas pedras poupar
E maldito aquele cujos meus ossos perturbar.

Podemos imaginar as Irmãs Estranhas entoando algo parecido. Elas se tornaram a quintessência da bruxa icônica, porque Shakespeare fez um trabalho de mestre ao combinar diversos tabus femininos. Ele não só os utiliza para exibir o vínculo feminino mitológico com o sobrenatural, mas também descreve a podridão de seus corpos feios e envelhecidos. Como já verificamos, muitas, senão a maioria das pessoas mortas em nome da erradicação da bruxaria, não tinham atrativos sociais e eram mulheres mais idosas. As bruxas de Shakespeare também refletiam isso. Lemos que são "enrugadas e ficam com uma aparência selvagem em seus trajes" e que têm "dedos retorcidos", "lábios finos" e "barba". Esse elemento final talvez fosse uma brincadeira aludindo ao fato de que, na época de Shakespeare, todos os atores eram homens.

Mas, de qualquer forma, as bruxas de Macbeth se transmutaram com o passar dos anos, convertendo-se em praticantes haitianas de vodu na peça de Orson Welles em 1936, geralmente chamada de *Voodoo Macbeth*, e também no filme do próprio Welles, lançado em 1948; para um único Espírito da Floresta com uma roda de fiar no filme de Akira Kurosawa, *Throne of Blood* (Trono Manchado de Sangue) (1958); para um grupo de *ravers* na encenação alternativa de *Sleep No More* [Não Durma Mais], que estreou em 2011 e ainda está em cartaz em Nova York.

Cada uma dessas versões reflete o contexto cultural e as preocupações e gostos do diretor. Mas seja qual for a aparência das bruxas, o que torna as Irmãs, de *Macbeth*, tão icônicas é o fato de serem figuras femininas grotescas, capazes de enxergar algo que a maioria das pessoas não consegue. Sejam interpretadas como fascistas do destino ou entidades da anarquia, elas são as mensageiras supremas do nosso Desconhecido. Lembram-nos de que a cada momento devemos refletir sobre o nível de controle que temos de nossa vida. As Irmãs Estranhas nos forçam a encarar as Grandes Perguntas da existência, aquelas que não incluímos em nossa fala diária porque somos educados demais ou práticos demais. As perguntas que nos fazem espiar na poção borbulhante que revelaria quem ou o que somos de fato.

A crença nos poderes sobrenaturais femininos se estendeu para muito além da época de Shakespeare e se apresentou com nova pele e semântica 250 anos depois de ele escrever *Macbeth*. Durante o movimento espiritualista de meados do século XIX na América, a palavra *bruxaria* não era tão usada, mas os componentes da feminilidade que se intersectam com forças de fantasmas permaneceram o mesmo.

Em 1848, as irmãs adolescentes Kate e Margaret Fox, de Hydesville, Nova York, criaram uma comoção quando começaram a falar em público de estranhos barulhos de batidas que ouviam em casa. Nos meses seguintes, passaram a se comunicar com o "Senhor Pé Rachado", o nome diabólico que deram ao espírito que, segundo elas, era o responsável pelas batidas. De acordo com as garotas, essa entidade se identificou posteriormente como um tal de senhor Charles B. Rosna, e lhes disse que fora assassinado e enterrado no porão da casa cinco anos antes. Assustados, os vizinhos chegaram a cavar debaixo da casa. Quando encontraram alguns pedaços de ossos, teve início uma investigação, e um morador local foi preso pelo suposto assassinato. A notícia do evento chocante se espalhou, e logo a fazenda Fox começou a se encher de pessoas ávidas por conhecer as meninas que falavam com os mortos. Em meio ao tumulto, Kate, 11 anos, e Margaret, 14, foram convidadas pela irmã mais velha, Leah, para morar com ela em Rochester. Mas não conseguiram fugir do assédio mal-assombrado.

As garotas confessaram a Leah que tudo não passara de fingimento (embora recuassem da confissão mais tarde). Em vez de expor a mentira das irmãs, Leah quis se aproveitar da oportunidade. Começou a organizar sessões espíritas por dinheiro e se autonomeou a "intérprete" das batidas sonoras. A reputação das três cresceu rápido, e elas atraíam o interesse de curiosos dispostos a pagar, mas também o escárnio do clero local, que as chamava de hereges e bruxas. A demanda pelos serviços das meninas vinha inclusive de lugares distantes, e logo elas começaram a viajar a locais como a cidade de Nova York, Filadélfia e Washington D.C., para demonstrar sua mediunidade miraculosa. Grandes multidões de crentes e céticos compareciam para ver as irmãs sobrenaturais. Mas o impacto foi muito mais forte do que elas imaginavam. A euforia por contatos íntimos com os desencarnados crescia cada vez mais.

O momento era propício. Sem dúvida, as pessoas já tentavam falar com os mortos desde muito antes. Mas a América de meados do século XIX era um criadouro de espiritualidade alternativa, principalmente na região que passou a ser chamada de "distrito incendiado" no norte do estado de Nova York. Alguns grupos rejeitavam a ideia calvinista de que todas as almas estão condenadas desde o princípio e que só os mais devotos poderiam ser salvos. Uma facção de quakers radicais investia na ideia de que todos os seres humanos são iguais, independentemente de raça ou gênero, um sentimento que começava a se popularizar nos círculos de mentes mais abertas. A comunicação com o outro lado parecia confirmar que o corpo não passava de uma casca e o espírito era o que realmente importava. Nos Estados Unidos e na Europa, as pessoas começaram a realizar sessões espíritas em suas casas e usavam métodos como transe, psicografia e até fotografia de espíritos para estabelecer contato com os entes queridos já falecidos. Essas práticas espiritualistas acabaram se espalhando por países latinos sob o nome de espiritismo, em grande parte por causa dos livros do francês que escrevia com o pseudônimo Allan Kardec, embora seja importante observar que as ideias dele foram incorporadas a práticas ancestrais de adoração que já existiam nesses países.

O espiritualismo era um fenômeno social. Por ser organizado de maneira informal, sem um órgão administrador único, calcula-se que o número de espiritualistas no auge do movimento entre os anos 1850 e 1860 variava muito, entre 45 mil a 11 milhões só nos Estados Unidos. Mas o que se sabe com certeza é que era praticado, na maioria dos casos, por mulheres. Nesse período, os altos índices de mortalidade entre crianças pequenas e soldados na Guerra Civil deixavam muitas mães e esposas em estado de luto perpétuo. O sofrimento passou a ser mostrado mais em público, em parte, graças à rainha Victoria, famosa por usar roupas pretas por quarenta anos após a morte de seu marido, Albert, em 1861. Quando Willie, o filho favorito de Abraham e Mary Todd Lincoln, morreu de tifo em 1862, Mary começou a fazer sessões espíritas na Casa Branca para contatá-lo. O espiritualismo oferecia conforto aos vivos e consolo por saberem que os queridos membros da família ainda estavam com eles e podiam ser contatados, ouvidos e vistos em fotografias.

Não só muitas mulheres eram seguidoras, mas também líderes dessa fé. A maioria dos médiuns eram mulheres, e em decorrência desse fato, o espiritualismo foi um movimento social único e progressivo. Como explica Ann Braude em seu notável livro *Radical Spirits* [Espíritos Radicais]: "Na mediunidade, a liderança religiosa das mulheres se tornou normativa pela primeira vez na história norte-americana". A mediunidade se converteu em uma das poucas profissões disponíveis para as mulheres. Dava-lhes a oportunidade de ganhar dinheiro e ter influência pública, qualquer que fosse sua situação econômica. Diferentemente da Igreja, ninguém precisava se ordenar para ser médium; bastava ter "o dom".

À primeira vista, o espiritualismo não representava uma ameaça ao patriarcado, pois as próprias características do tal sexo frágil – nervosismo, sensibilidade aguçada e constituição delicada – faziam das mulheres as melhores candidatas para a mediunidade. Além disso, como canais passivos, os médiuns não eram responsáveis pelas palavras que fluíam através deles. Costumava-se comentar que as transmissões espirituais vinham na forma de falas ininterruptas e eloquentes. O vocabulário e a impostação de voz usados no transe eram considerados sofisticados demais para vir diretamente da própria médium.

De onde quer que viessem as manifestações, essas mulheres que recebiam mensagens de fantasmas se encontravam na posição especial de transmitir mensagens significativas a grandes grupos de indivíduos. Por causa disso, o espiritualismo se entrelaçava com diversos movimentos sociais em prol da justiça, desde o abolicionismo até os direitos das crianças e o feminismo. Braude escreve: "O espiritualismo se tornou um dos principais – senão *o* principal – veículo para disseminação da ideia dos direitos das mulheres na América do século XIX. [...] Embora nem todas as feministas fossem espiritualistas, todos os espiritualistas defendiam os direitos das mulheres".

Grandes encontros espiritualistas se tornaram um dos principais modos de disseminar essas ideias radicais, tanto através de médiuns que passavam mensagens do mundo espiritual sobre a importância da liberação de todas as pessoas quanto por conversas entre os espectadores. Do mesmo modo, os espiritualistas às vezes discursavam em reuniões sobre direitos da mulher. Embora não seja frequentemente mencionado nos livros de história, a significativa confluência no diagrama de Venn de espiritualistas, abolicionistas e sufragistas foi um componente vital das revoluções norte-americanas que criminalizaram a escravidão e legalizaram o direito de voto das mulheres.

Alguns dos maiores nomes na reforma por direitos iguais simpatizavam com o espiritualismo, embora não fossem seguidores. A mesa da sala onde Elizabeth Cady Stanton e Lucretia Mott esboçaram a Declaração dos Direitos e Sentimentos na convenção de Seneca Falls também teria recebido batidas de espíritos. (Pertencia a dois quakers radicais e aspirantes ao espiritualismo, Thomas e Mary Ann McClintock.)

Susan B. Anthony era agnóstica acerca do espiritualismo, mas escreveu o seguinte a Stanton em 1855: "Oh, minha cara! Se ao menos os espíritos me convertessem em uma médium em transe e pusessem as palavras certas em minha boca. [...] Você nem imagina o quanto rezei, de verdade, para ser transformada em uma médium oradora por uma semana. Se fizessem isso por mim, eu lhes daria as boas-vindas". Apesar de sua reputação de ótima oradora, Susan B. Anthony ficava nervosa antes de falar em público e tinha inveja da habilidade dos médiuns em deixar as palavras fluírem sem dificuldade. Posteriormente, discursou na comunidade espiritualista de Lily Dale nos verões da década de 1890, no Dia do Sufrágio Feminino, como muitas outras defensoras dos direitos da mulher, incluindo a defensora do controle de natalidade, Margaret Sanger.

Quando Sojourner Truth, ativista pela justiça social e pelo abolicionismo, conheceu o espiritualismo, era cética. Em 1851, após assistir à primeira sessão espírita em Rochester, Nova York, deixou sua marca registrada na experiência, chamando: "Venha, espírito, pule aqui na mesa e veja se consegue fazer um barulho mais alto". Mas acabou adotando o espiritualismo; ela e a família se mudaram para uma comunidade quaker-espiritualista em Michigan chamada Harmonia, em 1857. Sentiu-se atraída a esse grupo porque eles valorizavam a mente aberta, o pacifismo e a inclusão, embora não apreciasse as tendências do grupo à interação com o além. Entretanto, Nell Irvin Painter escreve que, com o tempo, ela "[...] ficou menos desconfiada dos espíritos e até chegou a ver o espírito do pai como um protetor". Quando Harmonia começou a perder força dali a alguns anos, Sojourner Truth preferiu permanecer na área, mudando-se para Battle Creek, perto da comunidade, onde passou os últimos dezesseis anos de sua vida.

Victoria Woodhull era médium e clarividente em parques de diversão; e afirmava que, em toda a sua vida, os espíritos a protegeram e orientaram. Talvez tenha sido o apoio deles que lhe permitiu ser a primeira em tantas situações: abriu com a irmã a primeira bolsa de valores só para mulheres em Wall Street, fundou o primeiro jornal administrado por uma mulher nos Estados Unidos e foi a primeira mulher a se dirigir a um comitê do Congresso quando reivindicou o direito de voto das mulheres. Mas talvez seja mais conhecida como a primeira mulher dos EUA a concorrer à presidência, pelo partido Cosmo, em 1872. Escolheu Frederick Douglass como seu colega de campanha, apesar de ser mais um ato simbólico que qualquer outra coisa, pois dizem os rumores que ele não sabia até o fato ser anunciado. Ela defendia o amor livre; tinha convicção de que o casamento era uma escravidão institucionalizada; o sexo deveria sempre ser consensual; insistia para que as mulheres pudessem usar roupas menos restritivas e apoiava que o sexo como trabalho deveria ser remunerado, essas eram apenas algumas das posições "arrojadas" que lhe renderam o apelido de Senhora Satanás. Provavelmente colaboraram para essa alcunha suas diversas práticas duvidosas na arena espiritual e também na política.

Mais tarde, as sufragistas e os socialistas rejeitaram Woodhull, por ela ser excessivamente polêmica e sedenta de atenção, mas a Associação Americana de Espiritualistas continuou a apoiá-la até o fim da própria associação, em 1875. Ela era uma pessoa complicada e contraditória: contrária ao aborto, quando ficou mais velha vociferava contra a promiscuidade e chegou a denunciar alguns espiritualistas como fraudes. Mas não há como negar que foi uma pioneira em diversas áreas da liberação feminina e vivia a anos-luz de seu tempo. Durante grande parte da vida, ela afirmou que suas convicções e ações eram dirigidas pelos guias do mundo espiritual. Nas palavras de sua biógrafa, Barbara Goldsmith: "A crença de Victoria na orientação espiritual a impelia, bem como a seus seguidores, a desafiar a lei, a igreja e o estabelecimento masculino enraizado".

Enfim, o contato com o mundo espiritual não era apenas um passatempo esperançoso dos enlutados. O espiritualismo pode ter sido uma fonte de consolo no começo, mas se transmutou em um motor etéreo de autoconfiança para muitas das mulheres que o praticavam. As mensagens de autovalorização e independência feminina que faltavam na vida eram encontradas nas vozes dos desencarnados.

Há pouco tempo, minha avó Trudy me apareceu em um sonho. Segurava um bebê nos braços, e eu sabia que era meu. O fato era desconcertante por duas razões. A primeira é que, como já expliquei, não tenho filhos; e a segunda é que minha avó faleceu em 2001. O que tentava me dizer? Seria uma mensagem do Grande Além de que cometi um erro? Poderia ser uma profecia do que acontecerá ou um vislumbre fantasmagórico do que estou perdendo? Quando me aproximei dela, enxerguei com maior clareza, e senti ondas de alívio: não era um bebê, e sim um livro. Ela me deu o livro e, com um gesto, revelou uma fileira de outros, flutuando no ar: obras que eu escreveria ou talvez uma prateleira de livros de outros autores à qual eu acrescentaria os meus também. Uma espécie diferente de linhagem familiar.

Acordei tranquilizada. Embora viva bem com minha decisão de fazer outras coisas em vez de bebês, gostei da segurança que aquela aparição me passou.

Entretanto, por mais delicioso que tenha sido vê-la, lembrei-me de que há muita coisa que talvez eu nunca compreenda totalmente. Minha avó realmente me contatou através das dimensões? Ou seria apenas minha psique jorrando imagens que me trariam conforto? Realmente não sei.

O que sei é que, a despeito de todos os desenvolvimentos científicos, os maiores mistérios de nossa existência ainda giram em torno da morte, do destino e do reino invisível: o que acontece quando morremos? Existem fantasmas ou espíritos, e podemos interagir com eles? Controlamos nosso destino, ou somos de fato manipulados através de cordões celestiais?

São como as bruxas – sábias de Shakespeare e sufragistas-espiritualistas – que nos lembram de que, mesmo após milhares de anos de inquirição, ainda não temos respostas claras a tais perguntas. Essas personagens transitam por entre ambiguidades e atravessam zonas ocultas. Sabem de coisas que nós ignoramos e talvez não queiramos saber. Veem coisas que não vemos, e talvez não devamos ver. O conhecimento secreto delas é *sublime* no sentido da palavra do século XVIII: inspira fascínio *e* terror. Nós nos acovardamos diante das habilidades das bruxas e sentimos gratidão quando elas nos oferecem certas diretrizes, por mais críptico que seja o discernimento delas. Elas nos forçam a enfrentar o irracional, o inconcebível.

Mas se tivermos sorte, essas mulheres estranhas podem nos dar momentos de epifania. Oferecem-nos um vislumbre de quem somos e de quem poderemos ser no futuro.

Capítulo 6

AS ARTES OCULTAS: MULHERES DE MAGIA E ARTE

"Os primeiros artistas eram, em sua maioria, mulheres?" Essa era a pergunta de um artigo publicado em 2013 na NationalGeographic.com, que apresentava uma nova análise de marcas de mão em pinturas rupestres de oito sítios paleolíticos. Cerca de 75% delas foram feitas por mãos femininas, afirmou o estudo, e não por homens caçadores, como se presumia até então. Claro que adoro essa ideia, mas não posso deixar de refletir sobre o que essas *artistas* do passado remoto pretendiam. Os arqueólogos sugerem que essas figuras foram feitas por conjuradores e xamãs do período Cro-Magnon, que pintavam imagens de animais e mulheres nuas para manifestar comida e fertilidade. As marcas de mãos podem ser um tipo de magia manual acrescida, ou talvez apenas indiquem uma assinatura, uma marca para anunciar: *fui eu que fiz*.

Talvez jamais saibamos a verdade. Mas é interessante pensar nas feiticeiras artísticas da Idade da Pedra, pois um fato incômodo é que durante a maior parte da civilização humana, sempre foram os homens que tiveram permissão de criar obras para o consumo público, ou pelo menos receberam o crédito. E como os artistas do sexo masculino geralmente criavam imagens de mulheres, podiam decidir o que era considerado desejável ou repugnante no sexo oposto, tanto no sentido estético quanto no comportamental. Isso fica muito claro quando analisamos o tema das bruxas na arte. Como já vimos, foram homens como Albrecht Dürer e Hans Baldung Grien que ajudaram a definir o visual das bruxas com seus desenhos de mulheres nuas e outras figuras nefastas diabólicas, no fim do século XV e começo do XVI. Outros proeminentes desenhistas de bruxas no decorrer das eras foram Frans Francken, o Jovem, Salvator Rosa; Henry Fuseli; Francisco de Goya e John William Waterhouse.

Embora a crença dos artistas em bruxas oscilasse com o passar dos séculos de acordo com as atitudes mutáveis da sociedade, seu vocabulário visual permaneceu o mesmo: as bruxas eram retratadas como velhas e horrendas ou como jovens de atração fatal.

À primeira vista, parece que a bruxa é até certo ponto redimida no século XX. Vários homens surrealistas se inspiraram no arquétipo da *femme-sorcière*, em grande parte por causa do livro já citado de Michelet, em 1862, *La Sorcière*, e pelo filme mudo sueco-dinamarquês de 1922, *Häxan*. A ideia da mulher encantadora, intuitiva, com o espírito livre, inspirou pintores surrealistas como Max Ernst, Paul Delvaux, Victor Brauner e Kurt Seligmann. Esses homens produziram várias obras com o tema da bruxa, muitas com o objetivo de parecer ao mesmo tempo encantadoras e eróticas. Mas mesmo com esse viés artístico mais positivo das mulheres com poderes especiais, muitas dessas pinturas de bruxas não têm rosto ou elas estão nuas, ou geralmente as duas coisas.

Ora, devo admitir que como nerd da arte e obcecada pela bruxa na expressão artística, adoro muitas das obras desses homens fascinantes, por mais politicamente incorretas e preconceituosas que sejam, segundo os padrões de hoje. No entanto, ocorre algo interessante quando as mulheres agitam varinhas criativas na forma de lápis ou pincéis: elas materializam uma magia própria e também se tornam bruxas.

A maioria dos livros de história apresenta Wassily Kandinsky como o avô da arte abstrata, e seus campos brilhantes de marcas coloridas e linhas escritas foram, sem dúvida, estupendos quando ele começou a pintá-los em 1910. Inspirado pela teosofia e outras áreas esotéricas de estudo, ele acreditava que a sociedade precisava se desviar do materialismo. Sua criação metafísica de imagens era uma tentativa de traduzir energias invisíveis em formas visíveis e abrir uma nova era de consciência. "Literatura, música e arte são as primeiras e mais sensíveis esferas nas quais essa revolução espiritual se faz sentir", escreveu Kandinsky em seu livro *Concerning the Spiritual in Art* (Do Espiritual na Arte), de 1911. Certamente ele recebe parte do crédito por popularizar a ideia de que a arte não figurativa poderia ser um meio de fazer contato com o reino espiritual, além de outros pintores como Piet Mondrian, Kazimir Malevich e František Kupka. Mas quanto ao advento da arte abstrata europeia, duas mulheres com jeito de bruxa superam todos eles: Georgiana Houghton e Hilma af Klint.

Georgiana Houghton nasceu nas Ilhas Canárias em 1814 e passou a maior parte da vida em Londres. Embora versada em arte quando era jovem, abandonou-a durante vários anos quando sua irmã faleceu em 1851, aos 31 anos. Ela já havia perdido o irmão mais novo em 1826, quando ele tinha apenas 9 anos. Como muitos europeus e norte-americanos em meados do século XIX, Georgiana se interessou pelo espiritualismo. Entristecida após a morte da irmã, ela foi à primeira sessão espírita em 1859. A experiência foi tão marcante que ela resolveu também se tornar médium. No fim, recorreu ao desenho espiritual, um método de fazer arte que posiciona o médium como um canal, através do qual os espíritos transmitem suas mensagens e visões. Em 1861, com 47 anos de idade, Houghton contatou a irmã falecida e ressuscitou imediatamente a prática criativa.

Como nos casos de outros médiuns artistas da época, os desenhos de Houghton eram, a princípio, imagens de flores, frutas e outras figuras reconhecíveis. Mas seus espíritos-guias – ou "amigos invisíveis", como ela os chamava – logo a conduziram por uma direção estética muito diferente das de seus contemporâneos. Começaram a surgir no papel formas encaracoladas, ondas e figuras entrelaçadas. As estruturas lembram teias de aranha psicodélicas ou penas jogadas ao vento de um pássaro do paraíso, mas, na verdade, não se parecem com nada conhecido. As imagens não eram inteiramente misteriosas para Houghton, contudo, pois ela tinha uma interpretação própria do significado das diversas cores e formas. Segundo Simon Grant e Marco Pasi, ela acreditava que: "O amarelo, por exemplo, representa Deus Pai, também fé e sabedoria. Laranja é poder, violeta é felicidade celeste [...]". Os desenhos são intrincados, complicados e incrivelmente lindos segundo os padrões de hoje; portanto, podemos imaginar como deviam ser chocantes naquela época. Houghton se referia a eles como "Simbolismo Sagrado", representando informações iluminadas do alto.

Houghton tinha não apenas convicção, mas também ambição. Em 1871, ela organizou uma mostra de 155 dessas obras canalizadas, pois queria que mais pessoas as vissem, além de sua comunidade de comunicadores espirituais. Segundo os relatos, a mostra foi um fracasso. Ela foi massacrada pelos críticos, perdeu a maior parte de suas economias com a exibição e só vendeu um desenho. Passou o resto da vida escrevendo e criando arte, além de continuar com a prática de mediunidade, até morrer em relativa obscuridade em 1884. Suas obras espectrais e espetaculares se espalharam pelo mundo e permaneceram desconhecidas por mais de um século, exceto em pequenos círculos espiritualistas.

Sabemos de sua contribuição à história da arte graças a uma exposição de trinta e cinco desenhos dela na Galeria Courtauld de Londres, em 2016. Tive a sorte de ver a mostra e me maravilhei não só com o imenso talento de Houghton, mas pelo notável aspecto colorido dos desenhos. Já vira muita fotografia espiritual: imagens em preto e branco de homens e mulheres vitorianos insípidos, posando como "fantasmas" ou bolhas de ectoplasma enevoado. As imagens de Houghton, com suas plumas brilhantes nas cores do arco-íris, são um contraste gritante. Há certo êxtase nelas. Se a mão da artista foi guiada pelos mortos ou por toques de anjos, meu sentimento ao vê-las foi de euforia.

É uma sensação semelhante quando olho para as pinturas de outra mãe da arte, a pintora espiritualista sueca Hilma af Klint. Apesar dos quase cinquenta anos de diferença de idade e de viverem em países diferentes, a história de Klint tem paralelos com a de Houghton. Nascida em 1862, ela foi criada em Estocolmo, onde estudou arte na adolescência. Assim como Houghton, Klint se interessava pelo espiritualismo e começou a frequentar sessões quando era adolescente. Seu interesse em mediunidade se aprofundou quando ela também perdeu uma irmã, em 1880. Frequentou a Academia Real de Belas Artes entre 1882 e 1887, onde pintava – e às vezes exibia – os costumeiros retratos, pinturas florais e paisagens que as mulheres de sua escola de arte aprendiam a fazer. Em 1896, porém, ela começou a experimentar outros estilos que misturavam seu aprendizado na escola com o interesse em mediunidade. Naquele ano, ela e outras quatro mulheres formaram um grupo chamado de *De Fem* (As Cinco). O propósito era fazer contato com seres espirituais que lhes transmitiriam mensagens por meio de imagens. Durante o período de dez anos em que o grupo costumava se reunir, as mulheres praticaram psicografia e desenhos, um meio de gerar obras por meio do inconsciente ou de um estado de transe que, segundo elas, podia deixá-las mais receptivas às entidades de seus contatos. Esse método criativo ficou conhecido como *automatismo* e foi popularizado pelos surrealistas décadas depois. Elas revezavam nos desenhos, e Klint se tornou a artista médium principal do grupo em 1903.

Em 1905, com 43 anos, Klint foi informada por um espírito-guia chamado Amaliel que uma grande quantidade de obras estava por vir. Seria, nas palavras de Iris Müller-Westermann, um ciclo de "imagens de uma realidade sobrenatural, não física". Na verdade, esse projeto consistiu em 193 trabalhos feitos por Klint entre 1906 e 1915, chamados coletivamente de *The Paintings for the Temple* [As Pinturas para o Templo]. Conforme escreve a curadora Tracey Bashkoff: "O templo titular não existia em nenhum lugar do mundo. Ela visualizou suas *Pinturas para o Templo* exibidas em um edifício redondo, onde os visitantes entrariam por um caminho em espiral, uma jornada espiritual definida pelas pinturas". E essas obras do templo eram totalmente diferentes dos quadros comuns, fáceis de reconhecer, que ela aprendeu a fazer no curso de arte.

A primeira série delas, que Klint chamou de *Primordial Chaos* [Caos Primordial], contém formas que lembram amebas, serpentes em movimento e conchas de lesmas flutuando no espaço, com linhas curvas e palavras pintadas em letras grandes. As cores principais são azul, que a artista interpretava como feminino, e amarelo, que para ela era masculino. O verde também aparece, talvez para indicar uma combinação das duas energias. Sua série *Eros* [Eros], de 1907, é muito mais suave, com tons de rosa e branco, e linhas em nós que parecem flores ou padrões de órbita de planetas em tons pastel. Essas imagens se parecem mais com diagramas que qualquer outra coisa, os rabiscos de um professor obcecado por decifrar um código secreto.

Também em 1907, Klint começou a trabalhar muito mais e com maior precisão. O título de sua série *Ten Largest* [Os Dez Maiores] é autoexplicativo, assim como a escala, mas o nome pode muito bem se referir ao escopo da obra. As imagens representam o desenvolvimento humano da infância à juventude, seguindo até a idade adulta, e culmina no envelhecimento, mas também podem ser interpretadas como o desenvolvimento do universo. São figuras estonteantes, com abundância de cores saturadas, como laranja, rosa, violeta, amarelo e azul, e têm formatos ovoides, espirais e circulares. Parecem constelações ou átomos, ao mesmo tempo macrocósmicas e microcósmicas. Algumas vêm com numerais romanos e letras cursivas e palavras. Ao olhar para elas, você vê um caleidoscópio. Klint estava em estado transcendente quando as pintou, e essa energia é contagiante. Quando você as observa, é difícil sentir que está com os pés no chão. Há poucas referências conhecidas e nenhuma forma típica. Não sei se estou diante da linguagem visual de um ser sobrenatural, mas imagino que sim. Para usar uma expressão bem conhecida: são imagens de outro mundo.

À medida que a obra de Klint progredia, começaram a aparecer imagens mais reconhecíveis. A partir de 1913, vemos cisnes, corações e pirâmides ao lado de formas mais geométricas como cubos e cruzes. Ela passou a se interessar pelos ensinamentos do filósofo esotérico Rudolf Steiner, que conheceu pessoalmente (e que criticava os métodos artísticos e espirituais de Klint), e também pela Rosacruz, pela Teosofia e pelas religiões globais em geral, embora fosse luterana durante muitos anos de sua vida. E apesar de crer que suas visões viessem de uma fonte externa, com o tempo começou a sentir que era uma participante ativa do processo, e não apenas um veículo para comunicação extrassensorial.

Embora o estilo de Klint mudasse com o passar dos anos, algumas coisas permaneceram constantes, tais como o uso abundante de cor e o senso de equilíbrio, ainda que não de absoluta simetria. Sejam as pinturas hélices duplas opalescentes, redes espelhadas ou retábulos solares, parece haver um anseio por reconciliação. "Como acima, assim é abaixo", afirma o adágio alquímico. Binários como masculino/feminino, luz/sombra, interior/exterior e outros estão sempre presentes nas obras, indicando a existência de algum equilíbrio universal entre forças opostas, ou pelo menos um desejo por tal equilíbrio.

Vários estudiosos sugerem que talvez seja justo afirmar que Georgiana Houghton e Hilma af Klint sejam as "verdadeiras inventoras" da arte abstrata. O argumento é que embora ambas bebessem das mesmas águas intelectuais e espirituais que Kandinsky e sua classe, elas não contextualizavam o que faziam como pura "arte" (apesar de serem identificadas como artistas), tampouco tinham a mesma intenção ou habilidade para desenvolver a compreensão estética da sociedade. E mesmo que houvesse *alguma* justaposição de conteúdo – afinal, Kandinsky também tentava dar ao observador uma experiência do divino, embora pensasse que suas ideias vinham dele mesmo e não de guias espirituais externos –, Houghton e Klint simplesmente não participavam da conversa. Elas não podiam influenciar outros artistas nem ser consideradas canônicas porque pouquíssimas pessoas viam as obras delas. O mundo da arte era dominado pelos homens; por isso, era difícil para qualquer mulher artista ser levada a sério. O fato de criarem obras tão visionárias, diferentes de tudo o que o mundo tinha visto antes, só as deixava ainda mais marginais – e ainda mais notáveis.

Se mais pessoas não conhecem o repertório de Georgiana Houghton, não é por falta de tentativa dela. Ela não só produziu a mostra mencionada anteriormente, mas também enviou os desenhos a instituições como a Academia Real Britânica e escreveu vários livros. Klint, por outro lado, acreditava que ninguém entenderia sua arte canalizada enquanto ainda fosse viva e, em decorrência disso, decidiu não deixar que suas 1.200 obras, mais ou menos, fossem exibidas até ao menos vinte anos depois de sua morte, em 1944. E mesmo assim, queria que fossem vistas no momento certo, e elaborou um sistema meticuloso em seu diário para indicar quais das pinturas eram dignas de exibição assim que o mundo estivesse pronto para elas.

Levou mais tempo do que as duas artistas previram até as pessoas descobrirem suas criações. A arte de Klint foi exposta em um evento grande pela primeira vez em 1985, na exposição *The Spiritual in Art: Abstract Painting 1890-1985* [O Espiritual na Arte: Pintura Abstrata 1890-1985], no Museu de Arte do Condado de Los Angeles. Somente em 2013 houve uma importante retrospectiva da obra da artista, no Moderna Museet de Estocolmo, seguida pela primeira exposição solo importante nos Estados Unidos, no Museu Guggenheim em 2018. A propósito, esse museu tem uma estranha semelhança com o templo de arte redondo e espiralado de suas visões. Hoje em dia, os estudiosos começam a reconhecer as contribuições de Klint, e a trajetória da arte moderna passa por uma reavaliação. Conforme escreve o diretor do Guggenheim, Richard Armstrong, sobre a obra de Klint: "[...] [ela] faz mais que mudar uma linha do tempo. Origina uma reavaliação importante e oportuna do surgimento da abstração, trazendo à tona as perguntas fundamentais sobre quais fatores determinaram sua formação, como acompanhamos o desenvolvimento e quem é parte integrante dessa narrativa ainda em crescimento".

Talvez esse sentimento se estenda a Georgiana Houghton. Se uma exibição exclusiva de seus desenhos foi feita em algum museu importante antes daquela que vi em Londres em 2016, não tenho conhecimento; e enquanto escrevo este livro, não sei de planos para que a exibição viaje. Espero que esse lapso seja remediado, pois ela também é digna de aclamação mundial.

Georgiana Houghton nasceu há mais de duzentos anos e Hilma af Klint há mais de 150. O fato de descobrirmos só agora as conquistas das duas é triste e alegre ao mesmo tempo. Se existe vida depois da morte, espero que elas estejam vendo.

Há outra artista ignorada que deixava tênue a linha divisória entre a ilustração e o divino. Muitos conhecem o trabalho dela, mas poucos sabem o nome da artista, pois um século se passou sem que fosse citado no título das cartas de tarô Rider-Waite, imensamente populares. Ela foi a artista que criou as imagens icônicas e onipresentes hoje em dia.

Pamela "Pixie" Colman Smith nasceu na Inglaterra em 1878, filha de pais norte-americanos, e viveu muito tempo em Nova York e em Kingston, na Jamaica, por conta do trabalho de seu pai, que era comerciante na West India Improvement Company. Ela cresceu com um amor pelas artes e morou algum tempo com a famosa atriz britânica Ellen Terry, enquanto o pai fazia viagens a trabalho. Também ficou sob os cuidados do Teatro Liceu de Londres, sendo um de seus tutores o administrador e futuro autor de *Drácula*, Bram Stoker, cujo livro *The Lair of the White Worm* (*O Monstro Branco*) foi ilustrado por ela, anos depois.

Pamela estudou arte no Instituto Pratt, no Brooklyn, de 1893 a 1896, mas não se formou, provavelmente por causa da morte súbita da mãe. Muitos especularam que sua mãe fosse jamaicana, e os traços físicos de Pamela Smith costumavam ser descritos – e ainda são – como "exóticos" ou talvez mestiços, embora não se saiba se tal afirmação é verdadeira. Fato é que a cultura jamaicana teve enorme influência sobre ela. Uma de suas formas favoritas de diversão era vestir-se com os trajes da ilha e contar histórias tradicionais em salões e festas; e ela era tão cativante que o escritor Arthur Ransome a descreveu como "afilhada de uma bruxa e irmã de uma fada". Posteriormente, Pamela lançou livros sobre folclore jamaicano, incluindo o *Annancy Stories* [Histórias de Annancy], escrito e ilustrado por ela.

Ela teve certo sucesso como artista comercial em Nova York e depois se mudou para Londres, em 1900, após a morte do pai. Apesar da tristeza, viveu um período prolífero, escrevendo e ilustrando diversos livros e, segundo Stuart R. Kaplan, fazendo "teatro em miniatura com personagens e recursos visuais de papelão". Também recebia no estúdio muitos boêmios urbanos e fez amizade com escritores irlandeses místicos, como A.E. (o mesmo homem que inspiraria outra Pamela: P. L. Travers, autora de *Mary Poppins*) e o poeta e dramaturgo William Butler Yeats.

A amizade com Yeats teve grande influência sobre o desenvolvimento artístico e espiritual de Pamela Smith. Pelo contato com o poeta e a família dele, ela começou a se interessar por mitologia céltica. Chegou a declarar que acreditava em fadas e duendes e disse que conseguia ver os seres sobrenaturais chamados Sidhe, ou os Iluminados. Yeats também lhe apresentou a Ordem Hermética da Golden Dawn, uma sociedade de artistas e pensadores livres que se reuniam para estudar ensinamentos ocultistas e participar de rituais mágicos. A Ordem se baseava informalmente nos princípios de iniciação maçônicos, e nesse processo os membros adquiriam conhecimento acerca de temas como Cabala, astrologia, alquimia e viagem astral. Ao contrário da maçonaria, a Ordem aceitava mulheres como membros, em "perfeita igualdade" com os homens. Sob o incentivo de Yeats, Smith entrou para o Templo Isis-Urania da Ordem da Golden Dawn, no outono de 1901.

Nesse período, sua produção artística prosperou, mas não suas finanças. Ela fundou uma pequena revista chamada *Green Sheaf* [Feixe Verde] repleta de poesia fantástica, ficção e ilustrações, incluindo muitas feitas por ela mesma. Depois que a revista e a subsequente publicação Green Sheaf Press fecharam, ela enfocou mais nas belas artes. Estímulos sônicos adquiriram importância vital para Pamela Smith, e ela começou uma série de obras baseadas nas imagens sinestésicas que lhe chegavam através da música clássica. Quando a *Strand Magazine* lhe perguntou como essas imagens surgiam, ela disse que não eram "ilustrações conscientes", mas, sim, "[...] o que vejo quando ouço música, pensamentos soltos e livre graças ao encanto do som". Embora as imagens musicais variassem conforme a canção que ela pintava, geralmente retratavam mulheres místicas vestidas com túnicas esvoaçantes, em paisagens belíssimas. Essas obras foram as primeiras imagens não fotográficas que o famoso fotógrafo – e futuro marido de Georgia O'Keefe – Alfred Stieglitz exibiria em sua galeria em Nova York e receberia grande aclamação. Ela também começou a colaborar de forma mais ativa com Yeats, ilustrando cenários e elaborando figurinos para várias de suas peças. Em retrospectiva, todos esses projetos aparentemente desconexos a prepararam bem para o que seria sua *magnum opus*.

Em 1903, Smith saiu do Templo Isis-Urania cujo líder era Yeats e seguiu o poeta Arthur Edward Waite para uma nova facção, criada por ele, cujo nome era Ordem Independente e Retificada da Golden Dawn. Como escreveu Elizabeth Foley O'Connor: "Waite queria criar um ordem Rosacruz-Cristã mais espiritual, e talvez esse foco tenha influenciado a decisão de Pamela de se converter ao Catolicismo Romano [...] em julho de 1911". Enfim, em 1909, Smith recebeu uma encomenda significativa de Waite, que a convidou para desenhar um novo baralho de cartas de tarô. Como ela já infundia sua arte de aspectos místicos e era uma "sensitiva fora do comum", nas palavras de Waite, Smith parecia a pessoa ideal para a tarefa. Suas imagens não seriam apenas vistas, mas usadas para elevar a consciência do observador e lhe trazer orientações de outro plano.

Embora o tarô tenha evoluído com base em diversos jogos de cartas durante centenas de anos, a origem das cartas divinatórias que conhecemos remonta à Itália do século XV, incluindo o baralho Sola-Busca, que provavelmente inspirou Pamela Smith. No decorrer dos séculos XVI e XVII, a produção de tarô se concentrou em Marselha, França, e foi lá que os Arcanos Maiores, como são conhecidos hoje (as primeiras 22 cartas do baralho, entre as quais o Louco, o Mago, a Sacerdotisa e assim por diante), viraram padrão e ganharam uma ordem. O tarô de Marselha, porém, não possui todas as ilustrações para as cartas numeradas dos Arcanos Menores (por exemplo, o Dois de Copas e o Nove de Ouros).

Waite queria criar um novo baralho de tarô que, diferente dos anteriores, tivesse todas as ilustrações para cada uma das 78 cartas e também incorporasse elementos astrológicos. Portanto, Smith não só teria de reinterpretar desenhos existentes dos 22 Arcanos Maiores, mas também criar imagens inteiramente novas dos Arcanos Menores, incluindo as quarenta cartas numeradas. Também seria responsável por criar o verso das cartas e as placas, oitenta ilustrações ao todo.

Em uma carta escrita a Alfred Stieglitz em novembro de 1909, ela diz: "Acabei de terminar um trabalho enorme, por muito pouco dinheiro! Um conjunto de oitenta desenhos para um baralho de tarô. Devo enviar alguns dos desenhos originais, pois algumas pessoas talvez gostem deles!".

Hoje, essa carta tem um caráter doce e amargo ao mesmo tempo. A mulher de 31 anos que a escreveu não tinha ideia de como suas imagens ficariam famosas após a publicação em 1910. As cartas do tarô Rider-Waite, como passou a ser chamado (usando os nomes de Waite e do editor, William Rider & Sons), são hoje, sem dúvida, as mais famosas e reconhecidas, além de as mais vendidas nos Estados Unidos e na Inglaterra. A arte complexa e simbólica de Pamela Smith tem sido fonte de inspiração e profundo significado para cartomantes há mais de cem anos, isso sem mencionarmos as inúmeras reproduções em tudo, desde camisetas e canecas até os vestidos da alta costura de Dior e Alexander McQueen. Podemos afirmar que a maioria dos milhares de cartas de tarô que surgiram depois do Rider-Waite se inspira na propriedade intelectual de Smith, quando não a copia descaradamente.

Sem saber, Smith criou o tipo de legado com que sonham os artistas. O fato de ter recebido uma remuneração tão baixa pelo trabalho e nada de *royalties* é uma tragédia. Embora continuasse a ilustrar e exibir sua arte após o lançamento do tarô, ela continuou com dificuldades financeiras e nunca teve o reconhecimento que esperava alcançar em vida. É difícil dizer o que incomoda mais: a quantia irrisória que lhe pagaram, ou a contínua ausência de crédito por seus desenhos nas cartas. Até hoje o baralho Rider-Waite é um nome conhecido. Pamela Colman Smith não é.

Felizmente, o registro histórico começa a ser corrigido. A U.S. Games Systems, maior editora de baralhos de tarô do mundo, lançou um conjunto comemorativo com o nome de Pamela Colman Smith para celebrar o centenário das cartas em 2009. Agora eles disponibilizaram um baralho "Waite-Smith", e o estudioso de tarô e fundador da U.S. Games Systems, Stuart R. Kaplan, também lançou recentemente a primeira biografia completa da artista: *Pamela Colman Smith: The Untold Story* [Pamela Colman Smith: a História Não Contada]. O Instituto Pratt, sua *alma mater*, realizou uma exposição das ilustrações de Pamela Smith no inverno de 2019. Algumas lojas esotéricas só vendem hoje o baralho Waite-Smith, e tenho amigos que, assim como eu, não usam mais aquele intitulado "Rider-Waite". Se não temos como pagar a Pixie por seu trabalho, ao menos podemos lhe dar mais atenção.

Como muita gente, acumulei dezenas de baralhos com o passar do tempo, em uma variedade de estilos e temas. Mas as minhas cartas Waite-Smith têm um lugar especial no meu coração. Sempre que as uso, sinto uma conexão profunda com essa mulher, essa "afilhada de uma bruxa". Não só temos o mesmo nome como também compartilhamos as mesmas perspectivas. Ambas nascemos aquarianas e, portanto, relacionadas a Estrela, uma carta do tarô que simboliza intuição e inspiração. E assim como ela, tenho a alegria de fazer parte de uma comunidade de magas e magos inspiradores e artistas místicos, que buscam conhecimento e expansão espiritual. Pamela Colman Smith acreditava que há muito mais neste mundo do que os olhos veem. Queria que sua arte nos abrisse para possibilidades além do racional, do quantificável e do conhecido. Queria nos levar longe e nos mostrar mais.

Embaralho as cartas de Pamela nas mãos, viro-as e pego uma. Deixo a carta me contar uma história: sobre quem eu sou, de onde vim e para onde vou. Há muitas pessoas como eu, que consultam as imagens de Pixie dessa maneira, pois a leitura de tarô está mais popular do que nunca. Embora tenha falecido em 1951, ela ainda tem muitas orientações para nos dar.

Só ouvi falar de Georgiana Houghton, Hilma af Klint e Pamela Colman Smith quando já era adulta. Mas tive a sorte de conhecer a obra de duas outras bruxas na adolescência. Remedios Varo e Leonora Carrington ganharam proeminência nos últimos anos, mas quando descobri suas pinturas na década de 1990, foi como se tivesse tropeçado em um tesouro escondido.

Cresci em um local relativamente próximo da cidade de Nova York e meu pai ia para lá todos os dias; portanto, minha família passeava em Manhattan com certa frequência. Encontrávamos com meu pai depois do trabalho dele para uma noite na cidade ou íamos a Nova York nos fins de semana para ocasiões especiais. Minha irmã preferia celebrar o aniversário com um espetáculo da Broadway, e foi assim que vi muitos clássicos dos anos 1980, como *Cats* (aterrador), *Os Miseráveis* (super-romântico, suuuuuperlongo) e *O Fantasma da Ópera* (atordoante: amei o Fantasma; aliás, eu *era* o Fantasma!).

Já no meu aniversário, costumávamos ir ao meu local favorito no planeta: o Museu Metropolitano de Arte, o "Metropolitan". Víamos qualquer exposição nova que houvesse, e depois fazíamos o circuito dos meus pontos mais amados: uma parada contemplativa no Templo de Dendur, uma saudação lunar a *Diana* de Augustus Saint-Gaudens na Ala Americana, e visitas a velhos amigos como *Lilith*, de Kiki Smith, e os dois amantes diáfanos em *A Tempestade*, de Pierre-August Cot. Terminávamos com um jantar especial na cantina principal, com aquele piso deslumbrante em mosaico, que servia *prime rib* na tábua. Ainda lamento o fim desse restaurante, por mais suntuosas que sejam as galerias dos gregos e romanos nas quais ele se transformou. Para coroar o dia, passeávamos pela livraria celestial do museu. Embora o museu inteiro fosse um palácio maravilhoso para mim, foi na livraria que os relâmpagos do verdadeiro amor me atingiram.

Gostaria de pensar que cada pessoa já teve ao menos uma experiência assim: um encontro tão profundo com uma obra de arte que se torna um chamariz instantâneo para um mundo maior e mais vívido. O efeito é tanto fisiológico quanto psicológico. As pupilas dilatam. O pulso acelera. A pele formiga. Parece que alguém insere uma chave na fechadura, gira-a e abre de vez o coração. Depois de tal contato, a estrutura bioquímica do corpo jamais será a mesma.

Imagine o seguinte: uma mulher de pele dourada aparece através de um orifício ondulado na parede e entra em uma câmara hexagonal escarlate. Uma lua crescente brilha por uma abertura no telhado e incide sobre uma mesa de seis lados no meio de um piso com ladrilhos triangulares. Raízes ou musgo descem do teto e os ramos se espalham pelas janelas e paredes. Sobre a mesa há um cálice com uma imagem líquida da lua, refletida do alto. A mulher chegou para beber esse elixir celestial, tomar o sacramento e ser iniciada nessa casa de sagrados mistérios femininos.

O título do quadro de 1960 de Remedios Varo, *Nacer de Nuevo*, significa "Nascer de Novo". Foi o que houve comigo.

Vi pela primeira vez essa imagem enquanto folheava o livro *Women Artists and the Surrealist Movement* [Artistas Mulheres e o Movimento Surrealista], de Whitney Chadwick, que, conforme descobri depois, foi uma pesquisa espetacular que colocou as mulheres surrealistas no mapa institucional. O livro inteiro me mostrou outro tipo de família: ancestrais que talvez não tivessem ligações genéticas, mas com os quais eu me ligava espiritualmente. Essas páginas me apresentaram a Varo e muitas de suas conhecidas e colegas que eu ainda viria a conhecer nos anos seguintes: mulheres como Leonora Carrington, Leonor Fini, Ithell Colquhoun e Dorothea Tanning, que não se contentavam em ser o tema de pinturas e insistiam em criar seus mundos ricos de imagens por meio de pigmento, tela, papel e outros efêmeros. Essas artistas ousavam acreditar que, apesar das narrativas masculinas dominantes na época, suas vidas também eram dignas de exploração. Eram psiconautas, intrépidas exploradoras das profundezas da própria mente, de sua história pessoal e fantasia particular.

Além desse conteúdo, uma das maiores dádivas que o livro oferece é um caminho para outros livros; e nesse sentido, Chadwick também foi uma baliza enorme para mim. Quando terminei de ler o livro, corri o mais rápido que pude até a biblioteca do bairro para pesquisar Remedios Varo. Encontrei o título de uma obra: *Unexpected Journeys: The Art and Life of Remedios Varo* [Jornadas inesperadas: a Arte e a Vida de Remedios Varo], de Janet A. Kaplan. Precisaram encomendá-lo de outra biblioteca. E quando recebi a mensagem, dali a alguns dias, de que havia chegado, foi como uma anunciação.

Passei horas a fio com esse livro, absorta nos quadros de Varo, aprendendo tudo sobre sua jornada desde a Espanha, sua terra natal, até Paris e, por fim, a Cidade do México, onde ela fez amizade com outra pintora, Leonora Carrington. Foi um encontro fortuito de mentes mágicas, e uma acabaria influenciando tremendamente a vida e a arte da outra, bem como a minha. Das duas, as pinturas de Varo tinham uma apresentação mais técnica, graças ao pai engenheiro que insistiu para que ela aprendesse desenho mecânico. A obra de Varo é repleta de imagens que atenuam as fronteiras entre magia e ciência: os alquimistas fazem experiências com notas musicais, cristais e plantas; tempo e espaço são representados como um cesto de vime translúcido ou uma janela que se curva sobre si mesma; terras estranhas aparecem povoadas de relógios, veículos com rodas e torres de complexidade arquitetônica. Muitas das protagonistas dos quadros parecem engajadas em uma missão: viajar de barco pelo rio Orinoco (passeio que a própria Varo fez), escalar montanhas sagradas, visitar locais secretos em florestas noturnas e cidades celestiais. Às vezes, as heroínas são meio animal e meio humana, como a mulher-coruja da obra de 1958, *Creation of the Birds* [Criação dos Pássaros], que é vista usando a luz da lua para dar vida literal às pinturas. O fato de tal criatura se parecer muito com a própria artista indica a crença de Varo nos poderes mágicos do processo criativo.

A arte de Carrington é um pouco mais solta nos traços, mas talvez mais complicada em termos de magia. Imagens de cavalos eram totêmicas para ela, e aparecem mesmo nas primeiras obras, como o icônico *Self-Portrait (Inn of the Dawn Horse)* [Autorretrato (Taverna do Cavalo Alvorada)] de 1937-1938. Muitos dos quadros de Carrington servem de mapa ou de uma montagem de múltiplas cenas que contam várias histórias ao mesmo tempo, influência de um de seus artistas favoritos, Hieronymus Bosch. Além dele, ela foi influenciada também pelas gravuras alquímicas dos séculos XVI e XVII, que usavam imagens da flora e da fauna, de divindades gregas e romanas como substitutas para operações transformativas químicas e espirituais. As próprias pinturas de Carrington são repletas de deusas, santos, animais, demônios e outros seres místicos, a maioria do sexo feminino. Suas obras posteriores são decoradas com círculos mágicos, feitiços e mensagens secretas escritas de trás para a frente, em linguagem de espelho. Contemplar uma obra de Carrington é entrar em um reino feminino intrincadamente mágico.

Além do conteúdo espiritual já radical e centrado no feminino, a obra dessas duas artistas pressagiava o movimento de arte feminista dos anos 1960 e 1970, pois se apodera dos espaços, atividades e ofícios domésticos geralmente associados com as mulheres e os eleva ao reino do divino. Os quadros de Carrington costumam retratar rituais e transformações que ocorrem em lugares como cozinhas, ou envolvem a comida. Nas palavras de Susan L. Aberth: "[...] Ela começou a desenvolver noções próprias sobre as cozinhas como locais carregados de magia e usados para fazer poções, elaborar feitiços, preparar ervas e conduzir experiências culinárias "alquímicas". De modo semelhante, a obra de Varo geralmente mostra tecidos sendo confeccionados ou costurados, e às vezes ela os revela na condição da própria malha do universo. Enquanto a esfera feminina é constantemente ignorada, subestimada ou vista como banal, Carrington e Varo mostraram que as tarefas e arenas diárias dessa esfera eram, na verdade, locais de magia.

Varo cresceu na Espanha, e Carrington, na Inglaterra, mas descobriram que tinham muita coisa em comum. Como muitos artistas daquela época, ambas fugiram da Europa e dos horrores da Segunda Guerra Mundial, e no caso de Varo, da Guerra Civil Espanhola que a precedeu. Para Carrington, as experiências dos tempos de guerra foram traumatizantes e culminaram em um transtorno psiquiátrico e uma temporada traumática em um sanatório espanhol. Embora os caminhos de Carrington e Varo tivessem se cruzado ao menos uma vez antes em Paris, foi na Cidade do México, em 1943, que as duas se tornaram amigas próximas e começaram a fazer parte de uma comunidade fechada de expatriados e artistas. (A política de portas abertas no México para refugiados naqueles tempos deveria fazer as atuais políticas de imigração dos Estados Unidos padecerem de vergonha.)

As duas mulheres criaram vínculos por conta de seu envolvimento com o Surrealismo, o movimento artístico dos anos 1920 cujo pioneiro foi André Breton e que incorporava imagens de sonhos, de mitos e do inconsciente. Tanto Varo quanto Carrington haviam pintado, exibido sua arte e socializado com outros surrealistas em Paris, embora o grupo não as aceitasse plenamente por uma questão de gênero. A maioria das mulheres era relegada à função de musa nesses círculos, representando o arquétipo da *femme-enfant* ou "mulher inocente" que fascinava Breton e seus seguidores. Precursora da "garota dos sonhos" de hoje, a jovem *femme-enfant* tinha de ser romantizada, sua ingenuidade era um exemplo, o semblante puro era exposto em poesia e pintura. Mas não devia criar nada. Portanto, Varo, Carrington e outras mulheres participantes do movimento surrealista se viam relegadas às margens do grupo pelos homens; amadas, mas raramente valorizadas. Nas palavras de Joanna Moorhead, prima de Carrington: "As mulheres podiam ser adoradas, estimadas e até às vezes ouvidas, mas não eram poderosas nem atuantes no palco do Surrealismo". A Cidade do México podia não ser o centro do mundo da arte como Paris ou Nova York, mas oferecia um refúgio da guerra e também do ego masculino que dominava o cenário surrealista europeu. Na Cidade do México, Varo e Carrington podiam trabalhar em relativa paz e prestar atenção ao chamado de suas próprias musas.

No decorrer da amizade, elas perceberam que não eram apenas as sensibilidades surrealistas que compartilhavam: ambas eram católicas e se rebelaram contra uma formação restritiva que receberam quando crianças.

Também descobriram que ambas tinham um interesse profundo por magia de todos os tipos, que começaram a incorporar na arte de maneiras diversas, porém complementares.

Para cada uma delas, o fascínio pelo esotérico começou na infância. Carrington cresceu ouvindo histórias e mitos celtas da mãe, da avó e da babá. A avó era irlandesa e contou a Leonora que a família era de descendentes diretos de uma raça de fadas da Irlanda chamada Sidhe (os mesmos seres que Pamela Colman Smith acreditava ser capaz de ver). Uma das primeiras casas de Carrington foi em Lancashire, não muito longe de onde os julgamentos por bruxaria de Pendle ocorreram em 1612, e esses relatos também a influenciaram. Além disso, ela teve certas experiências sobrenaturais que impactaram sua visão de mundo. Segundo Aberth: "Carrington se lembrava de que, quando criança, via fantasmas e tinha medo; mas tinha também 'visões' divertidas, como as de uma tartaruga selvagem que às vezes cruzava seu caminho ou de um gato grande que se sentava em um canil abandonado". Elementos de todas essas influências de outro mundo podem ser vistos em suas obras.

Varo usava histórias fantásticas – que lia ou escrevia – como uma rota de fuga da educação católica rigorosa que recebera da mãe. "Ela lia Alexandre Dumas, Júlio Verne e Edgar Allan Poe, bem como literatura sobre misticismo e o pensamento oriental", conta Janet A. Kaplan, que também descreve um bilhete escrito em segredo por Varo para um hindu, pedindo a ele uma raiz de mandrágora, "pois ouvira dizer que possuía propriedades mágicas".

Na Cidade do México, Varo e Carrington se encontravam quase todos os dias e trocavam ideias sobre magia, consciência e espiritualidade.

Liam muito e, com o passar dos anos, seus interesses esotéricos aumentaram até incluir pesquisas sobre alquimia, cabala, I-Ching, astrologia, geometria sagrada, lendas do Santo Graal, misticismo sufi, tantra tibetano e zen-budismo, além dos textos de Carl Jung, Robert Graves, Helena Blavatsky e Meister Eckhart. Também frequentavam reuniões dos seguidores dos místicos russos G. I. Gurdjieff e P. D. Ouspensky.

Livros sobre bruxaria e ocultismo despertavam nelas um interesse especial. Carrington era amiga do artista surrealista Kurt Seligmann, e grande admiradora de seu livro publicado em 1948, *The Mirror of Magic* [O Espelho da Magia]. Outra influência foi a obra de Grillot de Givry, *A Pictorial Anthology of Witchcraft, Magic, and Alchemy* [Uma Antologia Pictórica de Bruxaria, Magia e Alquimia], de 1958. E o crescente movimento moderno da bruxaria liderado por Gerald Gardner na Inglaterra também atraía a atenção das duas. Após ler um dos livros de Gardner (talvez *Witchcraft Today* [A Bruxaria Hoje], 1954), Varo escreveu o seguinte em uma carta endereçada a ele:

> *[...] Nós, isto é, a senhora Carrington e algumas outras pessoas – temos nos dedicado à procura de fatos e registros ainda preservados em áreas remotas que fazem parte da verdadeira prática de bruxaria. [...] Além disso, após longos anos de experimentação, hoje sou capaz de organizar da maneira ideal os pequenos sistemas solares em casa, já compreendo a interdependência dos objetos e a necessidade de colocá-los em determinada posição para evitar catástrofes, ou de mudar subitamente as posições para gerar atos necessários para o bem comum.*

Na sequência, Varo pede o conselho de Gardner sobre como usar a lava recém-saída de um vulcão minúsculo que apareceu no quintal de uma amiga. Ela termina dizendo que adoraria conversar com ele a respeito de outros assuntos, como, por exemplo, o interesse de ambos em usar bruxaria para combater a bomba de hidrogênio.

Ela e Carrington se engajavam em toda espécie de atividade criativa que atenuasse a linha divisória entre arte e magia. Juntas, escreviam receitas ou feitiços para situações como "afugentar sonhos inoportunos, insônia e desertos de areia movediça debaixo da cama" ou "estimular um sonho de ser o rei da Inglaterra". Janet Kaplan lista os ingredientes que Varo escreveu para um feitiço de "estimular sonhos eróticos", que inclui "um quilo de raízes fortes, três galinhas brancas, uma cabeça de alho, quatro quilos de mel, um espelho, dois fígados de bezerro, dois alfinetes de roupa, um *corset* com alças, dois bigodes falsos e chapéus a gosto".

Com certeza, há muito humor e excentricidade surrealista imbuída nesses escritos. Mas a prática esotérica era um compromisso que as duas mulheres mantiveram a vida toda. Carrington criou um feitiço para Varo se proteger contra o olho gordo. Também se tornou mentora de magia do cineasta Alejandro Jodorowsky durante seus anos de formação artística. Em seu livro *The Spiritual Journal of Alejandro Jodorowsky* [O Diário Espiritual, de Alejandro Jodorowsky], ele relata os rituais e feitiços que fizeram juntos usando crânios, sangue e fios de cabelo, embora não seja um narrador confiável, mesmo sendo incrivelmente evocativo. As duas também montaram uma peça de Varo chamada *Penelope*, na Cidade do México. A referência de Varo aos "pequenos sistemas solares" de objetos interdependentes que ela fez em casa, na carta a Gardner, denota não apenas um interesse intelectual por magia, mas a prática em si. Conforme escreve

Teresa Arcq: "A magia formava uma parte fundamental da vida cotidiana de Varo e Carrington; o próprio ato de pintar era visto como mágico. Varo gostava de brincar com a noção de que era feiticeira e até inventou uma frase mágica própria: *gurnar kur kar kar*". Varo se cercava de pedras e cristais especiais sempre que se sentava para criar. Tanto Carrington quanto Varo aprenderam a ler tarô; no caso de Varo, ela rabiscava notas em cada carta do baralho sobre como interpretá-las, enquanto Carrington pintou as próprias cartas, algumas exibidas pela primeira vez no Museu de Arte Moderna da Cidade do México em 2018. Também procuravam vendedores locais e iam ao Mercado de Sonora (conhecido como Mercado de Bruxaria), onde obtinham ervas e outros suprimentos para suas preparações mágicas.

O poeta Octavio Paz escreveu a respeito delas: "Vivem no México duas artistas admiráveis, duas feiticeiras encantadoras [...]". Se Carrington e Varo se consideravam realmente bruxas, as evidências apontam para o sim, embora não tenham sido encontrados relatos em primeira pessoa usando palavras como *witch* (bruxa, em inglês) ou *bruja* (bruxa, em espanhol) em que se autodescrevem assim. Tal atitude em público seria arriscada na época, como, aliás, ainda o é hoje.

Aberth sugere, pelo menos com relação a Carrington, que a arte fala por si. Em *Abraxas Journal #6* [Diário Abraxas #6], ela escreve: "No contexto da obra de Carrington [...] há uma linha distinta de peças que elevam a criação artística à prática de magia, onde a tela se torna um receptáculo no qual ela canaliza a energia de fogo; são as que chamo de 'peças de invocação'". Essas pinturas, teoriza Aberth, têm o intuito de funcionar como dispositivos de conjuração, talvez criadas para causar mudança na vida de Carrington ou das pessoas de quem ela gosta. Uma das pinturas sem título, de 1969, mostra uma aparição feminina com um véu, de pé em um círculo mágico. Quatro criaturas com aspecto de lêmure vigiam cada um dos quatro cantos fora do círculo, representando as quatro direções ou os quatro elementos, que são invocados durante os rituais modernos de bruxaria. A figura feminina segura outra dessas criaturas com um gesto maternal ou até mariano, e uma serpente branca fantasmagórica se enrola em seu corpo, provavelmente simbolizando o poder da deusa e o conhecimento de Eva, talvez também a energia kundalini da tradição hindu. Círculos concêntricos emanam da parte superior do corpo da figura, alguns cheios de linhas onduladas que representam água. Há outros símbolos na parte superior da pintura: diversos animais, tanto reais quanto míticos, uma lua negra e um som branco. Na parte inferior, aparece uma pomba branca morta com o coração exposto e o sangue escorrendo na inscrição "2 de outubro de 1968". Embaixo do pássaro sacrificial, Carrington escreveu, de trás para a frente, uma variação própria do Salmo 137 da Bíblia, com uma referência a Yggdrasil, a "árvore do mundo" nórdica, que substitui a costumeira árvore do Sião.

Aberth ressalta que 2 de outubro de 1968 foi o dia do massacre de Tlatelolco, quando centenas de estudantes e civis foram mortos em uma praça pública na Cidade do México pelos militares e pela polícia. Esse evento foi pavoroso para Carrington, mãe de dois filhos que eram estudantes, e pouco depois ela se mudou para Nova York, onde aquele quadro foi pintado. Sem dúvida, a peça envolve lamentação e catarse, mas também é provocante. A figura da mãe e a criança-criatura estão envoltas em círculos de segurança. A obra inteira pode ser vista como um feitiço pintado para que Carrington pudesse proteger os filhos contra o mal.

Embora as pinturas de Varo talvez não sejam tão óbvias quanto as de Carrington na questão do intento transformacional literal, suas atividades mágicas e a disposição de objetos talismânicos, bem como o uso frequente de uma visão própria nas retratações dos operadores de magia, indicam no mínimo uma forte identificação de Varo *com* a bruxa, ainda que não *como* bruxa. Outro de meus quadros favoritos de Varo é *Witch Going to the Sabbath* [Bruxa Indo para o Sabá], de 1957. Retrata uma mulher perfeitamente ovular, de rosto azul, com dobras de tecidos dispostos de uma maneira que evocam uma abertura vaginal. Lembra a iconografia da Virgem de Guadalupe vista por todo o México hoje em dia. A santa senhora de Varo, porém, tem meias pretas nos pés, um espírito de animal emplumado em uma mão e uma pedra verde cristalina na outra. E o mais notável é que essa figura de bruxa tem cabelos ruivos ondulados, como a própria Varo.

Carrington e Varo não apenas pintavam a *femme-sorcière*, mas a personificavam. E a cada pintura que faziam de mulheres da magia, tornavam-se conjuradoras mais habilidosas. Nenhuma das duas tinha nariz curvado, cabelos grisalhos espetados nem era corcunda. Tampouco pareciam ter grande interesse pela forma feminina como objeto de desejo em suas obras ou na própria vida (quando uma jovem Leonora Carrington apareceu nua em um evento surrealista em Paris, a intenção era mais causar choque que sedução). Embora às vezes as duas mostrem seios desnudos ou, mais ocasionalmente, nudez total, nos quadros, essas cenas costumam ser retratadas sob uma luz do empoderamento: a forma feminina como condutora do divino.

É verdade que nenhuma das duas jamais declarou em público que era praticante ou seguidora de alguma seita ocultista específica. Entretanto, considero ambas bruxas em construção e creio que elas gostariam de ouvir isso. Eram pessoas belas e encantadoras, não só na aparência, mas também por serem donas da própria vida e arquitetas do próprio cosmos criativo. Suas obras são impregnadas de cozinhas, caldeirões, laboratórios e labirintos: substitutos mágicos para espaços interiores metamórficos que elas ocupavam nos sentidos físico e psíquico. E ao inserirem a si mesmas nas pinturas, como retrato explícito ou avatar quimérico, elas demonstravam que suas histórias pessoais eram dignas de alerta e de atenção; as biografias de cada uma eram literalmente obras de arte. Sobreviventes das atrocidades da guerra e refugiadas em um país longe da terra natal, as duas se reinventaram, curaram-se e infundiram suas criações artísticas com esperança. Procuravam a iluminação por meio da pesquisa e visualizavam uma existência melhor através da arte. Escalaram os picos do conhecimento esotérico e tentaram chegar ao topo da verdade espiritual. Não sei se chegaram lá.

Mas nessas duas artistas, encontrei minhas bruxas-madrinhas, que não só faziam feitiços, mas criavam mundos inteiros onde suas visões individuais eram viáveis e valorizadas. Não conheço ninguém que tenha sido melhor modelo de devoção à sabedoria, à habilidade, à amizade e à tentativa de fazer do planeta um lugar mais mágico. Para mim, continuam sendo estrelas gêmeas que indicam o norte verdadeiro. Tocaram-me. E, por isso, me transformei.

Felizmente não sou a única pessoa que pensa assim. A primeira retrospectiva de Carrington foi na Universidade do Texas, no Museu de Arte da Universidade de Austin em 1976, e ela ainda testemunharia muitas outras exposições semelhantes antes de falecer, em 2011, com 84 anos. Em 2016, tive a grande honra de mostrar a obra de Carrington, *El Nigromante* (ou *O Conjurador*) na exposição *Language of the Birds: Occult in Art* [Linguagem dos Pássaros: o Oculto na Arte], da qual fui curadora para a Universidade de Nova York (NYU). Dia após dia, diante dessa magnífica imagem de um mago, eu contemplava a própria criadora. Alegrava-me saber que ela foi aclamada ainda em vida. Sobrevivera a dificuldades enormes e, como os alquimistas, transformou-as em beleza. Viveu para ver sua obra ganhar reconhecimento internacional e ser, inclusive, adorada.

Um fato triste é que Varo não teve a mesma sorte. Morreu de um infarto em 1963, com 54 anos; portanto, não chegou a ver a primeira exposição importante de sua obra no ano 2000, no Museu Nacional das Mulheres nas Artes, em Washington D.C. Tive a felicidade de visitar essa exibição mais tarde naquele mesmo ano, quando chegou ao Museu Central das Belas Artes do México em Chicago (hoje Museu Nacional de Arte Mexicana), e na ocasião senti como se fosse uma experiência única na vida. Na verdade, porém, foi o começo de um novo capítulo na história de Varo, embora póstuma, pois sua obra cresceu em popularidade. A pintora de câmaras secretas não é mais obscura.

Hoje, quase vinte anos depois daquela minha peregrinação a Chicago, o interesse pela arte de Varo e de Carrington subiu como um foguete. A atual onda de exposições, publicações de seus textos e a enxurrada dos subsequentes estudiosos interessados por tais obras são algo maravilhoso de ver, uma garantia de que muitas outras pessoas se deslumbrarão com essas artistas nas próximas gerações.

Cada uma das cinco mulheres descritas aqui representa um ramo diferente da árvore genealógica mágico-artística. Elas compartilham fortes raízes espirituais e fazem parte de uma linha criativa de bruxas que prosperou, a despeito dos horrores da guerra, do machismo, do materialismo e das dificuldades financeiras. Essas visionárias leram livros e sinais, e se envolviam em comunicação cósmica. Elas não existiam apenas para inspirar os homens ao seu redor. Seguiam as próprias musas misteriosas e esperavam que sua arte inspirasse outras mulheres a se unirem na busca pelo numinoso. Quando pensamos nos grafites fantasmas de Georgiana Houghton e Hilma af Klint, o simbolismo de vidência de Pamela Colman Smith ou as maravilhosas mitologias híbridas de Remedios Varo e Leonora Carrington, deparamos com uma arte que não pode ser meramente observada. Suas obras nos despertam e nos remodelam, se deixarmos.

Essas mulheres me ensinaram o verdadeiro significado da palavra *arte*. O fato de ser usada em referência a criar arte e fazer magia não é uma coincidência, pois as duas atividades são semelhantes. Os artistas usam o poder da imaginação para criar obras que alteram a consciência, mudando tanto o criador quanto o observador. No mesmo contexto, aprendi que os feitiços mais potentes são os mais pessoais, com a adição de nossos dons artísticos e adornos simbólicos.

Na bruxaria, misturamos os elementos de atenção e intenção, disciplina e devoção. A bruxa tenta atrair forças invisíveis para a realidade. Não sei exatamente o que essas cinco artistas sentiriam se fossem chamadas de bruxas. Creio que, no mínimo, ficariam felizes por saber que sua obra é vista e apreciada como algo fascinante e transformador. Mesmo assim, para mim, elas conjuram uma nova imagem do que pode ser a bruxa, e ao realizar suas obras-primas, elas próprias se tornam visíveis.

Capítulo 7

O PODER DO GRUPO: *COVENS* E COLETIVIDADES

Na adolescência e na maior parte dos meus vinte e poucos anos, fui o que se chama na comunidade bruxa de "praticante solitária". Minha magia não precisava ser escondida, apenas tinha de ser privada; uma espécie de tapeçaria reluzente, porém discreta, com a qual eu forrava minhas paredes pessoais. De vez em quando, lançava um encantamento ou uma bênção na presença de outra pessoa, mas somente se tivesse a certeza de que seria recebida com ternura e de que não estaria me expondo a nenhum tipo de perigo social. Ter o rótulo de "bruxa" era muito mais seguro na virada do século XXI na América litorânea que em épocas anteriores ou locais diferentes. Mesmo assim, eu me resguardava.

Não foi apenas a preocupação com a minha reputação ou o medo de ser mal interpretada pelas pessoas que me manteve voando solo por tanto tempo . A ideia de me aproximar de pessoas que pensavam como eu também me assustava. Tinha medo de que fossem muito ousadas ou muito tolas, ou sérias demais ou nada sérias.

Além disso, tinha orgulho de não ser membro de nenhum grupo. Minha vida até aquele ponto tinha sido uma série de equipes abandonadas, clubes recusados, academias nas quais eu não queria me matricular e reuniões que me causavam até náusea. A mera ideia de entrar para um grupo de pessoas que se reuniam para dar as mãos e cantar olhando umas para as outras me dava vontade de decapitar a mim mesma. Estava bem sendo bruxa sem ter ninguém me observando.

Mas comecei a perceber que toda a minha resistência e pompa eram uma máscara que tinha usado quase a vida inteira, e que começava a ficar desgastada. Na verdade, eu tinha medo de expor minha pele espiritual delicada. Envolver-se em um trabalho emocional compartilhado em qualquer área é um exercício de vulnerabilidade, sobretudo para o trabalho metafísico. Os rituais exigem barulho ou silêncio total, ambos potencialmente aterradores quando feitos na presença de outros humanos. Envolvem gestos como balançar o corpo, dançar ou brandir objetos estranhos. Obrigam você a falar com seres ou entidades invisíveis, às vezes até a cantarolar para eles. Se uma bruxa entoa um cântico em uma floresta, mas não há ninguém por perto para ouvi-la, ela estaria de fato emitindo algum som? Um grupo de bruxa *realmente* estaria, e com certeza uma ouve as outras, mesmo que os espíritos não as ouçam.

A prática em grupo requer tanto um relaxamento da autoconsciência quanto um fortalecimento do leme da sinceridade. Você precisa *se importar* e permitir que os outros percebam isso. E também deve dar testemunho da atenção que recebe deles. Provavelmente, acabará se importando com *eles* e, queiram os céus, aceitará que se importem com você também.

Quando resolvemos fazer parte de qualquer comunidade, assumimos um compromisso de estar literalmente presentes para nós mesmos e para os outros. Assim que você identifica um grupo do qual quer fazer parte – e esse grupo dá a entender que sua entrada será bem-vinda –, o passo seguinte é simplesmente comparecer. Às vezes, isso gera desconforto. Pois nesse momento, você escolhe dizer: "Estou aqui", e para muita gente essa perspectiva é assustadora. Significa que temos de estar presentes e assumir responsabilidades perante outras pessoas. Significa admitir que não chegamos a lugar nenhum sozinhos e que precisamos abrir mão de fingir que sabemos tudo ou que somos autossuficientes.

Também pode parecer que nos sentimos aptos para contribuir. Mas isso também assusta, às vezes. E se estivermos enganados? Ou pior: se estivermos certos? E se as pessoas começarem a contar com a nossa presença lá? Afinal de contas, somos indivíduos ocupados. Elas não percebem como somos ocupados?

E por fim, comparecer ao encontro do grupo é um gesto de confiança, ainda que tênue. Precisamos confiar que, mesmo que pareçamos tolos ou caretas ou desajeitados, ou cometamos erros, ficará tudo bem. Devemos ter a ousadia de acreditar que somos bons o suficiente do jeito que somos, e que as pessoas com quem nos aliamos também são boas o suficiente para nós.

Eu tinha 28 anos, e tudo parecia bem encaminhado. Tinha um emprego sólido no mundo corporativo, um ótimo grupo de amigos e um namorado maravilhoso chamado Matt que, sem que eu soubesse na época, se tornaria meu marido. Minha vida criativa começava a decolar. Comecei o *Phantasmaphile*, um cantinho da internet no qual criei um blog sobre arte de minha autoria que possuía um viés fantástico ou mágico. E tinha acabado de entrar para uma coletividade no Brooklyn chamada Observatório. Em nosso humilde espaço de uma sala, revezávamos como curadores de eventos e exposições de arte sobre temas arcanos e incomuns, e eu era a ocultista de plantão. Não tinha o menor problema em falar em público sobre meu interesse em magia enquanto conceito.

Já a minha crença em magia como força orientadora da vida? Parecia algo que não devia ser mencionado em companhias mistas. Matt e meus confidentes mais íntimos sabiam, até certo ponto, acerca de meu pensamento taumatúrgico. Mas, fora isso, eu me mantinha oculta; espiava através de minhas lentes clandestinas só quando tinha certeza de que ninguém me espiaria de volta.

Por algum tempo, isso bastou.

Mas chegou o dia em que não bastava mais. Não sou capaz de apontar para o momento exato; só sei que, de repente, comecei a trocar de pele, sair da casca do meu velho jeito de ser e alongar as pernas e os braços.

Até aquele momento, quase tudo o que eu sabia sobre bruxaria vinha do que lia. Digam o que quiserem, mas nós bruxas somos uma classe literária. As histórias de bruxas geralmente mostram livros velhos e empoeirados, pergaminhos longos e amarelados pela ação do tempo. Minha biblioteca de feitiços e temas esotéricos estourava as prateleiras, e as gavetas transbordavam de diários e recortes de jornal com notas rabiscadas por mim com informações que tinha aprendido. Meus guias espirituais não eram apenas aqueles do plano etéreo. Eram também os escritores pesquisadores do tema que me precederam, registrando cada linha no papel: um rastro de migalhas de pão em forma de letras que eu seguia, grata.

Mas no verão de 2009, senti que desejava mais: um professor, um grupo, uma tribo. Um espaço onde eu pudesse desabrochar e me sentir pertencente. Sentia o chamado de "Encontre os outros", aquelas palavras famosas de Timothy Leary, embora em meu caso a procura fosse por mais pessoas como eu e também outras diferentes de mim. Pessoas que soubessem mais, que tivessem outros tipos de conhecimento. Quem me ajudaria a abrir caminho naquela vasta floresta?

O que eu buscava, entendi, era um *coven*.

Tudo bem. Mas, afinal, isso existia mesmo?

Como encontrar uma coisa dessas? E se encontrasse, como eu saberia que era o *coven* certo? E tudo era muito duvidoso; afinal, o próprio *coven* poderia não me aceitar.

Senti que precisaria de alguma ajuda.

Para completar a maioria de meus feitiços, costumo deixar uma oferenda em uma das minhas árvores preferidas em meu bairro. O tronco se divide em três galhos grandes e me faz pensar em uma encruzilhada ou uma deusa trina. Chamo-a de minha Árvore Hécate. Fica em local um tanto público, em uma rua que não é a minha, em frente a uma mansão que não é minha casa. É uma das muitas árvores no quarteirão, e os transeuntes distraídos provavelmente nunca veriam nada de especial nela, além dos vestígios de coisas que deixo lá. Mas a árvore cumpre o papel, pois é uma bela amostra de natureza com a qual me sinto ligada. Sei que é um local sagrado e amistoso, e hoje ela me conhece também.

Naquela noite de verão, contudo, não fui até ela. Procurava algo maior e, para tanto, precisaria fazer um gesto mais grandioso. O trabalho com bruxaria é um relacionamento e exige uma troca. O que você recebe é o que dá; e naquela ocasião precisei ir mais longe do que estava acostumada.

Então, naquela noite de julho, caminhei em uma missão mágica até o Prospect Park com um *Tupperware* cheio de pétalas de rosas e uma porção de grandes desejos.

Passei pelo *playground*, a concha acústica, a praia de cachorros e os campos de beisebol, e entrei no centro arbóreo. Por fim, parei em uma clareira à sombra do que parecia um cenário de um conto de Camelot ou uma pintura de Thomas Cole. A maioria das pessoas não associa a cidade de Nova York com cachoeiras, mas existem algumas e são lindas, se você souber onde procurar. Cheguei a esse idílio urbano, uma ponte asfaltada e cercada de todos os lados por antigas folhagens e pedras solenes ao som de uma cascata.

Em silêncio, ali fiquei, com a respiração sincronizada com o ar, pronta para entrar naquele nível de consciência que parece enraizado no presente, mas esplendidamente infinito. Fechei as pálpebras e me soltei, preparada para ser ouvida. Fiz meus gestos, recitei minhas palavras para a água, peguei punhados de pétalas e as deixei cair ali. Se existe uma Deusa, creio que more naquele lugar, e deve ter gostado de minha súplica ou pelo menos sentiu piedade. Quando você envia um poderoso chamado, como saber se é um Espírito ou a natureza que responde? Talvez não exista diferença, afinal. É possível que a graça seja verde.

Quando terminei, parecia que o parque tinha entrado em outra dimensão; estava mais afetuoso, mas também mais vivo, como se de repente milhões de olhos minúsculos estivessem abertos. Os místicos identificam certos locais como "pontos tênues" – lugares que parecem existir entre o plano terreno e o espiritual. Penso que esse pedaço silvestre do Brooklyn estaria nessa lista. Naqueles longos minutos em que retornava para casa, o parque parecia elevado, diferente e banhado pela luz perene do crepúsculo.

No dia seguinte fui trabalhar: no mesmo prédio de sempre, no mesmo cubículo costumeiro. Mas algo em mim tinha mudado e me deixado na expectativa. Saí para o intervalo do almoço, passeei pelo SoHo, sentindo como se estivesse sendo atraída para a direção leste. Passei pela Sexta Avenida, Thompson, Wooster, Mercer. Virei à esquerda na Broadway. À direita na Spring.

De repente, me vi no Open Center, um espaço educacional dedicado à cura holística e ao pensamento alternativo. A pequena livraria do centro tinha sido uma excelente fonte de conhecimento para mim no passado; mas naquela ocasião, não sabia muito bem o que procurar.

"Vocês têm livros de bruxaria?", perguntei ao atendente.

"Bem", ele disse. "Não gostamos de usar essa palavra aqui." Ele baixou a voz. "Mas temos uma professora que se encaixa nesse perfil. Você vai encontrar as aulas dela no nosso catálogo, na parte 'Herbalismo', mas com certeza ela é bruxa." E ele pôs um dos livros dessa professora em minhas mãos. Não era a resposta que eu queria. Tentava tomar cuidado com o que deixava entrar em meu corpo, claro, mas meu interesse por ervas era mínimo. Mal cozinhava, meu apartamento não tinha espaço ao ar livre, muito menos um jardim, e eu nada tinha de *hippie* do tipo que usa sandálias. Mesmo assim, senti que era uma mensagem digna de atenção. Não sabia aonde aquilo ia me levar. Fiquei, porém, intrigada o suficiente para dar um passo na direção que me apontavam.

Então, comecei a ter aulas com Robin Rose Bennett, a Bruxa Verde de Nova York.

Primeiro, foram meses de aula no centro: *A Arte de Praticar Medicina de Ervas, Especiarias que Curam. Ervas para os Sistemas Nervoso e Digestivo*. Todas tinham muita informação acerca dos diversos efeitos das plantas sobre a fisiologia humana, e cada aula era coroada pelo jeito único de Robin de ensinar sobre o espiritualidade das plantas. As aulas não eram palestras. Pelo contrário, havia sessões interativas com medicina prática, experimentos sobre a energia de cada planta, sessões de poesia sobre a magia das árvores e das flores, e até uma ou outra canção. Eu amava as aulas, mas também me comovia com os outros estudantes, de idades diferentes e com os mais variados estilos de vida; todos compartilhavam um desejo de viver de maneira mais conscienciosa, centrada na terra. Sentia que minhas feridas abertas eram costuradas de volta e que feridas antigas, há muito esquecidas, finalmente cicatrizavam com mel. Era uma volta para casa, e eu sabia que ali era o meu lar.

Certo dia na aula, Robin mencionou que administrava um círculo privado de aprendizes: um grupo de mulheres que ela pretendia manter sob suas asas por um período de três anos. "Quem quiser participar, precisa escrever uma carta de intenção", ela explicou. "Coloco apenas treze mulheres por círculo." O próximo começaria na primavera de 2010. Era o *coven* que eu procurava. Senti isso em meus ossos fortificados por ervas. O encantamento tinha funcionado.

Às vezes, me refiro àquela preparação de três anos como "Bruxas Escoteiras", porque me sentia quase como se fizesse parte de uma tropa na selva. Aprendíamos a fertilizar plantas nos parques e nas calçadas. Fazíamos trilhas longas pela floresta e identificávamos diversas flores, samambaias e fungos. Aprendíamos a produzir tinturas, infusões e bálsamos; a identificar quais folhas impedem que uma picada de inseto coce; quais plantas devem ser bebidas para aliviar ansiedade ou manter o nível de açúcar estável.

Mas boa parte de nosso trabalho era também sobrenatural. Formávamos círculos de magia. Meditávamos. Comunicávamo-nos com as plantas-guias. Honrávamos a lua. Fazíamos rituais para marcar as estações, além de iluminar passos na vida de cada aprendiz. Robin era nossa líder, mas todas nós tínhamos um momento de ficar no centro. Revezávamos guardando espaço para cada uma, assistíamos ao crescimento e desenvolvimento de cada participante. Compartilhávamos histórias e tudo o que trazíamos ao círculo era ouvido sem julgamento. O círculo era um receptáculo que comportava qualquer coisa e qualquer pessoa. Éramos um grupo diversificado, com variações que se mostravam no corpo e na experiência de vida. Mas havia um elo subjacente, nossa rede micelial.

Com o passar daqueles três anos, testemunhei as mudanças das outras mulheres. Eu as via mais fortes, mais extrovertidas, à medida que começavam a se curar. E também desenvolvi um tipo diferente de poder, que consistia em baixar as defesas e me soltar. Expandi a minha percepção sobre quem eu era. Podia ser independente e interdependente. Única e unida. Podia fazer parte de um grupo e ainda ser inteira.

Na maioria dos dicionários, a definição de *coven* se origina do latim, *conveniere*, ou "juntar-se", e está relacionada à palavra inglesa *convene*, que significa *reunir*. Entrou para o vernáculo popular graças ao livro infame da estudiosa Margaret Murray, publicado em 1921, *O Culto das Bruxas na Europa Ocidental*, no qual afirmava que muitas das "confissões" de supostas bruxas no decorrer dos julgamentos deveriam ser interpretadas literalmente e que as acusadas eram, de fato, membros de um antigo culto de fertilidade. Quanto à palavra *coven*, explica Murray, "O significado especial do termo para as bruxas é um 'bando' ou um 'agrupamento' separado, que praticava os ritos da religião e realizava cerimônias mágicas; em suma, uma espécie de sacerdócio".

A autora também mencionou nesse livro "a persistência do número 13 nos *Covens*", citando transcritos de diversas confissões nos julgamentos por bruxaria e catalogando no apêndice do livro exemplos de grupos de bruxas com 13 membros. Uma das fontes primárias de Murray é o transcrito de Isobel Gowdie, uma escocesa que confessou ser bruxa em 1662 e deu aos acusadores muitos detalhes de suas práticas, incluindo a afirmação de que "Há treze pessoas nesse *Coven*". Nas palavras da autora, Gowdie e as outras bruxas acusadas apenas reviviam os fatos de uma antiga religião que a Igreja tentava desesperadamente extinguir.

Murray acreditava que, em determinada época, essa religião de bruxas – ou "culto a Diana", nas palavras dela – venerava uma divindade que podia assumir a forma de mulheres, homens e animais. Ela teoriza que, na Idade Média, geralmente um homem vestido de animal representava o deus durante os rituais das bruxas. Ele era o líder do *coven* e, segundo a escritora, foi essa figura que recebeu a alcunha de "o diabo" por parte da Igreja Católica. Ela acreditava que uma típica reunião pública tinha o nome de Sabá, termo "possivelmente derivado de *s'esbattre*, 'festejar'; uma descrição muito apropriada para os momentos de júbilo nas reuniões". O *coven*, segundo seus cálculos, era composto daquelas treze mulheres que conduziam os rituais para uma comunidade maior. Mais ritos secretos eram realizados, descritos por ela como *Esbat*, que seriam reuniões mais exclusivas só para o *coven*. Os festivais mais importantes aconteciam em datas intermediárias, chamadas por Murray de Véspera de Maio, Véspera de Novembro, Dia da Candelária e Dia de Lammas. As práticas incluíam banquetes, danças, rituais sexuais, sacrifícios e preces à divindade cultuada com o objetivo de trazer fertilidade à comunidade geral.

Nos círculos acadêmicos e também nos pagãos, Murray se tornou uma figura controversa, pois suas pesquisas foram altamente desacreditadas. Embora o livro tenha uma quantidade enorme de notas de rodapé, com vários trechos de confissões nos julgamentos para "comprovar" as hipóteses da autora, diversos estudiosos a acusaram ao longo dos anos de escolher a dedo os exemplos que corroboravam sua teoria e desconsiderar o resto. Ela também foi criticada por considerar as transcrições dos julgamentos fontes fidedignas, embora, na verdade, muitas delas tenham sido obtidas sob tortura e pressão psicológica extrema, além de registradas por escribas inconfiáveis. Diante disso, as ideias de Margaret Murray acerca da existência de verdadeiros cultos de bruxas nos primeiros anos da Europa moderna foram rechaçadas.

Mesmo assim, o impacto da sua pesquisa sobre o conceito coletivo de bruxas e *covens* não pode ser ignorado. Em 1929, ela escreveu o verbete de bruxaria para a *Encyclopedia Britannica* e incorporou nele suas teorias como se fossem fatos. O verbete não foi mudado até 1969, essencialmente definindo a história da bruxaria durante duas gerações de nativos de língua inglesa com base nas visões de Murray. O segundo livro de Murray, *O Deus das Feiticeiras*, visava um público mais geral e foi publicado em 1933. Esse livro expandia as ideias da autora, amenizava alguns aspectos mais grotescos do primeiro para deixar as práticas do culto mais palatáveis, e se aprofundava na exploração do que ela chama de Deus Cornífero, que para Murray era uma deidade masculina venerada pelas mais diversas culturas desde a era paleolítica. Pã e o diabo da igreja cristã eram apenas dois exemplos desse deus, segundo o raciocínio da escritora.

Embora tanto *O Culto das Bruxas na Europa Ocidental* quanto *O Deus das Feiticeiras* tenham caído em esquecimento rapidamente após suas publicações, receberam uma segunda vida ao serem republicados depois da Segunda Guerra Mundial. O conceito de "reviver" ou "reconstruir" tradições pagãs britânicas já vinha ganhando certa popularidade nas duas décadas anteriores. Mas depois da devastação da guerra, a sede por livros como os de Murray aumentou muito, à medida que uma nação convalescente tentava se curar e reafirmar sua identidade e seus ideais. No fim da década de 1940, a visão romântica de Murray das bruxas adoradoras da natureza conquistou o interesse de um público muito maior, e *O Deus das Feiticeiras* se tornou um *best-seller*. O fato de o santuário acadêmico ter descartado as ideias de Murray não importava, pois seus escritos cativaram a imaginação do público, inclusive do homem que foi o pai fundador da bruxaria moderna: Gerald Gardner.

Se Margaret Murray plantou uma das maiores sementes para a revitalização da bruxaria, Gardner foi um dos seus primeiros cultivadores. A história da origem da moderna religião Wicca é nebulosa, mas não há dúvida de que Gardner foi seu primeiro baluarte, senão o próprio inventor.

Gerald Gardner era proprietário ou administrador de plantações de chá e borracha nas colônias inglesas do Ceilão (atualmente Sri Lanka), de Bornéu do Norte e da Malásia. Era fascinado pelo misticismo e estudou a magia de comunidades locais onde morava, bem como maçonaria, espiritualismo e diversos outros sistemas ocultistas da moda. Além disso, era um ávido antiquário dono de uma coleção enorme de armas e artefatos, sobretudo facas ritualísticas.

Em 1936, quando já tinha 52 anos, fixou residência em Londres, mas em 1938 ele e a esposa se mudaram para Highcliffe, perto de New Forest, no sul da Inglaterra, com o objetivo de proteger sua coleção de antiguidades contra a iminente guerra. Gardner afirmava que foi iniciado no *coven* de New Forest na cidade vizinha de Christchurch em 1939, por uma mulher que ele chamava de Velha Dorothy Clutterbuck (desde então, a veracidade dessa história tem sido contestada, pois não há evidências suficientes de que a verdadeira Dorothy Clutterback, uma ricaça da região, fosse praticante de magia). Entretanto, Gardner se envolveu ainda mais com bruxaria nos anos seguintes.

Uma história impressionante dessa época é a da "Operação Cone de Poder", um ritual do qual o *coven* de Gardner teria participado depois que a França caiu sob o poder nazista em 1940. Temerosas de que a Inglaterra fosse a próxima na linha de ataque, as bruxas se reuniram na floresta no dia 1º de agosto – o dia sagrado pagão, Lammas – para formar um cone carregado de energia mágica com o propósito de impedir o avanço de Hitler. Segundo Gardner, elas formaram o cone quatro vezes naquela noite, e projetaram na mente de Hitler os pensamentos *Você não pode atravessar o mar* e *Incapaz de entrar*. Ele afirmou também que as danças e a entoação por horas no frio e sem roupa foi demais para algumas das bruxas mais velhas, que dali a alguns dias morreram. Fora isso, a operação foi eficaz, segundo os cálculos de Gardner. "Não digo que detiveram Hitler. Mas vi uma cerimônia muito interessante realizada com a intenção de colocar determinada ideia na mente dele, e isso foi repetido várias vezes depois; e embora as tropas estivessem prontas para invadir, o fato é que Hitler nunca sequer tentou entrar."

Como Gardner passou de membro do *coven* para o pai da Wicca é uma história confusa e longa demais para ser detalhada aqui. Basta dizermos que ele foi grandemente influenciado por outros escritores interessados em magia, na época. Seus dois primeiros livros,

A Goddess Arrives [A Chegada da Deusa] (1940) e *Com o Auxílio da Alta Magia* (1949), eram romances com a temática de bruxaria, e o segundo incluía relatos fictícios dos rituais que Gardner fazia com seu *coven*, muitos dos quais eram, sem dúvida, adaptações das teorias de Margaret Murray em formato de ficção. Ele também se encontrou com o polêmico ocultista Aleister Crowley várias vezes, em maio de 1947. Parece que Gardner era considerado um provável sucessor ao posto de líder da Ordo Templi Orientis (ou OTO), a sociedade iniciatória mágica da qual Crowley era o chefe e Gardner também membro. Esses planos, porém, nunca se concretizaram, e quando Crowley faleceu em dezembro daquele ano, Gardner estava ocupado com outros afazeres.

Na segunda metade da década de 1940, Gardner mantinha um diário pessoal no qual anotava os rituais, as leituras e outras instruções para uma verdadeira prática de bruxaria em seu *coven*. Esse Livro das Sombras, como ele o chamava, era uma miscelânea de outros textos, incluindo "versículos bíblicos, a edição Mathers da *Chave de Salomão*, o Goetia, uma obra sobre a cabala, três livros de Crowley, o tarô Waite-Smith, e um ou dois livros de feitiço não identificados", segundo Ronald Hutton. O livro de Godfrey Leland, *Aradia: o Evangelho das Bruxas*, de 1899, também foi consultado. As contribuições de Gardner enfatizavam bastante a nudez. Ele era um grande defensor do "naturalismo", ou seja, nudez ao ar livre como meio terapêutico de manter o corpo saudável. Também defendia o uso de restrição física e flagelo para purificar os membros do *coven* e induzir estados de êxtase, embora insistisse que não fossem muito dolorosos. O Livro das Sombras recebeu acréscimos e teve partes retiradas nos anos 1950, e por fim evoluiu até se tornar mais igualitário. Enquanto seus escritos iniciais definiam um "mago" do sexo masculino como iniciador da "bruxa" feminina ao *coven*, emendas posteriores apresentam uma suma sacerdotisa e um sumo sacerdote conduzindo ritos no mesmo nível, bem como um vocabulário mais extenso sobre deusas e poder feminino.

Muita polêmica resultou do alto quociente de extravagância nos ritos místicos de Gardner. Não só as práticas deviam ser feitas por pessoas nuas, com acessórios como cordas e facas, mas a própria relação sexual era considerada o Grande Rito, fosse ela literal ou representada por símbolos. Se tais práticas eram ou não a expressão pessoal de um homem idoso maníaco por sexo, ou atos de liberação sexual entre adultos conscientes, ou apenas técnicas fisiológicas resistentes ao tempo e que aceleravam o fluxo sanguíneo e induziam estados de transe, tudo depende do ponto de vista. O próprio Gardner escreveu que não achava "justo chamar as bruxas e bruxos de pervertidos sexuais. Devem, isto sim, ser considerados seguidores de uma religião primitiva, já em vias de desaparecer [...]".

Graças em parte à comunidade espiritualista, a Lei contra Bruxaria de 1735 e a Lei contra Esmolas de 1824 foram extintas em 1951 e substituídas pela menos rígida Lei contra Médiuns Fraudulentos, que, em suma, legalizou a bruxaria e a mediunidade, desde que não fossem usadas para enganar clientes pagantes. (Esse é um dos motivos por que vemos qualquer tipo de serviço ou objeto espiritual vendido sob a alegação de "Somente para Fins de Diversão".) Com a nova legislação, Gardner se sentiu livre para falar à vontade de seus interesses, embora se resguardasse quanto a crenças pessoais. O livro que ele publicou em 1954, *A Bruxaria Hoje*, foi sua primeira obra não ficcional. Nela, o autor narra a experiência de ter testemunhado a prática moderna dessa "religião primitiva" da bruxaria. Usa a palavra *Wica* (soletrada assim) pela primeira vez impressa e diz que significa "pessoas sábias"; é com essa palavra que ele se refere aos que "praticam os ritos da antiguidade". Posteriormente, a forma ortográfica foi adaptada para *Wicca*, embora o próprio Gardner não usasse o termo para descrever sua nova velha religião. Ele também reforça os escritos de Margaret Murray, dizendo que o conceito da bruxa satânica resultou de uma campanha difamatória por parte da Igreja: "As bruxas não beijam a parte posterior do Diabo, primeiro porque nunca beijam essa parte de ninguém, e segundo porque o Diabo nunca está lá para ser beijado".

Quanto aos *covens*, Gardner escreve que tradicionalmente eles consistem em "doze bruxas e um líder, provavelmente porque esse é um número de sorte e também porque há doze luas em um ano". Afirma ainda que o *coven* ideal possui "seis casais perfeitos" além do sacerdote e da sacerdotisa, e que os casais devem ser marido ou mulher ou ao menos comprometidos. Claro que, pelos padrões de hoje, isso seria um preconceito a favor da heterossexualidade, além de antiquado. Mas nos anos 1950, uma determinação que colocasse as mulheres em igualdade com os homens, no aspecto espiritual, social ou sexual, era bastante progressista. E outro fator significativo era que o culto de Wicca a um deus e a uma deusa realmente foi revolucionário sob a perspectiva da história religiosa ocidental.

Os escritos de Gardner sobre a utilização de magia em um grupo também são notáveis. Em *A Bruxaria Hoje*, ele descreve uma bruxa como alguém capaz de estimular ou até ampliar sua aura ou campo eletromagnético. Diz que quando as bruxas trabalham juntas, "suas vontades unidas podem projetar esse campo como um raio de força [...]". Mais adiante no texto, ele cita o ritual da "Operação Cone de Poder" contra Hitler como exemplo dessa prática, embora refira-se a ela como Operação de Envio. Essas reuniões eram uma exceção à regra dos 13 membros, explica Gardner, porque eles precisavam da maior quantidade possível de pessoas para um trabalho de tamanha magnitude.

Há muita coisa que aprecio nesse livro, mas, por outro lado, ele é confuso quanto aos fatos. Margaret Murray escreveu a introdução, dizendo que os ritos do livro são "uma verdadeira sobrevivência e não uma mera revitalização copiada de outros livros". Tal afirmação é irônica, se considerarmos que agora sabemos que muitas das práticas de Gardner se baseavam justamente no copiar e colar de variadas fontes, inclusive da própria Murray. Além disso, por todo o livro Gardner assume um tom objetivo, externo. As bruxas e os bruxos são descritos como "eles" e não "nós", e ele se posiciona como testemunha, não como participante, muito menos criador ativo das tais "tradições". Só quase no fim do livro, diz: "Sou um humilde membro de um *coven*, não o chefe nem o líder, e faço o que me mandam fazer".

Não apresento tudo isso para rejeitar a importância da vasta contribuição de Gardner para a vida religiosa. O fato é que ele foi um ser humano profundamente progressista e muito inventivo, e abriu uma via de espiritualidade alternativa que continua a inspirar pessoas como eu até hoje. Embora tenha tomado muita coisa de empréstimo de outros escritores, alguns dos quais (como Margaret Murray) passíveis de viagens fantasiosas, creio que Gardner de fato se sentia capaz de acessar uma veia antiga de sabedoria perdida. Ao sintetizar um volume impressionante de conhecimento, sentimento e experimentação própria, ele e seus seguidores retomaram as práticas de antigas sociedades secretas como a maçonaria, a Ordem Hermética da Aurora Dourada e a OTO, revitalizando-as com os olhos voltados para um passado pagão ideal, livre de tabus sexuais e opressão patriarcal.

E quaisquer que fossem as intenções originais de Gardner, o trabalho que ele e seu *coven* fizeram ajudou a catalisar um movimento. A trama da história da Wicca e do Paganismo Moderno inclui diversas reviravoltas. Além do que realizaram, para grande crédito de Gardner, ele encorajava as pessoas a adaptar e acrescentar às suas ideias. (Um detalhe interessante, a suma sacerdotisa de seu *coven*, Doreen Valiente, é responsável por redigir muitos dos encantamentos mais famosos e definitivamente femininos da Wicca, incluindo uma renovação do que hoje é conhecido como "A Carga da Deusa". E a renovação da renovação nos anos 1970, escrita pela líder feminista de bruxaria Starhawk, talvez seja a versão mais famosa.) Covens de todos os tipos fervilharam por toda a Inglaterra e a América nas décadas de 1960 e 1970, com novos estilos e líderes apropriados. A bruxaria foi reestruturada como uma prática viva e acessível para qualquer pessoa que se sentisse atraída por ela.

O mais significativo de tudo isso foi que Gardner cimentou duas ideias cruciais na consciência popular: a primeira é que as bruxas são seres positivos e santificados, não diabólicos. E a segunda, que os poderes delas aumentam quando trabalham na companhia de pessoas com uma mentalidade – ou um espírito – semelhante, e esse coletivo de energia transformativa pode ser direcionado para uma meta de interesse comum.

É verdade que na época de Gardner, pelo menos, os *covens* Wicca pareciam se ocupar essencialmente de homenagear a natureza e suas deidades, bem como valorizar o desenvolvimento mágico de cada membro. Dos rituais de cunho político, mais mundanos, feitos por bruxas hoje em dia, o da "Operação Cone de Poder" é o mais citado, provavelmente porque o próprio Gardner escreveu sobre ele. Enfim, o autor conclui *A Bruxaria Hoje* com a seguinte inferência: "Penso que as bruxas podem realizar ritos semelhantes para influenciar o cérebro daqueles que teriam controle da Bomba de Hidrogênio". Não se sabe ao certo se ele e seu *coven* tentaram tal operação.

De qualquer forma, o modelo de Gardner de um grupo de pessoas juntando energias mágicas e direcionando-as para uma meta compartilhada foi adotado pelo movimento de contracultura nos Estados Unidos, de uma maneira tão ousada quanto resoluta.

Um protesto contra a Guerra do Vietnã foi planejado no Lincoln Memorial para o outono de 1967. Os ativistas Jerry Rubin e Abbie Hoffman decidiram que aquela seria a oportunidade perfeita para um espetáculo ainda maior. Hoffman já tinha uma certa fama de trapaceiro que usava elementos do absurdo e do teatro de guerrilha para atrair atenção para causas sociopolíticas e abalar o *status quo*. Inspirado, em parte, pelo poema de Gary Snyder, "Uma Maldição sobre os Homens em Washington, Pentágono", Rubin e Hoffman perceberam que conduzir um ritual mágico faria com que as pessoas se sentassem e prestassem atenção. Resolveram realizar um exorcismo em massa do Pentágono, seguido por um trabalho coletivo de levitá-lo a quase sete metros do chão (embora o governo só tivesse autorizado três metros). Convidaram Ed Sanders, líder da banda nova-iorquina The Fugs, de tendências místicas, para ajudar no exorcismo. Sanders, por sua vez, consultou o cineasta e especialista em ocultismo Harry Smith para montar o ritual.

A notícia do plano se espalhou, e atraiu cerca de 100 mil manifestantes que compareceram ao evento em Washington D.C. em 21 de outubro de 1967. Depois da música e dos discursos, a marcha saiu do Lincoln Memorial, atravessou o rio Potomac sobre a ponte Arlington Memorial, passou pelo Cemitério Nacional de Arlington e chegou ao Pentágono. Lá, no Estacionamento Norte, Ed Sanders e The Fugs conduziram o exorcismo em cima da carroceria aberta de um caminhão. Em 2004, Sanders disse à revista *Arthur*: "[Harry Smith] me falou sobre consagrar as quatro direções, com o intuito de cercar, de circundar, usando os elementos de terra, ar, fogo e água, símbolos alquímicos para a purificação do local, para a invocação de certas deidades, e assim por diante. Depois, entoei um séquito inteiro de deidades passadas e presentes, imaginárias ou reais, com a finalidade de atrair a força para exorcizar o local. Era ao mesmo tempo real e simbólico, secular e espiritual, desejo impossível e raiva. E havia humor. É preciso ter o humor universal. E como eu conhecia línguas indo-europeias, aprendi aquele ritual de exorcismo hitita. Na verdade, realizei um bom exorcismo".

A entoação inteira foi gravada sob o título "Exorcismo dos Espíritos Malignos do Pentágono em 21 de outubro de 1967", com a repetição das palavras: "Saiam, demônios!". Como parte do ritual, Sanders também anunciou que haveria um "colóquio", no qual os casais participariam de um "rito do amor" no gramado – o que de fato ocorreu, embora com menos pessoas do que os organizadores previam. Hoffman não conseguiu autorização para os manifestantes cercarem o Pentágono, que seria um componente crucial para levitar o prédio. Mas outras ações foram feitas, como, por exemplo, curandeiros maias que vieram borrifar farinha de milho em círculos mágicos e o poeta Allen Ginsberg, que entoou mantras. O cineasta ocultista Kenneth Anger também compareceu, embora tenha declarado que os outros eram "exibicionistas" mais interessados em montar um circo que fazer um gesto significativo contra a guerra. Em vez de se envolver com as atividades grupais, ele preferiu lançar encantamentos próprios.

De um modo geral, a cena causou uma impressão e tanto. Conforme descreveu Norman Mailer no capítulo "As Bruxas e The Fugs" em seu livro que ganhou o prêmio Pulitzer, *Os Exércitos da Noite*: "[...] de repente as bruxas estavam ali, e os ritos de exorcismo, e os terrores sombrios da noite, enquanto os *hippies* eram assassinados". Sim, os *hippies* tinham deixado o Tibete, Cristo e a Idade Média, e agora eram Alquimistas Revolucionários. Ora, pensou Mailer, tudo bem: ele próprio era um Conservador de Esquerda. "Fora, demônios, fora! Fora, demônios, fora!"

Claro que toda essa magia era tão sensacionalista quanto sincera; aliás, mais sensacionalista. Quanto à eficácia do trabalho, a guerra só terminou dali a sete anos e meio. Mesmo assim, muitos definem a marcha como um elemento-chave para despertar a consciência pública. O analista das Forças Armadas dos Estados Unidos, Daniel Ellsberg, disse: "A ideia de levitar o Pentágono me pareceu ótima porque a noção de acabar com a reverência de qualquer uma dessas instituições é muito, muito importante, e era algo que Abbie [Hoffman] compreendia instintivamente". Ellsberg lançou *The Pentagon Papers* [Os Documentos do Pentágono] em 1971, quatro anos depois do protesto, exercendo mais pressão sobre o governo norte-americano para sair do Vietnã.

Embora o Pentágono não tenha levitado fisicamente, o encantamento gerou resultados. Nas palavras de Allen Ginsberg: "A levitação do Pentágono foi um acontecimento que desmistificou a autoridade dos militares. O Pentágono foi simbolicamente levitado na mente das pessoas, pois perdeu uma autoridade que até então era inquestionável e incontestável".

O ritual em grupo com intenção compartilhada tinha alterado as percepções, ainda que não as estruturas no sentido literal. Talvez só isso já fosse suficientemente mágico.

Durante esse período, o movimento das mulheres crescia nos Estados Unidos. Abbie Hoffman e seu bando de provocadores passaram a se autodenominar Yippies (o grupo era *Youth International Party* – YIP, ou Partido Internacional da Juventude), e seus números teatrais ativistas continuaram, embora não flagrantemente ocultistas. Mas outro grupo, dessa vez composto só de mulheres, ganhou uma página no *playbook* de protesto ao Pentágono de Hoffman e continuava a unir a febre da magia com intenção política. Robin Morgan, Florika Remetier, Naomi Jaffe, Peggy Dobbins, Judith Duffett, Bev Grant, Marcia Patrick, Cynthia Funk e outras antigas participantes da organização ativista Mulheres Radicais de Nova York perceberam que a bruxa era um veículo ideal para a mensagem de liberação feminina. Era um símbolo que poderia ser usado como arma para ilustrar a perversão crônica do sexismo em todas as épocas e em diversas esferas sociais. A bruxa também combinava com a abordagem eficaz dos Yippies de criar atrito junto à diversão. Afinal de contas, quem melhor do que uma bruxa para causar rebuliço?

E então, com a primeira ação pública no Halloween de 1968, nascia o grupo ativista feminista chamado W.I.T.C.H. Seus membros eram mulheres com fantasias típicas, chapéus pretos pontudos e vassouras. Fizeram um ritual público na forma de espetáculo no qual enfeitiçavam a Bolsa de Valores de Nova York. Funcionou? Bem, nas palavras de Gloria Steinem para a revista *New York* sobre o incidente: "Um *coven* de treze membros do W.I.T.C.H. protesta contra o bastião da supremacia branca: Wall Street. No dia seguinte, a bolsa cai cinco pontos". (A cola que as bruxas colocaram nas fechaduras das portas da Bolsa de Valores também devia ter um bocado de urucubaca, sem dúvida.)

Outra ação da W.I.T.C.H. digna de nota foi atrapalhar a primeira Feira de Noivas anual no Madison Square Garden em 1969, para combater o que elas consideravam as forças das trevas do complexo da indústria do casamento. Um folheto anunciando o protesto convidava o público a trazer "Cartazes, vassouras, fantasias, consciência, raiva, poção de bruxa, amor, vestidos de noiva, tamborins, pragas, risadas, solidariedade e alternativas [...]". Muitas mulheres se infiltraram na convenção e lançaram pragas sobre os vendedores e patrocinadores e soltaram um bando de ratinhos brancos nas passarelas de desfile.

As atividades do grupo W.I.T.C.H. ganharam força graças à mistura de perspicácia e artimanha teatral política (como escreveu a cofundadora Robin Morgan: "[...] o desprendimento do grupo era inegável"). Logo surgiram outros grupos W.I.T.C.H. no país, e se estenderam inclusive até Tóquio, embora as operações de cada um variassem. O significado da sigla (*WITCH* = bruxa) também oscilava a partir do original "*Women's International Terrorist Conspiracy from Hell*", ou Conspiração Terrorista Internacional das Mulheres do Inferno, título ousado, antes que a palavra *terrorista* adquirisse a conotação negativa que tem hoje. Versões posteriores incluíram "Mulheres Irritadas pelo Assédio da Companhia Telefônica", "Mulheres Interessadas em Acabar com os Feriados Consumistas" e "Mulheres Inspiradas a Contar Histórias Coletivas".

Apesar da abordagem atrevida e brincalhona, elas tinham metas muito sérias. E, embora estivessem mais interessadas em brincar com o poder provocante dos símbolos que em "realmente" fazer feitiços, o manifesto delas abria espaço para as duas coisas: "W.I.T.C.H. é um faz-tudo feminino. É teatro, revolução, mágica, terror, alegria, flores de alho, encantamentos. É uma conscientização de que as bruxas e ciganas foram as guerrilheiras e as forças originais da resistência contra a opressão, principalmente a opressão às mulheres, no decorrer dos séculos".

Além disso, não havia uma governante ou guardiã do grupo, e qualquer mulher que compartilhasse dos mesmos valores podia ser membro e participar das atividades do W.I.T.C.H.: "Não existe 'filiação' ao W.I.T.C.H. Se você é mulher e tem a coragem de olhar dentro de si, é uma Bruxa, ou seja, *witch*. Você é quem faz as próprias regras. Você é livre e bela. Pode ser discreta ou extravagante sobre a sua identidade de bruxa. Pode fundar um *Coven* de Bruxas-irmãs (treze é um número confortável para um grupo) e elaborar suas próprias ações... Seu poder vem da sua identidade de mulher, e é ativado através do trabalho na companhia de suas irmãs. O poder do *Coven* é maior que a soma dos membros individuais, porque é *união*".

Sem dúvida, esse espírito de união foi o que tornou a liberação feminina vital por toda parte. As mulheres que participavam do movimento feminista da segunda onda certamente se motivaram com a leitura de livros como *O Segundo Sexo*, de Simone de Beauvoir, mas foram as conversas pessoais por meio de grupos de conscientização que se revelaram realmente transformadoras. Pela primeira vez, muitas mulheres perceberam que seus sentimentos de frustração, opressão e dor não eram anormais. Uniram-se para compartilhar histórias de suas experiências como mulher, incluindo conversas sobre temas considerados tabus, como aborto e estupro. As participantes desses grupos entenderam que não estavam sozinhas e começaram a se livrar do sigilo e da vergonha que cercavam a verdade sobre suas vidas.

Embora nem todo grupo feminista de conscientização possa se autodenominar *coven*, no sentido do W.I.T.C.H., a palavra é apropriada. Essas mulheres aprenderam que por fazerem parte de um círculo de confiança e compartilhar, sem medo, suas crenças, poderiam se tornar pessoas mais fortes e mais livres. Além disso, provaram que ao juntar forças e focar em um objetivo desejado, eram capazes de provocar uma mudança significativa no mundo todo.

Se o W.I.T.C.H. é um exemplo de políticas feministas baseadas no plano do mito, não nos surpreende que, como resultado, a espiritualidade feminista começasse a desenvolver uma mentalidade mais cívica. Apesar das evidências de que já nos anos 1930 existiam *covens* pagãos norte-americanos, e que a Wicca de Gardner chegou aos Estados Unidos nos anos 1960, a década seguinte trouxe um novo estilo de bruxaria cuja intenção era "combinar interesses políticos e espirituais como se fossem duas correntezas do mesmo rio", nas palavras de Margot Adler. Esse estilo assumia a estrutura da Wicca, mas lhe dava uma ênfase muito maior no culto a deusas e na celebração do corpo feminino. Também declarava, com todas as letras, a bruxa como o ícone de resistência contra o patriarcado, seguindo a visão de pensadoras anteriores pró-bruxas, como Matilda Joslyn Gage e Margaret Murray, e os escritos de feministas radicais como Mary Daly e Andrea Dworkin.

Zsuzsanna "Z" Budapest é uma bruxa húngara/californiana que fundou o Coven Susan B. Anthony Nº 1, em 1971, com objetivos mágicos compatíveis com seu nome político. Ela denominava a sua vertente de bruxaria como a Wicca de Diana e foi ao mesmo tempo admirada e notória por excluir homens do *coven*. (Posteriormente, foi alvo de intensa crítica por afirmar que as mulheres trans não eram mulheres "de verdade" e, portanto, não podiam participar de suas práticas; uma posição que muitas pessoas – incluindo eu mesma – consideram errada e transfóbica.) A visão dela de um *coven* também tinha treze membros, e o que passasse disso ela considerava um "bosque". Budapest tentou criar uma religião na qual a experiência feminina era valorizada acima de qualquer coisa, e a meta seria restaurar um estilo de vida matriarcal por todo o planeta. Apesar de ser uma figura muito polêmica, e com razão, a influência de Budapest no desenvolvimento da bruxaria moderna foi enorme. Com ensinamentos e livros *best-sellers*, como o de 1979, *The Holy Book of Women's Mysteries* [O Livro Sagrado dos Mistérios Femininos], suas ideias incitaram a imaginação de feministas da segunda onda, e ajudaram a moldar o conceito de bruxaria como uma interessante alternativa às grandes religiões centradas no homem.

Outra californiana, Miriam "Starhawk" Simos, aperfeiçoou essa abordagem. Ela também escreve que a Deusa é crucial para as mulheres, pois assim se verão como santificadas e dignas. Entretanto, diferente de Budapest, Starhawk acredita que a inclusão dos homens nesse paradigma é essencial. Conforme escreveu em seu livro publicado em 1979 e que se tornou um *best-seller*, *A Dança Cósmica das Feiticeiras*: "O símbolo da Deusa permite aos homens experimentar na natureza masculina seu lado feminino, geralmente considerado o aspecto mais profundo e sensível do eu. A Deusa não exclui o masculino; Ela o contém [...]". Enquanto Budapest continua separatista quanto ao gênero e insiste que a Wicca de Diana é só para mulheres "cis", Starhawk se tornou cada vez mais inclusiva com o passar do anos, e escreveu na introdução da edição do décimo aniversário de *A Dança Cósmica das Feiticeiras* que seus sentimentos acerca do absolutismo do gênero mudaram, e que "devemos estar dispostas a examinar como nossas interpretações foram marcadas pelos limites de nossa visão". Em 2009, também escreveu: "Ultimamente, as pessoas trans e seus amigos têm desafiado nossas pressuposições limitantes. Esse tipo de desafio é ótimo, pois nos força a olhar o mundo sob um novo prisma, a examinar nossas premissas, a aprofundar a compreensão que temos do Mistério". Essa aceitação da diversidade é um aperfeiçoamento necessário, pois as bruxas LGBTQ+ não só fazem parte do movimento da bruxaria moderna, mas frequentemente o lideram. A compositora Anohni declarou: "[...] Sou bruxa. Na verdade, me desbatizei. E o bom de ser uma pessoa trans é que você nasce com uma religião natural. É quase geral: não importa a que cultura ou grupo econômico ou nação você pertença, você é automaticamente uma bruxa. Nenhum monoteísmo patriarcal a domina".

Na visão de Starhawk, a bruxa é um ser que homenageia toda a vida; portanto, o ativismo é um grande componente de sua prática. Ela entende que a bruxaria é um processo de dissolver a alienação, ou melhor, a falsa ideia de sermos alienados dos outros seres vivos. E quando você faz isso, percebe que cuidar dos outros é uma responsabilidade sagrada, pois tudo está interligado. O envolvimento com a ecologia e o meio ambiente, os discursos de direitos civis e os esforços contra a guerra fazem parte do sistema espiritual de Starhawk, que hoje ela classifica como "espiritualidade moderna baseada na terra e no ecofeminismo", de acordo com seu site na internet. Os livros que lançou depois de *A Dança Cósmica das Feiticeiras* exploram a relação entre magia e ativismo em termos mais amplos. Em *Dreaming the Dark: Magic, Sex, and Politics* [Sonhando no Escuro: Magia, Sexo e Política], ela escreve: "Se a magia é 'a arte de causar mudanças de acordo com a vontade', então os atos políticos, os atos de protesto e resistência, que defendem o que é certo e que forçam mudança, são atos de magia".

Ela também desenvolveu o conceito do *coven*. Em *A Dança Cósmica das Feiticeiras,* descreve-o como "[...] um grupo de apoio às Bruxas, um grupo de conscientização, um centro de estudos psíquicos, um programa de treinamento clerical, Colégio de Mistérios, clã substituto e congregação religiosa, todos em um". E em *Dreaming the Dark*, ela explica que os modelos típicos de poder são hierarquias ou escadas que causam opressão e desconexão. Já os *covens* são estruturados em círculos ou redes: "Em um círculo, o rosto de cada pessoa pode ser visto, a voz de cada pessoa é ouvida e valorizada. Todos os pontos em um círculo são equidistantes a partir do centro; essa é a definição e a função do círculo: distribuir energia igualmente". Portanto, o *coven* não é apenas um santuário para um grupo restrito de pessoas de espírito semelhante. É também um paradigma de aspirações para a sociedade como um todo.

Em 2012, dei vários workshops sobre magia no Observatório. Minhas aulas eram uma combinação de palestra, ritual e prática de encantamento, e tinham nomes como *Descida de Outono e os Mistérios de Elêusis* e *Magia de Fogo da Lua Cheia.* As instruções antecipadas variavam de acordo com o tipo de preparação que os estudantes deveriam fazer, embora eles sempre fossem incentivados a trazer qualquer objeto especial que quisessem pôr no altar para ser carregado de energia ou homenagear as deidades de sua escolha.

Começava a aula pedindo para cada estudante dizer o nome e sua intenção para estar no círculo naquele dia. Em seguida, passava por todos e purificava cada indivíduo com canções e fumaça sagrada. Os estudantes fechavam os olhos e se entregavam, livrando-se do estresse com o som de minha voz e o aroma de ervas incensadas. Depois, eu invocava o círculo, na ordem que aprendi com minha professora: o Espírito do Ar no Leste, o Espírito do Fogo no Sul, o Espírito da Água no Oeste, o Espírito da Terra no Norte, o Espírito dos Ancestrais Abaixo, o Espírito dos Guardiões Acima, e o Espírito do Centro que preserva o Amor e todos os grandes mistérios que transcendem a linguagem. Na sequência, falava um pouco sobre o tema da aula, mesclando informações históricas com interpretações mitopoéticas, com o objetivo de dar um contexto à nossa reunião. O grupo, então, compartilhava ideias e participava de conversas descontraídas sobre qualquer assunto que o tema do workshop trouxesse à tona. E enfim, começava uma atividade participativa, na forma de criação de um objeto mágico, meditação ou um ritual mais complexo em honra da estação do ano ou para suscitar uma transformação pessoal. Terminávamos invocando os espíritos na direção oposta daquela em que tínhamos formado o círculo, a começar pelo Espírito do Centro. Nossa última ação era enviar bênçãos a todo o universo e, em seguida, abençoar a nós mesmos, envolvendo os braços ao redor do próprio corpo. Às vezes, em alguma celebração, comíamos e tomávamos vinho. Era comum alguns estudantes se estenderem depois da aula para me fazer perguntas e bater papo entre si.

Embora os *workshops* fossem abertos a qualquer pessoa, vários dos participantes começaram a aparecer repetidas vezes e, com isso, formavam os próprios vínculos de confiança e familiaridade. Mas mesmo os que só vinham esporadicamente – ou apenas uma vez – encontravam um círculo de bruxas receptivas e dispostas a acolher o que quer que eles trouxessem para a celebração. Cada sessão era repleta de diversas histórias: alguém que tentava conjurar um emprego novo, reconectar-se com a natureza, extravasar a dor de perder um ente querido, ter foco para um novo projeto criativo. As pessoas derrubavam os muros e abriam o coração. E por mais estressados que nos sentíssemos no começo da sessão, compartilhávamos uma sensação de paz e liberdade, depois.

Quando o Observatório fechou, minhas aulas se transformaram em palestras, textos e um misto de eventos públicos e exposições de temas ligados à magia. Vários de meus alunos viraram amigos e colaboradores que participavam dos meus vários eventos, e ainda hoje são também meus professores. Nossa comunidade podia ter assumido uma nova forma, mas muitos de nós continuamos ligados uns aos outros. E por um tempo, era o que me satisfazia. Conhecer aquelas pessoas bondosas e perspicazes, criando com elas uma conexão, foi o ápice de uma espécie de feitiço de amor. Eu tinha encontrado outra família, unida por crença, não por sangue.

O conceito de *coven* cresceu em popularidade recentemente, assim como o das bruxas em geral. A série do Canal FX *American Horror Story: Coven*, de 2013, ajudou a reintroduzir a palavra na cultura popular, e logo seguiram-se as conversas *on-line*. A marcação #covengoals no Instagram começou a ser utilizada em postagens por alguns usuários, no lugar de #squadgoals, à medida que as pessoas mergulhavam na semântica de um novo tipo de feitiçaria social. "Esqueça os Squads – 2017 é o Ano do Coven", proclamava uma manchete do site Refinery29.

The Wing (A Asa), um espaço para *coworking* só de mulheres, provavelmente é o oposto estético do que qualquer um imaginaria ao visualizar um *coven*, com sofás rosas-choque, luzes brilhantes e mulheres com roupas da moda digitando em um mar de MacBooks. "Seu *coven* aguarda por você" era o título na linha do assunto no e-mail de boas-vindas que recebi após me inscrever; e o formulário aparecia no URL witches.the-wing.com. As alusões continuam dentro do espaço também. Os sanduíches são simplesmente chamados de "witches" no cardápio da cafeteria, e a loja vende camisetas para os membros, WING COVEN MEMBER, com desenhos de pentagramas e gorros do Wing Coven que dizem: ENCANTAMENTOS, GRITOS

& ENTOAÇÕES. Apesar do uso brincalhão dessas palavras, a ideia é que os membros devem se sentir parte de uma sociedade especial de mulheres poderosas.

A palavra *coven* também costuma ser aplicada a grupos de pessoas com as mesmas metas políticas, geralmente feministas progressistas. A organização em defesa da escolha, sem fins lucrativos, Lady Parts Justice League descreve a si própria nestes termos: "um *coven* de feministas ferozes, engraçadíssimas, que usam a cultura popular para denunciar em seu site aqueles que odeiam as pessoas que lutam por direitos reprodutivos". O noticiário satírico *Full Frontal with Samantha Bee* geralmente invoca a linguagem das bruxas quando fala de mulheres com tendências esquerdistas, como a descrição de um grupo de mulheres congressistas que introduziram a legislação para acabar com a arbitragem forçada com caráter de "*coven* de congressistas bipartidárias". Em uma esquete do episódio de estreia, Bee aparece respondendo aos repórteres como é ser a primeira anfitriã de um *talk show* do horário nobre. "Muito trabalho, uma equipe excelente e talvez um pouquinho de magia", ela responde. A câmera corta e mostra uma imagem de Bee gritando em meio a um círculo de velas, cercada por um grupo de personagens fantasmagóricos com raios saindo das mãos. "É verdade, somos todos bruxos", diz ela piscando para a câmera.

Essas piadas sempre tiveram um toque pessoal também, pois a mãe de Bee era wiccana, embora ela mesma não se identifique como tal. Assim como a expressão ressignificada *mulher desagradável* (*nasty woman*), da qual Bee é fã, o uso que ela faz do linguajar de bruxa é um ato de subversão, tornando divertida a imagem de uma feminista furiosa, ao mesmo tempo que assume os assim chamados pejorativos como emblemas de honra. Nas palavras de Bee ao jornal *The Guardian* em janeiro de 2018: "Tenho uma propensão tão grande para o feminismo que acabei me transformando completamente em bruxa". Os fãs costumam compartilhar dos valores dela, e assim se sentem incluídos no *coven* satírico *Full Frontal* por tabela.

Os laços entre grupos de feministas desbocadas e *covens* se fortaleceram na Marcha das Mulheres em 2017, logo depois da posse de Donald Trump. Entre os cartazes de protesto mais populares se destacavam aqueles com frases do tipo MALDITO SEJA O PATRIARCADO, BRUXAS CONTRA A SUPREMACIA BRANCA e SOMOS AS NETAS DAS BRUXAS QUE VOCÊS NÃO CONSEGUIRAM QUEIMAR. O meu cartaz para meu grupo de manifestantes era uma homenagem ao grupo W.I.T.C.H. dos anos 1960, cujos dizeres escritos em letra maiúscula formavam a palavra C.O.V.E.N: Cidadãos Organizados em prol da Vida e da Equidade Nacional.

Parece que não fui a única a pensar nas precursoras do maroto W.I.T.C.H. depois das eleições de 2016. Em Portland, surgiu um novo grupo W.I.T.C.H., que organizava protestos na forma de rituais coreografados. Usavam roupas de bruxa e véus pretos cobrindo seus rostos para permanecerem anônimos, no estilo dos grupos ativistas mascarados de antigamente, que incluíam as Guerilla Girls, as Zapatistas e as Pussy Riots. Assim como o grupo original, o W.I.T.C.H. PDX incentiva a formação de outras divisões e permite a filiação de qualquer pessoa, desde que os seguintes valores sejam compartilhados, de acordo com o estipulado no manifesto do grupo na internet:

> ANTIRRACISMO – ANTIFASCISMO – ANTIPATRIARCADO – DIREITOS DOS POVOS INDÍGENAS – AUTODETERMINAÇÃO DE GÊNERO – LIBERAÇÃO FEMININA – LIBERAÇÃO TRANS – CULTURA ANTIESTUPRO – DIREITOS REPRODUTIVOS – APOIO ÀS

TRABALHADORAS DO SEXO – DIREITOS LGBTQIA – PROTEÇÃO AMBIENTAL – LIBERDADE RELIGIOSA – DIREITOS DOS IMIGRANTES – ANTIGUERRA – ANTICAPITALISTA – JUSTIÇA PARA PESSOAS COM DEFICIÊNCIA – DIREITO À PRIVACIDADE – DIREITOS DOS TRABALHADORES

RECUSAMOS QUALQUER PESSOA OU COVEN QUE USE O NOME DO "W.I.T.C.H.", MAS NÃO DEFENDA ESSES VALORES.

QUALQUER INDIVÍDUO QUE AFIRME PUBLICAMENTE SER UM DE NÓS NÃO É UM DE NÓS, POIS SOMOS ANÔNIMOS.

Atualmente há presenças *on-line* para as divisõess do W.I.T.C.H. por todo o território dos Estados Unidos, incluindo Nova York, Boston, Mineápolis, Denver, Detroit e Austin, e também em âmbito internacional em lugares como Londres, Paris, Cidade do México e Tóquio. Seus *covens* ativistas participam de grandes marchas de protesto e têm ações grupais próprias, com um repertório que inclui questões como direitos dos imigrantes, controle de armas e solidariedade com o movimento *Black Lives Matter* (vidas pretas importam), entre outras. Apesar de muito sério em suas posições, o grupo também usa o humor subversivo próprio de sua versão dos anos 1960. Vi cartazes com declarações do tipo: ATÉ UMA BRUXA ACREDITA NA CIÊNCIA e NÃO DEIXAREMOS O PATRIARCADO VIVER. Uma de minhas fotos favoritas do @witchpdx no Instagram mostra duas pessoas do W.I.T.C.H. com dois cartazes que dizem: HEY PAUL RYAN… PERDEU ALGUMA COISA? e segurando uma coluna dorsal gigantesca entre as duas*. É uma imagem ao mesmo tempo perversamente engraçada e muito macabra, uma vez que os ossos parecem o ingrediente ideal para um feitiço. Talvez para forçar justiça.

Algo semelhante acontece em comunidades específicas de pessoas negras, com a palavra espanhola para bruxa – *bruja* – sendo usada não só por magos, mas também por grupos de ativistas astutos. O grupo Brujas, com sede no Bronx, começou como uma tribo de mulheres skatistas que queriam reivindicar espaço em uma comunidade dominada por homens brancos. Logo se transformaram em uma organização radical de peso, produzindo eventos e roupas de rua que despertam a conscientização acerca de questões importantes como encarceramento em massa, discriminação por gênero e saúde mental. E o Lado B do Brujas é um grupo de quatro mulheres DJ em Oakland, Califórnia. Uniram-se para gravar discos e combater o sexismo e o racismo no universo das boates, e suas apresentações incorporam bênçãos de cura. Elas também são famosas por erguer altares em sua cabine de DJ que homenageiam pessoas negras cujas vidas foram tiradas pela violência policial, como Alton Sterling e Philando Castile. Para os que frequentam o evento, pode parecer apenas uma noite de balada comum. Mas essas mulheres fazem *brujería* real: acendem velas, produzem música e honram aqueles que partiram cedo demais. Cada apresentação é um ritual de recordações e uma oferenda pública de liberação e rejuvenescimento.

Há uma linha divisória tênue entre ações coletivas e feitiços de verdade, e esse é um dos motivos por que a palavra *coven* hoje em dia

---

* A espinha dorsal simboliza coragem. "Perder a espinha", em inglês, significa ficar sem coragem para dar um passo sério. (N. da T.)

se aplica a uma variedade de reuniões intencionais. De modo semelhante, na era digital, esses grupos podem se formar *on-line* com seus projetos compartilhados através de uma rede de telas. Graças à mídia social, ninguém precisa se reunir com outros em uma floresta ou na frente do Pentágono para fazer uma conjuração colaborativa. Os *covens* agora podem ser virtuais e ocupar, ao mesmo tempo, espaços públicos e privados.

Em fevereiro de 2017, o praticante de magia Michael M. Hughes compartilhou na plataforma *Medium* seu "Feitiço para amarrar Donald Trump e todos os que o apoiam". Como a maioria dos feitiços circulantes, este tem uma lista de ingredientes como, por sugestão de Hughes, uma foto nada favorável de Trump, uma carta de tarô da Torre e um toco de vela cor de laranja, embora possa ser substituída por uma cenoura baby, afirma ele. Contém também um encantamento que deve ser lido em voz alta. Um trecho do feitiço de Hughes inclui a seguinte passagem:

Eu vos invoco
Para amarrar
Donald J. Trump
E fazer com que seus atos malignos fracassem totalmente
E ele não possa fazer o mal
A qualquer alma humana
Ou a qualquer árvore
Animal
Rocha
Rio
Ou Mar.
Amarrai-o para que ele não quebre nossas instituições

Nem usurpe nossa liberdade
E amarrai, também,
Todos aqueles que facilitem sua maldade
E todos aqueles cujas bocas profiram suas mentiras venenosas.

Todas as instruções de Hughes, porém, são apenas conselhos e podem ser adaptadas ou totalmente modificadas. O componente mais crucial é que o feitiço seja feito por todos ao mesmo tempo, nesse caso, "à meia-noite de cada lua minguante até ele ser removido da presidência". Nas palavras de Hughes: "[...] os elementos cruciais são a simultaneidade do trabalho (meia-noite, fuso horário de Washington D.C., horário de Nova York e da Flórida, onde estão localizados respectivamente a Trump Tower e o *resort* Mar-a-Lago) e a energia em massa dos participantes".

Embora o feitiço de amarração tenha começado com Hughes e alguns amigos, logo viralizou até se tornar um trabalho virtual mensal com participação aberta a qualquer pessoa. Recebeu a cobertura inevitável da imprensa, embora muitos artigos o chamassem erroneamente de maldição, não de amarração. Mas há uma diferença crucial: maldição é o mesmo que praga, e amarração *não tem* o objetivo de fazer mal ao alvo. É apenas um meio de impedir a pessoa de fazer mal aos outros. Enfim, o feitiço também recebeu a atenção de participantes célebres, como a cantora Lana Del Rey, que disse à revista britânica *NME*: "Sim, participei. Por que não? Olha, eu faço muita coisa... há poder na vibração de um pensamento. Os pensamentos são poderosos e se transformam em palavras, e palavras se transformam em ações. E ações provocam mudanças físicas [...] Sou um pouco mística de coração".

O grupo no Facebook "Official Bind Trump" [Amarre Trump Oficial] tem 3.763 membros e está aumentando, e qualquer um que acompanhe o cronograma postado por Hughes pode participar da amarração com amigos ou sozinho. Embora o grupo de Hughes seja talvez o mais popular, outras ações de bruxaria *on-line* vieram depois. Em junho de 2016, depois que um estudante da Universidade de Stanford, Brock Turner, foi sentenciado a não mais que seis meses por estupro, um convite no Facebook foi feito pela bruxa Melanie Elizabeth Hexen e seu *coven*. Essa foi, sem dúvida, uma maldição, pois pretendia que Turner ficasse impotente, fosse assolado por pesadelos e sentisse a "dor constante de agulhas" nas entranhas. (Não concordo com esse tipo de trabalho, mas a imaginação da autora tem seu mérito.) Mais de seiscentas pessoas responderam ao convite e, então, circularam pela internet fotos de altares e feitiços dos participantes.

E em outubro de 2018, o loja esotérica do Brooklyn, Catland Books, realizou um "Ritual para lançar uma maldição sobre Brett Kavanaugh" em público, como um ato de protesto político e mágico contra sua indicação polêmica como juiz da Suprema Corte. Segundo o convite da livraria, o ritual também pretendia amaldiçoar "todos os estupradores e o patriarcado que os acolhe, recompensa e protege". Os ingressos de dez dólares se esgotaram rapidamente, com 50% da receita dedicada à Organização Planned Parenthood e ao Centro Ali Forney para jovens LGBTQIA+ sem teto. Entretanto, mais de quinze mil pessoas marcaram "Vou" ou "Interessado" no Facebook, e muita gente participou remotamente.

Conheço algumas bruxas que são céticas quanto à eficácia de feitiços ou encantamentos públicos e tão grandes. Uma bruxa experiente me disse que quanto maior a quantidade de variáveis que colocamos em um trabalho, menor é o foco do feitiço. Em outras palavras, quando você chama mais pessoas, corre o risco de confundir as energias e intenções, pois cada um traz sua bagagem. Além disso, insiste essa bruxa, os feitiços de proteção "de verdade" são feitos com privacidade, sob a sombra da noite; o "alvo" não pode saber que é alvo, aliás, ninguém pode.

Entendo essa posição. Mas arrisco a dizer que os feitiços de protesto público geram um sentimento de solidariedade. A reunião de um grupo com objetivos compartilhados mostra às pessoas que elas não estão sozinhas, e isso já é uma mudança de conscientização. Feitiços coletivos como esses permitem que os vulneráveis se sintam proativos e seguros de si. Mobilizam as pessoas que, de outra forma, entrariam em desespero; esses eventos manifestam catarse e força renovada. Esses tipos de feitiço em grupo também enfocam a preocupação crescente quanto à segurança cada vez menor das mulheres, dos homossexuais e dos negros. Se a magia "funciona" é uma questão subjetiva, mas certamente ela amplifica a voz da resistência em seu cone de poder.

DEPOIS DO FIM do observatório, e quando meu período de aprendiz no círculo de Robin chegou ao fim, voltei para os meus hábitos de bruxa solitária por algum tempo. Tive reuniões ocasionais com amigas praticantes no decorrer daqueles anos e de vez em quando lançava feitiços para quem me pedisse, mas minha reverência formal, regular, era algo que fazia sozinha. Por algum tempo, estava bem assim. Viajava como louca por conta de meu emprego, e, quando voltava para casa no Brooklyn, ocupava-me com projetos e planos. Na época, a bruxaria era um santuário para mim, um local onde eu podia me afastar das demandas vertiginosas do dia a dia. Acendia as velas, cumprimentava minhas deidades, marcava eventos lunares e solares, tudo de maneira discreta e pessoal. Comprava buquês de flores para decorar meu cubículo nos dias sagrados pagãos e deixava sessões rituais mais elaboradas para noites e fins de semana quando eu tinha energia ou necessidade. Tudo isso me mantinha viva em meio às dificuldades familiares, problemas de saúde e o estresse da vida na cidade.

Mas no inverno de 2018, senti de novo o chamado para fazer parte de um *coven* mais formal. Tinha acabado de largar meu emprego de catorze anos no mundo corporativo, que era estimulante, mas também muito estressante. O clima político parecia venenoso e cada dia trazia notícias mais aterradoras que o anterior. Tinha começado meu *podcast* poucos meses antes, e era muito interessante, mas não passava de uma apresentação solo, e a montagem de cada episódio exigia muitas horas de trabalho árduo. Queria muito estar na presença de outros indivíduos na busca por algo, e também redescobrir aquele sentido de comunhão e apoio.

Entretanto, eu sabia que não tinha energia para organizar cada reunião; e para ser franca, após trabalhar anos como professora de bruxaria, às vezes, sentia falta daquele sentimento de ser conduzida por outros. Também precisava do fortalecimento que só outras mulheres podiam me dar. Embora soubesse que podem existir bruxas e bruxos, e tenha conduzido ou participado de *covens* nos quais qualquer pessoa era bem-vinda, as conversas sobre o feminismo da quarta onda, direitos das mulheres e o movimento #MeToo estavam no auge. Precisava de um local onde pudesse falar à vontade sobre minhas experiências e saber que as outras pessoas não apenas seriam empáticas, mas se identificariam comigo. A maioria dos *covens* ativos que eu conhecia tinha um formato ou um estilo que não batia com o meu, ou estavam muito avançados. Teria, então, de fundar um.

Assim, naquele inverno, convidei um grupo seleto de mulheres espetaculares para montar o que eu esperava ser um círculo frequente. Algumas eram amigas queridas; outras, porém, eram pessoas que vi apenas uma ou duas vezes, mas admirava e gostaria de conhecer melhor. Tinham as mais variadas origens e experiências espirituais, mas partilhavam do interesse pela bruxaria, pelo autodesenvolvimento e pelo feminismo interseccional. E o mais importante: todas me pareciam bondosas e inspiradoras. Eram pessoas que me faziam sentir melhor quanto ao estado do mundo e me davam esperança para o futuro.

Nosso primeiro encontro foi no equinócio da primavera. Houve uma tempestade de neve violentíssima naquela noite e, por isso, só cinco das bruxas vieram. Mas jantamos, conversamos e fizemos nossa magia. Cada uma disse o que esperava do grupo, e todas falamos sobre as visões que tínhamos de nós mesmas e do mundo que tentávamos manifestar na realidade. Nem todas as mulheres presentes se conheciam, mas sentíamos um reconhecimento geral. Éramos pessoas que queriam desenvolver o próprio poder e usá-lo para transformar o mundo em um local mais justo e mais mágico. Apesar do frio congelante que fazia lá fora naquela noite, o interior do meu apartamento era a verdadeira primavera, com as eflorescentes promessas de renascimento e renovação.

Apesar de conduzir a primeira reunião, eu disse ao *coven* que não aspirava ser a líder do grupo. Imaginava cada encontro sendo organizado por uma pessoa diferente, de modo que nenhuma das mulheres participantes do *coven* tivesse de carregar sozinha o peso de ser sempre a anfitriã ou guia. As pessoas tinham a permissão de trazer convidados ou faltar a uma sessão sempre que precisassem. Meu interesse não era a quantidade de membros, desde que o grupo não ficasse muito difícil de administrar. Confiava que qualquer pessoa presente nas reuniões realmente precisasse estar lá; e esperava que se cada uma de nós abrisse mão do controle total, o *coven* seria fluídico, comunal e livre de hierarquias.

Com certeza foi um experimento, mas que até hoje é frutífero. Temos nos reunido em quintais, cozinhas, salas de estar, um escritório, uma loja, uma tenda dentro de casa. Cada pessoa traz algo para contribuir: comida ou vinho ou poemas para ler. Nosso altar tem uma aparência diferente a cada encontro, mas está sempre cheio de velas e flores, além de objetos preciosos que cada bruxa traz para homenagear a ocasião ou carregá-los de energia mágica. Somos um grupo heterogêneo de pessoas brancas, negras, LGBT, heterossexuais, embora todas se identifiquem como mulher. Algumas têm um salário vultoso, outras apertam o cinto e outras estão em algum ponto intermediário. Dentro do círculo, falamos de questões pessoais e políticas, e cada uma apresenta uma perspectiva diferente. Conversamos sobre racismo, sexismo, família, dinheiro, trabalho, desejo e amor. Damos voz aos nossos medos e ambições. Discutimos sobre nossas dificuldades, nossa raiva e nossa dor, e celebramos nossos sucessos, compartilhando nossas conquistas sejam elas grandes ou pequenas. Fazemos rituais e encantamentos. Bebemos vinho e comemos lanchinhos (muitos). Choramos, cantarolamos e rimos até a barriga doer. Trabalhamos com a autocura e tratamos com carinho o coração de todas, de modo que possamos lutar com mais garra contra a insegurança e a injustiça quando sairmos da reunião. Prezamos a santidade da natureza e, assim, honramos nosso sentido de dignidade, pois nós bruxas somos parte deste mundo. Nosso *coven* é um caldeirão, e juntas fervemos um jeito melhor de ser.

Capítulo 8

QUEM É A BRUXA DE HOJE?

Muitas águas rolaram desde as minhas noites de feitiços urbanos secretos nos anos 1990. O interesse público pela bruxaria deixou de ser um nicho para se tornar um fenômeno gigantesco. Em 2017, a excêntrica plataforma de compartilhamento Tumblr viu a hashtag #witchblr entrar pela primeira vez na lista das mais acessadas, alcançando o número 11. No fim de 2018, Meetup.com tinha quase seiscentos grupos de bruxaria listados no mundo todo, e a #witchesofinstagram, hashtag do Instagram, tinha mais de dois milhões de postagens, com o *feed* repleto de fotos ou disposições de cartas de tarô, acessórios de altar e retratos de pessoas estilosas com amuletos de prata, unhas afiadas como adagas, e uma proliferação de saias pretas. A atual Onda das Bruxas não dá sinais de que vai acabar tão cedo.

Mas embora a bruxa esteja ganhando mais atenção do que nunca, ela ainda deixa um rastro longo e sombrio. Pois se a era Trump é marcada por um amor cada vez maior pelas bruxas, devemos notar também o ressurgimento do termo *caça às bruxas*. Desde o macarthismo dos anos 1950 a expressão não era mais usada com tanta frequência, só que dessa vez é aplicada para descrever uma variedade de questões ao mesmo tempo.

O movimento #MeToo foi considerado revolucionário, pois muitas e muitas mulheres vieram a público para falar de como foram assediadas e molestadas por homens poderosos. Ele desencadeou a conscientização geral sobre o consentimento, bem como os subprodutos corrosivos do poder masculino. E mais importante: deu voz às vítimas que antes se calavam por vergonha ou medo de represália. Ele não é apenas catártico, é consequencial (embora não tanto quanto devia ser). Um chauvinista que gosta de "agarrá-la pela vagina" e pagar suas amantes para fecharem a boca pode até ter sido eleito presidente, mas outros homens abusivos agora respondem por suas ações e despencam do pedestal. O magnata da mídia Harvey Weinstein, o fundador do canal Fox News Roger Ailes, o famoso *chef* de cozinha Mario Batali, o âncora do *Today Show* Matt Lauer, o guru conservador Bill O'Reilly, o senador do Partido Democrata Al Franken, o ator Jeffrey Tambor e o comediante Louis C.K. são apenas alguns na longa lista de homens poderosos que foram acusados de má conduta sexual e perderam o emprego ou até a empresa após tais denúncias. E há também Bill Cosby, condenado três vezes por assédio sexual, após anos de acusações por mais de sessenta mulheres. Foi sentenciado de três a dez anos de prisão em 2018 (no momento está recorrendo da sentença).

É compreensível que essa onda tenha deixado muitos homens extremamente preocupados. Há quem se declare desconfortável com o #MeToo, dizendo que o movimento incentiva a punição sem o devido processo legal. Afinal, às vezes os mal-entendidos podem ser erroneamente considerados transgressões, não podem? E será que algumas das acusadoras não mentem? Os críticos costumam apontar para a "mentalidade de rebanho" do movimento. Inevitavelmente, apelou-se para a expressão *caça às bruxas*.

"Esse novo puritanismo imbuído de ódio pelos homens que chega com a onda do movimento #Me Too me preocupa. [...] Nada tem a ver com o fato de que todo ataque sexual e toda violência contra mulheres ou homens devem ser condenados e punidos. Mas a caça às bruxas deveria ser relegada à Idade Média", disse o cineasta Michael Haneke ao jornal alemão *Kurier* em fevereiro de 2018. O editor da *Rolling Stone* e o ator Liam Neeson chamaram o movimento de "um bocado de caça às bruxas". Woody Allen, também nada isento de alegações de abuso, alertou que o ataque contra Weinstein poderia gerar "um clima de caça às bruxas, um clima de Salem". A advogada de defesa de Bill Cosby, Kathleen Bliss, também se referiu às Condenações à Fogueira ao insinuar que o #MeToo foi o grande responsável pelas acusações contra Cosby. Em sua conclusão no tribunal, ela disse: "O poder dos revoltosos não é o devido processo legal. E assim como houve crimes horríveis em nossa história, também passamos por períodos horríveis em que a emoção, o ódio e o medo nos dominaram. Caça às bruxas. Linchamentos. Macarthismo [...] Quando você faz parte de um movimento baseado principalmente na emoção e na raiva, não muda coisa alguma".

Os defensores do #MeToo revidaram, afirmando que esse uso do termo *caça às bruxas* é mais um exemplo de como as pessoas são condicionadas a desacreditar as mulheres e a focar nos sentimentos dos acusados, mas não nos das vítimas. "É uma caça das bruxas. Sou Bruxa e estou caçando você" – essa foi a manchete do brilhante artigo de Lindy West na edição de outubro de 2017 do *New York Times*. Em seu texto, ela provoca homens como Woody Allen, que insistem em se posicionar como alvos inocentes de uma conspiração liderada por mulheres mentirosas. Termina o artigo dizendo: "As bruxas estão chegando, mas não para tirar sua vida, e sim o seu legado". Ao inverter o papel dos caçadores e das caçadas, ela repreende as pessoas que têm dúvidas quanto às histórias das mulheres, ao mesmo tempo que reapresenta a bruxa como uma vigilante contra predadores sexuais.

A atriz e comediante Amy Schumer também critica quem chama o movimento #MeToo de caça às bruxas, embora se incomode também com a semântica e não apenas com o sentimento. "Vocês se referem à época em que nos queimavam na fogueira sem o menor motivo? Não precisam ter pena de nós, mas usem um exemplo melhor", declarou ao vivo no BlogHer18 Creators Summit. Homens poderosos que usam a expressão *caça às bruxas* para definir as mulheres que *os* perseguem chega a ser engraçado, se pensarmos na origem do termo.

O apreço do presidente Trump pela expressão também é no mínimo problemático, para não dizer excessivo. Ele é fã dessas palavras desde 2011, quando as usou para desacreditar as alegações de assédio sexual contra o candidato à presidência na época, Herman Cain, dizendo: "Penso que é uma caça às bruxas muito ofensiva e muito injusta". Também candidato cinco anos depois, Trump usou a expressão em resposta à cobertura da mídia acerca das atividades financeiras fraudulentas de sua hoje extinta "escola de administração", a Universidade Trump: "A mídia está fazendo uma caça às bruxas contra mim. Reportagens falsas, muitas delas. Mas nós venceremos!" foi a mensagem de Trump no Twitter em 15 de maio de 2016.

Desde então, ele já disse *caça às bruxas* mais de 140 vezes naquela rede social, a maioria em 2018 e em referência à investigação por parte de Robert Mueller sobre o envolvimento da administração

Trump com a Rússia. Na verdade, ele cacareja "caça às bruxas" com tanta frequência que a conta no Twitter @WitchHuntTweets começou a classificar cada ocorrência. Em 14 de agosto de 2018, um exemplo dessas mensagens dizia: "ALERTA DE CAÇA ÀS BRUXAS. Esta é 106ª vez que o presidente Trump apela para a frase "Caça às Bruxas" no Twitter, a 86ª em 2018. Esta é a 11ª em agosto". Mas Trump não é a primeira pessoa no cargo mais alto do país a se considerar alvo de uma caça às bruxas: Richard Nixon também usou o termo ao se abrir com seus confidentes a respeito do Watergate.

O fato de homens no comando de indústrias e de instituições serem os que mais usam o termo é, no mínimo, irônico. Durante as caças às bruxas da Europa Ocidental e nas colônias da Nova Inglaterra, dezenas de milhares de pessoas – a maioria mulheres – foram perseguidas por bruxaria que muito provavelmente não praticavam e seus perseguidores eram indivíduos com muito mais poder que elas. Essas supostas bruxas eram, na verdade, vítimas de propaganda religiosa, paranoia, bodes expiatórios de *status* social e econômico mais baixo que os magistrados e líderes religiosos que as julgavam e, em muitos casos, as condenavam à morte sob acusações inteiramente falsas. Em contraste, há motivos de sobra para uma suspeita legítima, ou até a condenação flagrante, de muitos homens poderosíssimos que hoje se comportam como os aldeões injuriados de Salem. E embora corram o risco de ter a reputação queimada (perdão pelo trocadilho), não perderão a vida.

Hoje, a "caça às bruxas" não é apenas uma metáfora em referência a eventos anacrônicos. Ainda há muitos lugares no mundo onde o rótulo de bruxo/bruxa é uma questão de vida ou morte, e são calculados em milhares os assassinatos de pessoas acusadas todos os anos.

Infelizmente, embora não seja uma surpresa, as vítimas são, na maioria, mulheres. Muitas delas são viúvas, idosas ou com deficiência, embora a tragédia se abata sobre pessoas de todas as idades. E o padrão dos eventos é muito semelhante àqueles tempos do medo das bruxas na Europa e na Nova Inglaterra: alguém na comunidade adoece ou morre de uma doença "misteriosa", ou ocorre algum desastre natural ou infortúnio, e é culpa de uma "bruxa". Quase nunca essa bruxa é uma pessoa que se identifica como tal, mas de nada adianta ela negar: a acusação *é* a prova. Geralmente não há julgamento, e os castigos costumam ser executados por atores privados em aldeias isoladas, e não por funcionários do governo. A suposta bruxa é expulsa da comunidade, na melhor das hipóteses, ou submetida a atos brutais de violência ou homicídio, nos piores casos. Mutilação, surra, apedrejamento, fogueira e decapitação são algumas das pavorosas repercussões que sofre a pessoa acusada.

Cada vez mais ataques relacionados à bruxaria são relatados desde 2009, com ocorrências em toda a África subsaariana, incluindo Angola, Benin, Camarões, Nigéria, Quênia, República Centro-africana, Tanzânia, Gâmbia, Uganda, Essuatíni (antiga Suazilândia), Zimbábue e África do Sul. Quando não sofrem danos físicos extremos e execução, as pessoas acusadas costumam ser exiladas. Em 2009, a UNICEF calculou que havia cinquenta mil crianças em situação de rua no Congo, e 70% delas foram acusadas de bruxaria e expulsas em decorrência disso. Um elemento complicador é o fato de que, além das crenças indígenas, a disseminação do cristianismo também é o responsável por esse mal.

Nas palavras do Repórter Especial do Conselho de Direitos Humanos das Nações Unidas: "Enquanto os curandeiros tradicionais constantemente se envolvem na vitimização dessas crianças, relatos recentes também enfatizam o crescente papel de igrejas e de cultos que encorajam o exorcismo de 'espíritos malignos'". São muitos os paroquianos que resolvem cuidar pessoalmente da situação e expulsam pessoas que, segundo eles, estão "possuídas", incluindo até as crianças.

Em outros países, são as mulheres mais velhas as acusadas. Alguns teorizam que geralmente as viúvas são chamadas de bruxas por seus parentes, que tomam delas os bens ou as terras do marido falecido. Há também o fator da interpretação errônea de que demência ou doença mental geriátrica seriam sintomas de bruxaria. Seja qual for a causa, essas mulheres não têm escolha e precisam sair de onde moram. O problema é tão absurdo em Gana e na Zâmbia que esses países possuem "campos de bruxas", que oferecem refúgio às bruxas acusadas; sem esses lugares, elas sofreriam surras ou linchamento.

O filme de realismo mágico de 2017, *Eu não sou uma bruxa*, foi baseado na visita da diretora Rungano Nyoni a alguns desses campos, e ela expressou uma esperança de que o filme "mostre o absurdo de uma situação misógina". Algumas imagens do filme são inventadas, como as mulheres amarradas a carretéis gigantes de fita para não voarem. Mas essa cena é uma metáfora de como essas pessoas presas nos campos são confinadas na vida real. Sair deles é um convite à violência da própria família ou da comunidade. Essas mulheres não têm para onde ir.

Outros países com relatos recentes de ataques relacionados à bruxaria são Índia, Nepal, Indonésia, Peru e Colômbia. Na Arábia Saudita, a polícia tem uma Unidade Antibruxaria desde 2009, e a feitiçaria é considerada passível de pena de morte. Entre 2009 e 2012, a unidade reportou 801 casos de "crime por magia", com sentenças que vão desde chicotadas a muitos anos de prisão, e ao menos quatro pessoas foram condenadas à morte. Em março de 2018, cinco trabalhadores migrantes da Indonésia estavam no corredor da morte pela posse de *jikat* ou amuletos de boa sorte, que os oficiais sauditas consideram uma forma de magia do mal.

Em Papua-Nova Guiné, há uma crença muito popular na feitiçaria malévola – ou *sanguma*, como é conhecida lá – e a violência contra as supostas bruxas já alcançou proporções epidêmicas. Várias ONGs começaram campanhas locais em toda a região para ensinar aos cidadãos as causas médicas de doenças e morte, na esperança de que diminuam os ataques contra aqueles que são responsabilizados por lançar maldições nos doentes. Mesmo assim, só em 2013 foi repelida a Lei contra Feitiçaria de 1971 e, na sequência, foram criminalizadas as caças às bruxas. Esse foi, em grande parte, o resultado de um protesto internacional depois que veio à tona o caso de Kepari Leniata, uma jovem de vinte anos acusada de usar bruxaria para matar o filho de um vizinho; tiraram-lhe as roupas, cortaram-na com estiletes e a queimaram viva em uma esquina em Mount Hagen, enquanto centenas de pessoas assistiam. Para piorar as coisas, nenhum dos homens que torturaram e mataram Leniata foi acusado, embora a polícia estivesse presente no decorrer do episódio.

A repulsa subsequente à Lei contra Feitiçaria não provocou grandes mudanças, pois o país tem uma força policial menor que o número de cidadãos, além de um índice muito baixo de perpetradores sendo processados. Em 2017, cinco anos depois da morte de Leniata, sua filha de 6 anos também foi atacada com violência quando um homem em uma aldeia vizinha adoeceu. Acreditavam que ele fora amaldiçoado com *kaikai lewa* ("comer o coração"), um ato de bruxaria no qual a bruxa remove à distância o coração da vítima para ganhar sua virilidade. Como todos sabiam que a menina era filha de uma bruxa, foi considerada responsável, e durante cinco anos agrediram--na com facas quentes sobre a pele. Não fosse o resgate do missionário luterano Anton Lutz, da Fundação Tribal de Papua-Nova Guiné, provavelmente ela teria perdido a vida. Hoje a menina se esconde sob um nome falso, longe de onde morava.

Nos Estados Unidos, felizmente são muito poucos os relatos de incidentes de ataques físicos a bruxas ou supostas bruxas desde o século XVII. O Pânico Satânico dos anos 1980 e começo de 1990 provavelmente é o exemplo mais recente de perseguição em larga escala de pessoas que eram suspeitas de envolvimento em atividades ocultistas nefastas. Três casos específicos assinalaram o ápice do pânico.

Em Kern County, Califórnia, 36 pessoas foram condenadas e a maioria aprisionada após acusações de terem participado de um círculo de sexo pedófilo. Foi dito que elas cometiam abuso ritualístico satânico. Trinta e quatro dos 36 condenados em Kern County tiveram a sentença anulada, embora duas das pessoas presas tenham morrido na cadeia.

Em Manhattan Beach, Califórnia, quatro membros da família McMartin e três professores foram a julgamento por abusar de crianças na creche administrada pela família; e nos depoimentos das crianças, elas alegaram ter visto bruxas voando e disseram que grande parte dos abusos acontecia em uma rede de túneis subterrâneos. O caso McMartin foi descartado em 1990, depois de julgado durante seis anos – o caso mais longo e mais caro na história dos Estados Unidos até aquele ano.

E em West Memphis, Arkansas, três adolescentes foram acusados de atacar sexualmente e matar três meninos como parte de um ritual satânico. Damien Echols, Jessie Misskelley Jr. e Jason Baldwin

– ou o trio de West Memphis, como a mídia os apelidou – foram condenados. Misskelley e Baldwin receberam a sentença de prisão perpétua, e Misskelley recebeu mais duas sentenças de vinte anos cada. Echols foi condenado à morte. Após cumprir dezoito anos e 78 dias, os três homens apelaram da decisão com base no acordo Alford, o que significava que alegavam ser inocentes do crime, mas admitiam que havia evidência suficiente para provar que eram culpados além de uma dúvida razoável. Receberam, então, sentença retroativa à quantidade de anos que haviam cumprido, tendo dez anos suspensos da pena. Embora não estivessem tecnicamente libertos, o acordo os isentou da prisão. Os advogados dos homens prometeram apelar para a libertação completa.

Em cada um desses casos, o acusado perdeu anos de vida em julgamentos e/ou prisão, sem falar do grande prejuízo à sua reputação. Claro que essas condenações são exemplos extremos, e todas foram litigadas por meio de um sistema judiciário oficial, não com derramamento de sangue em uma praça pública. Mas são relevantes na discussão de como o medo público de magia pode ser custoso para indivíduos aos quais se atribui o poder de conjurá-la.

Ser chamada de bruxa hoje em dia pode não ser uma ameaça à vida em todas as comunidades, mas a palavra ainda indica uma forma de ataque. No discurso de Madonna quando aceitou a nomeação de Mulher do Ano pela Billboard Awards em 2016, ela afirmou que ao lançar o álbum *Erotica* e o livro *Sex*, foi atirada à lama, embora o músico Prince fizesse a mesma coisa na época, sem penalidade alguma: "Tudo que lia a meu respeito era negativo. Fui chamada de vagabunda e bruxa". E é aí que está o problema: a identidade de bruxa adquire significados muito diferentes se for autodenominada ou invocada pelos outros. Geralmente, quando a palavra é usada por outra pessoa, o objetivo é insultar, culpar, ferir ou envergonhar. Como já vimos tantas vezes, o alvo desse ataque é quase sempre uma mulher.

Algumas das pessoas que mais recebem o epíteto de *bruxa* são as mulheres envolvidas na política. Em um caso específico, o significado era literal: quando a candidata republicana de Delaware, Christine O'Donnell, apoiada pelo grupo republicano radical Tea Party, concorria para o senado em setembro de 2010, o apresentador de TV Bill Maher exibiu um trecho de seu programa de 1999, quando ela foi convidada e disse que teve um pé no ocultismo quando era mais jovem: "Mexi com bruxaria, mas nunca entrei para um *coven*. Mas, sim, mexi mesmo com bruxaria. Andava com pessoas que faziam essas coisas. Não estou inventando". Em seguida, ela descreveu um encontro amoroso no qual ela e o parceiro fizeram um piquenique à meia-noite em um altar satânico com "um pouco de sangue".

Maher ameaçou continuar mostrando vídeos constrangedores de O'Donnell até ela voltar ao seu programa. "É como uma crise com reféns", ele disse. "A cada semana que você não comparecer, jogo mais um corpo para fora." O referido vídeo foi muito prejudicial para ela, pois circulou em todos os noticiários nacionais e ganhou manchetes. Ela cancelou a ida a outros *talk shows* a fim de se recompor, e a dúvida se era ou não bruxa se estendeu por toda a campanha.

Os coordenadores resolveram amenizar a situação, lançando um dos mais notórios anúncios políticos da história dos Estados Unidos poucas semanas depois. No vídeo, O'Donnell está de pé diante do que parece ser uma muralha de nevoeiro preto e roxo, olha para a câmera e diz: "Não sou uma bruxa. Não sou nada do que estão falando. Sou você!", com um som delicado de piano ao fundo. Em vez de reparar danos, o vídeo levou os direitistas ao desespero e provocou gozações entre os esquerdistas. O programa *Saturday Night Live* se aproveitou da situação, com Kristen Wiig interpretando O'Donnell, no modo "*Quem muito desdenha...*", dizendo: "Sou como você, preciso negar sempre que sou bruxa. Não é isso que a população de Delaware merece? Uma candidata cuja principal promessa de campanha é não ser uma bruxa? É o tipo de candidato que Delaware não tem desde 1692!". O quadro do programa termina com a câmera mostrando Wiig em uma sala cheia de fantasmas e usando roupa de bruxa. O'Donnell perdeu a corrida para o adversário democrata Chris Coons, que obteve quase 57% dos votos, contra os 40% dela.

Eu me lembro de assistir à ruína de O'Donnell com sentimentos dúbios. Por um lado, achei bom ela não ter sido eleita, pois suas posições políticas e a estratégia de campanha eram abomináveis, na minha opinião. Por outro lado, detestei o fato de que a experiência da bruxaria moderna fosse usada para invalidar a legitimidade de uma pessoa como possível líder, embora os eventos "satânicos" que ela mencionou provavelmente fossem sensacionalistas, além de uma versão errônea do que é a bruxaria hoje em dia. Ela não precisava ser tripudiada como bruxa; suas ideias políticas já eram apavorantes o suficiente.

A alegria de Maher enquanto exibia o vídeo de O'Donnell descrevendo suas aventuras sombrias também me deixou profundamente desconfortável. Ele a humilha e chantageia, literalmente usando o linguajar de sequestradores que vitimam reféns. E ao escolher o passado de bruxa para humilhá-la no cenário público, Maher reproduz a retórica das perseguições às bruxas em toda a história: *Se você não se colocar à minha frente e confessar, sofrerá as consequências*.

No entanto, é preciso reconhecer que Maher, no fim, pediu perdão. Quando O'Donnell finalmente compareceu ao programa dele em 2012, Maher disse: "Sei que quando expus o seu vídeo sobre bruxaria fiz de sua vida um inferno, e peço desculpas por isso. [...] Não concordo com suas ideias, mas aquela baboseira de bruxas não deve ser levada em conta". Ela foi conciliatória e admitiu que parte da confusão tinha sido "um tiro que dei no pé", e que o "anúncio estúpido" foi um erro de campanha. O destino político de O'Donnell não melhorou muito depois desse programa, pois ela teve problemas financeiros com a IRS, a Receita Federal norte-americana. Em 2011, lançou um livro que expunha suas frustrações: *Troublemaker: Let's Do What It Takes to Make America Great Again* [Desordeira: Vamos Fazer de Tudo para que a América seja Grandiosa Novamente].

A maioria das servidoras públicas não precisava ter "mexido com bruxaria" para ser descrita como bruxa pelos adversários. Mulheres em todo o espectro político têm sido caricaturadas como bruxas em desenhos ou memes feitos com Photoshop. Qualquer pesquisa rápida *on-line* mostra Nancy Pelosi, Michelle Obama, Theresa May, Margaret Thatcher, Angela Merkel, Julia Gillard, Sarah Palin, Ruth Bader Ginsburg, Condoleezza Rice e Michele Bachman como alvos de transformações virtuais macabras. São retratadas com olhos amarelos brilhantes e uma compleição verde-limão, ou lançando feitiços enquanto usam chapéus pontudos de bruxa.

Talvez não seja surpresa que a principal figura pública mais retratada como bruxa nas pesquisas seja Hillary Clinton. Chamada de a Bruxa Malvada da Esquerda e A Bruxa Malvada da Ala Oeste, ela já acumula décadas de representação dos aspectos mais negativos do arquétipo. Se procurar "Hillary witch", você encontrará páginas e mais páginas mostrando-a como uma feiticeira maligna. Ela aparece montada em vassouras, mexendo um caldeirão e roubando sapatos de rubi. O rosto se transforma em algo grotesco, manipulado como se ela guinchasse, derretesse, planejasse esquemas nefários, ou estivesse possuída por demônios.

Houve até uma tentativa de rotulá-la como uma bruxa melhor: Hermione Granger. Afinal, as duas eram consideradas um tanto mandonas pelos meninos, mas também podem ser vistas como mulheres bem-sucedidas que lutam pelo bem. Como esclarece o criador do site Nerds for Her, Paul DeGeorge, à revista *Time*: "[...] Hermione é sempre a pessoa mais inteligente na sala, mas os outros falam por cima dela, como acontece com Hillary". E na peça teatral *Harry Potter e a Criança Amaldiçoada*, Hermione cresce e se torna Ministra da Magia, uma associação que alguns fãs de Hillary e de Harry Potter logo detectaram. Mesmo assim, a imagem da "bruxa má" de Hillary ofusca a de "bruxa boa". Uma pesquisa no Google por "Hillary Hermione" traz 850 mil resultados. "Hillary witch" abre mais de *nove milhões*, muitos acompanhados de imagens horrendas.

E as imagens são apenas a ponta do iceberg. Embora Hillary Clinton tenha sido alvo de zombarias horríveis em seu período de quarenta anos de vida pública, suas duas corridas presidenciais despertaram uma nova bateria de ataques pessoais perniciosos dos dois lados. Uma camiseta de 2008, com as fotos de Obama e Clinton dizia: BROS BEFORE HOES (os manos vêm antes das putas). Outra, oito anos depois, vinha com a frase: LIFE'S A BITCH: DON'T VOTE FOR ONE (a vida já é uma filha da puta: não vote em outra). Havia ainda as bonequinhas de Hillary Clinton com lâminas de aço inoxidável entre as pernas, e bótons de campanha com os dizeres: KFC HILLARY SPECIAL: 2 FAT THIGHS, 2 SMALL BREASTS ... LEFT WING (2 coxas gordas, 2 peitos pequenos... asa esquerda).

Difamá-la como bruxa virou parte dessa retórica.

Durante as primárias de 2016, alguns dos apoiadores do adversário de Hillary Clinton, Bernie Sanders, entoavam em público "Bern the Witch" (uma adaptação de "*Burn the Witch*", ou "queime a bruxa"), e alguns produtos de propaganda não oficial de Bernie continham essa frase e uma foto de Hillary voando em uma vassoura na frente da lua. Um evento "Bern the Witch" ao vivo foi organizado por um apoiador de Bernie Sanders e entrou para a página oficial do candidato, apesar de ter sido retirado pelos coordenadores de sua campanha quando ficaram sabendo. Sanders tentou se afastar desse segmento de sua base, dizendo à CNN em fevereiro de 2016: "Não queremos apoiadores que tenham essa atitude sexista. Eu não quero. Minha campanha não é assim".

Entretanto, ele não conseguiu eliminar a misoginia, pelo menos sob o ponto de vista de Hillary. Conforme ela escreve em suas memórias eleitorais, *What Happened* [O Que Aconteceu]: "Porque concordamos em tantos pontos, Bernie não podia usar um argumento contra mim nessa área da política, então precisou recorrer a insinuações, tentando questionar meu caráter. Alguns apoiadores dele, os autointitulados Bernie Bros, começaram a atacar meus apoiadores *on-line*. A coisa ficou feia e muito sexista".

Se ela estava certa ou errada ao dizer que esse foi um grande fator para sua derrota, de nada adiantou.

Enquanto Sanders talvez tenha denunciado as difamações ao caráter de Hillary Clinton, principalmente aquelas com base em gênero, seu adversário republicano, Donald Trump, encorajou seus apoiadores a pintá-la com um pincel pejorativo. O apelido de Crooked Hillary (Hillary Corrupta) é apenas um dos diversos insultos que ele inventou para associá-la à malevolência. Durante a campanha, Trump insistia em descrevê-la como uma vilã que merecia ser punida (e continuou com essa atitude na presidência). "Deve ser trancafiada" é uma das frases mais usadas pelos apoiadores de Trump nos comícios, e com tanta ênfase que podemos facilmente imaginar forcados nas mãos dos manifestantes. E no decorrer da campanha, ele próprio adotou a ideia. Em 12 de outubro de 2016, apesar da falta de evidências para sustentar as alegações, ele disse a uma multidão na Flórida que a "corrupção e as conspirações de Hillary Clinton são mais um motivo por que pedirei a meu procurador geral para que nomeie um promotor especial. [...] Ela tem de ser presa". Também insinuou que os proprietários de armas poderiam resolver a situação, e alguns interpretaram isso como uma sugestão velada de assassinato: "Hillary quer abolir, simplesmente abolir, a Segunda Emenda. [...] Se ela conseguir escolher os juízes, vocês, o povo, não poderão fazer nada. Mas talvez as pessoas ligadas à Segunda Emenda possam, não sei".

No último debate presidencial, em 19 de outubro de 2016, Hillary declarou que sendo ela e Trump americanos ricos, tanto os pagamentos de impostos dela quanto os dele deveriam aumentar, "se ele não bolar um meio de fugir". "Que mulher nefasta", foi a réplica de Trump, balançando a cabeça. Deveria ser um comentário pejorativo, mas as palavras se tornaram um grito de guerra para mulheres com tendências esquerdistas, que começaram a usá-las como um slogan da ousadia feminista. Logo a internet foi inundada de camisetas, chapéus, canecas e adesivos com os dizeres MULHER NEFASTA. Celebridades como Jessica Chastain, Katy Perry, Julia Louis-Dreyfuss e Will Ferrel apareceram usando acessórios com as mesmas palavras.

Essa transfiguração de insultos em palavras de honra é algo que os grupos oprimidos têm feito no decorrer da história. Muitas ofensas foram invertidas e assumidas justamente pelas pessoas às quais elas se dirigiam. Indivíduos atacados por violência verbal resolvem aplicar a si próprios os epítetos maldosos como um meio de desintoxicar as palavras e reforçar a dignidade e o poder de ação. Geralmente, o humor é um ingrediente importante dessa conversão. Se você consegue rir de uma coisa ou aprender a não levá-la a sério, diminui o poder dessa mesma coisa sobre você, e as feridas deixam de ser tão profundas.

No atual vernáculo ocidental, "mulher nefasta" e "bruxa" talvez sejam termos relativamente suaves, se comparados com alguns outros exemplos do discurso de ódio, mas muita gente ainda os usa para envergonhar ou assustar as mulheres e, claro, silenciá-las. Quando tais palavras viram uma piada interna do grupo vitimado, uma identidade corajosamente assumida, a intenção do agressor é anulada.

Na linguagem ocultista, há uma expressão que eu amo: *magia apotropaica*. Descreve encantamentos ou objetos mágicos cuja função é afastar o mal. Às vezes, um amuleto especial é usado, como um pedaço de obsidiana; ou um objeto como um espelho que serve para refletir de volta e afastar energias ruins. Geralmente, os apetrechos protetores se utilizam de aspectos dos próprios terrores que eles rechaçam. Criaturas grotescas como gárgulas e arcos funestos são colocadas em igrejas para afugentar seres malévolos. Na mitologia grega, a cabeça cortada da Medusa foi entregue à deusa Atena, que a afixou em seu escudo, e até hoje é usada em joias e obras arquitetônicas – sem falar no logo da Versace – associadas à proteção e ao poder feminino divino. Do mesmo modo, o amuleto *nazar* azul é um símbolo usado no mundo todo para evitar o olho gordo, e as monstruosas máscaras de Halloween tinham o intuito original de espantar os indesejáveis mortos-vivos. Quando corporificamos aquilo que achamos que nos fará mal, nos sentimos mais seguros: uma fantasia assustadora, uma estátua apavorante, uma decoração intencionalmente feia. Às vezes, basta uma afirmação: chamar a si próprio, por exemplo, de um nome monstruoso.

Como vimos, quando alguém se autodenomina "bruxa", pode haver numerosos significados, já que a palavra se estende, nos tempos atuais, para muito além da implicação espiritual. Mas, apesar das intenções fluídicas por trás dela, quando uma pessoa a usa hoje em dia para descrever a si mesma, provavelmente é um ato de autofortalecimento. Um indivíduo assume a palavra com todo o histórico aterrador dela e, ao fazê-lo, se torna mais forte e corajoso.

Geralmente esse truque mágico ocorre em duas etapas: primeiro, uma restauração; depois, uma redefinição. A restauração da bruxa como figura positiva pode ser vista em qualquer lugar agora, com lojas como a Urban Outfitters vendendo camisetas com a frase BRUXA NÃO MATE MINHA VIBE, enquanto a Starbucks faz Crystal Ball Frappuccinos (Frappuccinos Bola de Cristal) e os mais de três mil itens relacionados à bruxaria que são vendidos no Walmart.com, incluindo pentagramas, livros de feitiços e uma caneca de viagem com as palavras SIM, SOU BRUXA. VAI TER QUE ME ENGOLIR! A L'Oreal tem uma linha de maquiagem de bruxa chamada Wise Mystic, em colaboração com o *Project Runway*; e o primeiro perfume de Charlotte Tilbury, Scent of a Dream, foi inaugurado com um comercial que apresentava Kate Moss lançando um feitiço fragrante em uma multidão de dançarinas vestidas de preto e com muito *glitter*. Novas revistas de bruxaria como *Sabat*, *Ravenous Zine* e *Venefica*, da Catland Books, também entraram em cena, e cada uma tem uma estética editorial de luxo que rivaliza com as publicações de moda. Na mesma linha, novas plataformas de mídia como The Hoodwitch, Sanctuary e The Numinous surgiram para oferecer orientação astrológica, instruções de como lançar feitiços e dicas de estilo em bruxaria para multidões de leitoras devotas. A bruxaria está na moda.

Memes de bruxas também proliferam entre meus amigos místicos ou trouxas. "WITCH BETTER HAVE MY MONEY", grita um *gif* popular. "IT'S BRITNEY, WITCH", diz outro, com um clipe de Britney Spears montada em uma vassoura na frente da lua cheia. Meus amigos politicamente corretos vivem postando uma imagem de um filme da Disney de 1971, *Se Minha Cama Voasse*, com as palavras: "Esta é Eglantine Price. Eglantine aprendeu Bruxaria para combater os nazistas. Seja como ela. Lance uma maldição sobre os fascistas". Às vezes, me pergunto se a autora, Mary Norton, sabia a respeito da "Operação Cone de Poder", de Gardner, quando escreveu os livros nos quais o filme se baseou. Meu *gif* favorito é um de Winona Regan que mostra três bruxas gorduchinhas se divertindo muito no cemitério. E garanto que já foi útil em muitas situações.

Ser bruxa hoje não só é visto como algo bom, mas a própria definição de bruxa também recebe nova roupagem. Agora a palavra é usada em referência a qualquer mulher considerada uma violadora de regras, agitadora do mundo, pessoa que não leva desaforo para casa. A marca feminista Modern Women vende uma camiseta de BRUXAS FAMOSAS, com o rosto de mulheres incríveis como a ativista trans Marsha P. Johnson e a artista Yayoi Kusama. Lena Dunham se referiu à sua inclusão no círculo social de Taylor Swift de celebridades femininas como a entrada em "um *coven* de bruxas". Quando perguntei aos meus seguidores no Twitter quais eram suas bruxas negras favoritas, "Oprah" foi uma resposta frequente. (Devo explicar que a própria Oprah canalizou o arquétipo ao professar em público seu amor por Glinda, a Bruxa Boa, enquanto promovia sua personagem, a Sra. Qual ("Mrs. Which"), na adaptação para o cinema em 2018 de *Uma*

Dobra no Tempo. Além disso, a fala recorrente de Oprah sobre manifestar e vibrar em uma frequência mais alta tem um grande toque de bruxaria. Mas estou desviando do assunto.)

A cultura popular comenta e catalisa a aplicação dessa palavra. O episódio "Bruxas" de *Broad City*, em outubro de 2017, apresenta de uma maneira linda a tendência das garotas de usar a palavra para descrever mulheres independentes e realizadas. Depois de exibido, o episódio foi aclamado pela crítica e pelos fãs, que viram na adoção da bruxa interior uma metáfora significativa da necessidade de reforçar a soberania feminina diante do sexismo. Embora seja uma comédia, o espírito de "Bruxas" é de sinceridade e inspiração irreverente.

No começo do episódio, as personagens principais da série, Abbi e Ilana enfrentam, cada uma, dificuldades com determinado aspecto da vida. Abbi está desempregada, sem dinheiro e acha difícil a questão de ficar mais velha. Seu apartamento é gelado porque ela não pode comprar o aquecedor que deseja, e ela se lamenta ao descobrir o primeiro fio de cabelo grisalho. Quando faz cartões de Natal e tenta vendê-los na rua, a semelhança entre ela e uma velhota com aspecto de bruxa chamada Margot (interpretada pela legendária comediante Jane Curtin), na banca ao lado, deixa-a ainda mais preocupada com o futuro. Não se trata apenas de se sentir menos atraente, mas o problema são todos os indicadores externos de que ela não está onde esperava estar àquela altura da vida. Os desafios de Ilana também são corpóreos: a personagem, que costumava ter uma vida sexual saudável, não consegue ter um orgasmo desde que Trump foi eleito. Conforme ela revela à sua terapeuta sexual mais tarde, aumentar a dose dos antidepressivos para encarar o estado do mundo a deixou ainda menos sintonizada com seu corpo; e, além disso, sempre que ela fica excitada, seus pensamentos desviam para os horrores da presidência – um total desmancha-prazeres.

Os problemas das duas são resolvidos quando elas assumem suas bruxas interiores. A terapeuta sexual de Ilana a faz se lembrar de que ela é parte de um legado de mulheres poderosas. Enquanto se masturba, vêm-lhe à mente imagens de Maya Angelou, Sally Ride, Malala Yousafzai, Dolly Parton, Rosa Parks, Frida Kahlo, Harriet Tubman e muitas outras, até ela atingir o clímax. Por fim, o período de seca acaba. Abbi, na metade do tratamento com injeções cosméticas, percebe que cometeu um erro: geralmente se acha bonita como é e, além do mais, a própria dermatologista não consegue rir sem o pânico de que o próprio rosto cheio de Botox sofra as consequências. Abbi foge do consultório da médica sem terminar o procedimento.

Quando as duas mulheres se encontram, compartilham as novas revelações. Ilana conta a Abbi sobre sua visão explosiva de heroínas históricas e a percepção de que "[...] bruxas não são monstros, são apenas mulheres. Mulheres que gozam, que riem e que brincam à noite. E é por isso que as pessoas querem queimá-las, por causa da maldita inveja!". O episódio termina com uma cena em um *coven* no Central Park: um grupo de mulheres, incluindo Abbi, Ilana, a terapeuta sexual, a velhota Margot e até a dermatologista, se reúne diante do fogo para dançar, tocar tambor e uivar para a lua. A experiência de estar na companhia de mulheres poderosas dá a Ilana outro orgasmo: e este é tão forte que causa uma rachadura no meio da Trump Tower.

Como bruxa praticante e fã de comédia feminista inteligente, uivei também enquanto assistia ao episódio. Se a palavra *bruxa* servir para induzir mais pessoas a assumir seu amor-próprio, construir comunidade e combater o fascismo ao mesmo tempo, sou totalmente a favor dela.

A atual onda de bruxas na televisão tem mexido com o pensamento popular sobre quem são as bruxas de hoje e qual é a aparência delas. Não só houve na última década um aumento acentuado de programas de TV e filmes sobre bruxas, mas as faces das bruxas refletem maior diversidade.

Várias das bruxas na série *True Blood*, da HBO, eram interpretadas por atrizes negras; Angela Bassett assumiu o papel da rainha do vodu Marie Laveau em *American Horror Story: Coven*; e a principal personagem bruxa de *The Vampire Diaries*, Bonnie Bennett, foi interpretada por Kat Graham, descendente de liberianos e judeus russos. E programas mais recentes vêm aumentando conscientemente o número de magas e magos negros ou pardos. *O Mundo Sombrio de Sabrina*, da Netflix, apresenta atores negros em vários papéis de bruxo, incluindo o primo feiticeiro de Sabrina, Ambrose, e sua amiga/inimiga mágica Prudence. O séquito de bruxas tem também uma série nova chamada *Sempre Bruxa* (*Siempre Bruja*), sobre uma bruxa afro-colombiana que viaja no tempo. O remake de *Charmed* de 2018 traz atrizes negras no papel principal das três irmãs. As conselheiras do acampamento de bruxas da série de desenhos animados *Summer Camp Island* têm vários tons de pele em seu elenco, e há rumores de que a Rede ABC de Televisão trará de volta o icônico seriado *A Feiticeira*, dessa vez com uma atriz negra no papel de Samantha.

Nessa linha, muita coisa aconteceu desde os anos 1990, quando as únicas personagens bruxas homossexuais na cultura pop eram Willow e Tara, em *Buffy, A Caça-Vampiros*, e Foxglove e Hazel na série de quadrinhos *Sandman*. *Salem*, *Brujos* e *A Descoberta das Bruxas* são apenas alguns dos programas recentes que mostram relacionamentos de pessoas do mesmo sexo com tendências mágicas, e *O Mundo Sombrio de Sabrina* também teve diversas cenas em todo o espectro da sexualidade.

Outro programa genial, dessa vez um *reality show*, flerta com a bruxaria *queer*. *RuPaul's Drag Race*, vencedor do Emmy, cativou o coração do mundo todo – e o meu – com a celebração da autoaceitação e da criatividade ousada na comunidade das *drag queens*. O show de competição também apresenta muitos homens gays canalizando o espírito da bruxa. A vencedora da quarta temporada, Sharon Needles, apareceu pela primeira vez rosnando na tela com um vestido de cetim preto e chapéu preto pontudo, e declarou: "Pareço assustadora, mas sou muito boazinha!". A vencedora da nona temporada, Sasha Velour, usou em todos os episódios um colar com a plaquinha MAGICAL BITCH e, ao falar com a revista *HISKIND*, disse: "Quero parecer uma vampira mágica o tempo todo [...]". E no Twitter: "Sou bruxa mesmo. Quem é a próxima?", em resposta aos rumores de que todas as *drag queens* por ela tocadas recebiam uma maldição e eram eliminadas pouco depois.

Outra concorrente da nona temporada, Aja, é praticante de santeria, a religião afro-caribenha que envolve culto aos ancestrais e divindades ou orixás. No clipe musical de 2018 para sua canção "Brujería", Aja homenageia Iemanjá, a orixá do oceano e do amor materno, e também as mães de santo da santeria e as *brujas* de diversas culturas. A canção é permeada de alusões à bruxaria, com cada verso proclamando o vasto poder de Aja: "Direto do *coven* eu conjuro, invoco / balanço, espanto, sim, arraso mesmo", ela canta em forma de *rap*; mas logo depois garante que é "[...] tão deliciosa / mas nunca maldosa".

O próprio RuPaul não está longe do arquétipo da bruxa. Disse várias vezes que *O Mágico de Oz* era seu filme favorito, e no *podcast* explica como a série *A Feiticeira*, dos anos 1960, é importante para ele porque tem a ver com "seres espirituais tendo uma experiência humana". Segundo Ru, a personagem Samantha Stephens, uma bruxa que precisa fingir que é "normal" para se enquadrar nos padrões da sociedade, é uma metáfora do indivíduo que esconde as próprias habilidades para se tornar aceitável entre as pessoas de mentalidade fechada – situação que a comunidade das *drags* enfrenta. Em uma entrevista em 2017, RuPaul contou a Oprah Winfrey qual era sua cena favorita em *As Bruxas de Eastwick*: "[...] as três mulheres começam a levitar por causa do riso. Esse é o encantamento mais poderoso que você pode fazer". Ru também teve uma breve participação na série de comédia dos anos 1990, *Sabrina, a Bruxa Adolescente*, interpretando uma cabeleireira que, no fim, se revela como um juiz de bruxas.

Faz sentido alguém com uma carreira na arte da ilusão e do glamour das aparências mutáveis ter grande afinidade com as bruxas. Não sei se RuPaul alguma vez se referiu a si próprio como bruxo ou bruxa. Um homem negro gay, que costuma quebrar as regras de gênero e identidade, com um programa cuja mensagem principal é sobre transformar dor em orgulho, RuPaul é uma Grande Bruxa honorária, em minha opinião. Como ele mesmo disse à *Vulture* em 2016, quando perguntado sobre a função de uma *drag*: "É a mesma desde o princípio dos tempos, quando os xamãs, os médicos-bruxos ou os bobos da corte eram as *drags*. Ou seja, é a função de dizer à cultura que ela não precisa se levar a sério". Em um sentido semelhante, as *drag queens* e as bruxas modernas assumem identidades que antes eram consideradas vergonhosas, e as transformam em novos chamarizes da bela desobediência.

Tudo isso é um estimulante desvio de curso, pois anuncia uma era de contação de histórias mais inclusivas, e também porque os telespectadores homossexuais ou negros, ou ambos, conseguem se identificar em um arquétipo poderoso que geralmente é retratado como heterossexual e branco. Também é mais verdadeiro, pois as pessoas marginalizadas procuram a bruxaria porque ela lhes permite acesso a algum poder e faz com que se sintam celebradas, sagradas, em uma sociedade que questiona seu valor e as ameaça diariamente. A maior visibilidade das bruxas LGBTQIA+ e das bruxas negras mostra que a magia vem em todas as cores e orientações.

Embora o interesse público pelas bruxas esteja crescendo, e a aplicação mais ampla da palavra *bruxa* possa ocorrer com a melhor das intenções, as coisas se complicam ainda mais quando pensamos em quem se identifica como bruxo ou bruxa por razões religiosas. Deixando de lado a narrativa na cultura pop e nas declarações públicas, *bruxa* é uma palavra que hoje em dia se refere a centenas de milhares, ou até milhões, de wiccanos, pagãos e outros praticantes da bruxaria moderna, e os números parecem aumentar rapidamente. Nem todas essas pessoas usam a palavra *bruxa* para se autodescrever, claro, mas muitas sim. Além disso, algumas adeptas insistem em escrever "Bruxa" com B maiúsculo, como fazem muitos "Cristãos", "Muçulmanos" ou "Judeus": um indicativo de que lutaram com empenho para que sua crença fosse reconhecida como religião válida e, portanto, protegida por lei. Em 2007, o pentáculo wiccano (uma estrela de cinco pontas dentro de um círculo) se tornou um símbolo aprovado oficialmente para as lápides militares de veteranos falecidos, e o exército dos Estados Unidos inclui Wicca no manual do capelão, *Requisitos e Práticas Religiosas de Determinados Grupos Seletos*, desde 1990.

Em 2008, a Pesquisa de Identificação Religiosa Norte-Americana calculou que havia aproximadamente 682 mil adultos wiccanos e pagãos só nos Estados Unidos, e essa cifra aumenta se forem incluídos adolescentes. Esse número mais que duplicou em sete anos, desde a primeira pesquisa em 2001, e muitos artigos afirmam que a religião Wicca é "a que cresce mais rápido na América", embora não fique claro qual foi a base estatística para essa informação. Mesmo assim, é uma narrativa que se tornou popular. "Há mais bruxas que presbiterianos nos Estados Unidos", declara uma manchete do ChristianPost.com de outubro de 2018. E o artigo de Ross Douthat, "O Retorno do Paganismo", na edição de 12 de dezembro do *New York Times*, afirma: "[...] talvez logo existam nos Estados Unidos mais bruxas que membros da Igreja Unida de Cristo". Muitas dessas afirmações apontam para um artigo publicado na plataforma Quartzy de outubro de 2018 que cita um estudo do Centro de Pesquisa Pew de 2014 e declara: "[...] 0,4% dos norte-americanos, ou seja, cerca de 1 a 1,5 milhão de pessoas, se identifica como wiccanos ou pagãos". Na verdade, o Estudo Panorâmico Religioso do Pew ao qual o artigo se refere indicava que a cifra era de 0,3%, mas mesmo assim seria em torno de 1,3 milhão de norte-americanos.

Provavelmente com a popularidade da bruxaria em alta desde o momento da pesquisa, esse número é maior hoje. Também devemos observar que se trata de uma comunidade internacional, tão livre quanto se possa imaginar. Em 2011, dados de um recenseamento mostravam que mais de 56 mil pessoas na Inglaterra e no País de Gales se identificavam como bruxas ou bruxos, e mais de 32 mil na Austrália; e penso que também nesses países os números tenham crescido nos anos subsequentes.

De qualquer forma, é muito difícil quantificar o número de pessoas que seguem alguma forma de espiritualidade pagã e/ou algum tipo de bruxaria, por várias razões.

Em primeiro lugar, a prática de bruxaria é descentralizada, um dos motivos por que tanta gente é atraída por ela. Não há um órgão religioso governante para calcular a quantidade de membros; aliás, como bem sabemos, muitas pessoas praticam bruxaria sozinhas e não em "congregações". Não é preciso pagar taxas e existem muito poucos locais chamados oficialmente de pagãos: a maioria dos rituais ocorre ao ar livre, em espaços temporários ou nas casas das pessoas. Um pequeno bosque, uma estátua em um museu de arte e um altar improvisado no quarto podem ser lugares sagrados, segundo a perspectiva pagã; portanto, não há registros de frequência.

Em segundo lugar, a verbosidade do paganismo é um tanto informal: embora tecnicamente todos os wiccanos sejam considerados pagãos, nem todos os pagãos são wiccanos. Há os druidas, por exemplo (ou neodruidas, como às vezes são chamados), bem como os seguidores de diversas religiões reconstrucionistas que aderem às mais variadas tradições politeístas que existiam antes de Cristo. E o que é mais confuso: algumas bruxas modernas, como eu, consideram-se pagãs, mas não wiccanas. E conheço muitas que não usam uma palavra nem outra, mas se consideram bruxas no sentido espiritual. Os autores das pesquisas religiosas frequentemente aglutinam uma orientação espiritual vasta e variada em um único léxico descritivo muito limitado.

Por fim, muitas pessoas praticam alguma forma de bruxaria, mas não revelam suas crenças em público por medo de sofrer preconceito ou discriminação por parte de membros da família, dos amigos, dos empregadores ou até da sociedade em geral. O uso da palavra *bruxa* como identificador pessoal pode estar na moda agora, nos espaços destinados às mentes progressistas, mas como já vimos, ainda é um termo muito mal interpretado e erroneamente associado com comportamentos literalmente diabólicos.

Quando alguém se autodescreve como bruxa para fazer uma declaração subversiva está agindo de uma forma totalmente válida e até libertadora. Mas é diferente quando alguém usa o termo para dizer que pratica realmente algum tipo de magia, ou segue uma espiritualidade pagã. Ainda existem muitos contextos no Ocidente em que declarar crença em bruxaria é submeter-se à desconfiança ou à má interpretação na melhor das hipóteses, ou a acusações de blasfêmia, instabilidade mental ou malignidade, na pior delas. Conheço pessoas que só praticam bruxaria em segredo, por medo de perder o emprego ou a custódia dos filhos, ou ainda de serem rechaçadas por amigos e familiares. As pessoas que escolhem falar de sua vida de magia o fazem com cautela, tanto nas interações diárias no trabalho ou em eventos sociais quanto nas respostas a uma simples pesquisa sobre preferência religiosa. Embora eu, hoje mais velha, me sinta à vontade para me declarar bruxa com todas as letras, entendo por que tantas pessoas continuam mantendo essa parte de sua identidade velada. As sombras podem parecer assustadoras, mas às vezes são o lugar mais seguro para quem vive nelas.

Enfim, toda essa moda de bruxaria culmina na pergunta: quem usa a palavra *bruxa*? Bem, pelo que vimos até agora, quem quiser. Mas assim como acontece com todo nicho que ganha proeminência, há resultados dúbios e opiniões conflitantes acerca de ideias de autenticidade e titularidade.

Conheço vários praticantes de bruxaria que se incomodam com a comercialização crescente de suas crenças. Uma amiga disse no X: "Como se tornar bruxa em uma única etapa: pratique bruxaria".

Também já vi pessoas estremecerem diante do fato de que um arquétipo tão profundamente ligado à marginalização possa ser usado por pessoas que representam o tipo de privilégio e *status* ao qual as bruxas se opõem. Outra amiga minha postou há pouco tempo uma foto dela no Facebook com as palavras: "Quando você se depara com as garotinhas burguesas da escola dizendo que são bruxas", junto à imagem de Fairuza Balk (uma das atrizes de *Jovens Bruxas*), com uma expressão de censura.

Por outro lado, conheço muitos pagãos e wiccanos das antigas que têm um senso de humor sadio com relação a isso. Após passarem pelos altos e baixos da tal onda de bruxaria ao longo dos anos, eles gostam de ver "novas" descobertas ou reinterpretações de uma prática da qual participam há décadas.

Compreendo essas atitudes variadas porque também senti boa parte desses conflitos em momentos diversos de minha vida, e principalmente agora que a conversa sobre bruxas atinge um auge febril.

Em 2013, escrevi um artigo declarando que aquele era o "Ano da Bruxa". Queria associar o número 13 com as mulheres rebeldes, mas também assinalar um momento em que a imagem da bruxa parecia estar em todos os lugares e sua relação com o feminismo se acentuava. Da noite para o dia, esse meu antigo interesse parecia ter voltado, e uma grande parte de mim se animava. Era importante para nós como sociedade destacar mulheres fortes e complexas, eu pensava, além de ser divertido. Super-heróis, zumbis e vampiros já recebiam muita atenção. Era hora de nós, bruxas, ganharmos o holofote – ou até o palco inteiro. Eu amava os livros e filmes mais recentes que apresentavam mulheres da magia com pensamentos independentes, navegantes das águas revoltas que eram o ambiente de uma pessoa com poderes que os outros julgavam ameaçadores.

Devo dizer que também estava um pouco ressabiada. Lembrei--me dos tempos em que minha banda de rock favorita da faculdade, os Yeah Yeah Yeahs, tinha se tornado subitamente muito, muito famosa. Fiquei feliz por eles, pois significava que eram reconhecidos e compensados, o que para mim valia muito. Mas também temia que a música da banda perdesse a qualidade. Ter mais fãs que os amavam era uma realidade que poderia minar a magia, pois talvez a banda tentasse agradar um público maior e seguir as diretrizes da gravadora. E para ser sincera, eu tinha medo de que eu e outros devotos "verdadeiros" fôssemos esquecidos. Afinal, tinha sido nosso amor, nossa atenção, que tinha ajudado a banda a dar o pontapé inicial.

Medos à parte, de uma maneira bem real, não podia mais ver os shows deles em bares pequenos e apertados para no máximo sessenta pessoas. Meu reconhecimento de que eram especiais me fazia sentir especial também. E quando milhões de outras pessoas descobrissem minha descoberta... Bem, eles já não pertenceriam somente a mim.

De tempos em tempos, vejo bruxas espirituais nessa posição defensiva, e ouço-as expressar um desprazer quando algo tão importante para elas se torna comercializado e cooptado.

Quando a Sephora anunciou que venderia um Starter Witch Kit da marca de beleza Pinrose, contendo um baralho de tarô, um cristal de quartzo rosa, um punhado de sálvia branca e diversos perfumes, algumas bruxas praticantes ficaram tão furiosas que os planos foram cancelados. A Pinrose emitiu um pedido formal de desculpas:

> *Em primeiro lugar, pedimos sinceras desculpas àquelas que expressaram sua decepção e se ofenderam com o produto. Não foi nossa intenção. Nós lhes agradecemos por compartilharem conosco seus*

sentimentos. Nós as respeitamos. Não fabricaremos nem venderemos esse produto.

Nossa intenção para o produto era criar algo que celebrasse o bem-estar, a cerimônia pessoal, e o desejo de usar uma fragrância como ritual de beleza.

Entre a inclusão no kit da sálvia branca (cuja colheita é exagerada e pode ser considerada apropriação ofensiva das práticas dos nativos norte-americanos), a insinuação no nome de que qualquer pessoa pode virar bruxa de uma hora para outra e o fato de uma entidade corporativa – não uma bruxa – ter elaborado o produto, havia vários pontos negativos na ideia. Compreendo perfeitamente e percebo por que algumas pessoas se irritaram. Os fabricantes deviam ter agido com mais tato.

Mas justiça seja feita: muitas outras lojas comuns vendem todo tipo de artefato de bruxaria há décadas, e tenho certeza de que nem todos esses itens foram produzidos ou examinados por praticantes reais. E é aí que as coisas se confundem, pois parece que as definições de "bruxa de verdade" mudam constantemente. Na verdade, ninguém é dono das bruxas, assim como ninguém era dono da minha banda de rock favorita. Minha identidade como membro da comunidade da banda – ou do *coven*, se você preferir – é pessoal e indelével e ninguém pode tirá-la de mim. Mas também sei que a música deles é livre para qualquer um ouvir e dançar.

Descobri também que a bruxa tem a tendência de alcançar aqueles que precisam ser alcançados, e esse é um motivo pelo qual o som de seus tambores é cada vez mais alto. Creio que as pessoas precisam das bruxas mais do que nunca, seja como figura sagrada, como afirmação do feminismo ou para um pouco de diversão.

Além disso, como vimos, nosso caso de amor com as bruxas não é novo. A bruxa é uma figura que as pessoas não ortodoxas adotam há séculos, nos sentidos espiritual, cultural e político. É uma identidade que as mulheres não convencionais, principalmente as artistas, assumiram de bom grado, seja a bruxaria de cada uma delas literal ou metafórica.

Já declarei meu amor por cinco artistas visuais mágicas neste livro, mas há muitas outras cujas obras e vestimentas canalizaram a bruxa, como Ithell Colquhoun, Leonor Fini, Rosaleen Norton, Marjorie Cameron e Vali Myers, sem mencionar as que ainda estão entre nós, como Betye Saar, Judy Chicago, Kiki Smith e Cindy Sherman, entre outras. E foi um passo positivo o fato de que, à medida que as mulheres ganham mais espaço para sua voz, muitas poetisas começam a invocar bruxas em suas obras, com o intuito de expressar algo verdadeiro e específico sobre elas mesmas.

Edna St. Vincent Millay, feminista sem papas na língua, escreveu o seguinte em seu poema "Witch-Wife" [Esposa Bruxa]: "Mas ela não foi feita para nenhum homem / E nunca será toda minha". Muitas pessoas, inclusive a biógrafa de Millay, Nancy Milford, presumiram que ela se referia a si própria. Se pensarmos que o poema foi escrito em 1917, três anos antes do direito de voto conquistado pelas mulheres nos EUA, vemos que esse autorretrato de bruxa representa uma mulher à frente de seu tempo que enxerga uma vida de libertação e autodeterminação.

As dificuldades com a saúde mental de Sylvia Plath, muito bem documentadas, se insinuam em seu poema de 1959, "Witch Burning"

[Bruxa em Chamas]. À primeira vista, é sobre uma bruxa condenada à morte em uma pira, mas também pode ser interpretado como uma metáfora de ser consumida pelas chamas da depressão: "Meus tornozelos brilham. O fulgor por minhas pernas reluz. / Estou perdida, estou perdida, nas chamas dessa luz".

O fato de Plath ter mexido com Ouija para escrever poesia, e de ter lançado um feitiço para amaldiçoar seu marido, Ted Hughes, por tê-la abandonado por outra mulher – tudo antes de Plath cometer suicídio – acrescenta, em retrospectiva, um véu de aura trágica ao poema.

A poetisa Audre Lorde utiliza a bruxa como emblema de sua condição de lésbica negra no poema de 1978, "A Woman Speaks" [Uma Mulher Fala]. Ela se autodescreve como "[...] traiçoeira com a magia antiga" e termina proclamando: "Eu sou / mulher / e não branca".

E no poema "crepuscular" de Anne Waldman, já na era Trump, ela induz o leitor a se engajar no ativismo marcado por bruxaria e "praticar desobediência como só um *coven* poderia".

Há também aquelas poetisas que são mais claras na relação entre bruxaria e a arte da palavra. Anne Sexton escreveu sobre sua identidade de bruxa em diversas ocasiões, sendo a mais famosa no poema "Her Kind" [Sua Espécie], que começa assim: "Saí mundo afora, uma bruxa possuída, / a assombrar o ar negro, mais ousada à noite; [...]". Um poema posterior, "The Gold Key" [A chave dourada], é a introdução de seus livros de poemas sobre fadas, *Transformations* [Transformações], e reflete sobre a comparação mais óbvia entre bruxas e escritoras, dizendo: "A oradora, neste caso / é uma bruxa de meia-idade, eu – / [...] pronta para lhes contar uma ou duas histórias".

E o poema "Spelling" [Enfeitiçando], de Margaret Atwood, é sobre a relação entre linguagem e atuação feminina, repleto de imagens de bruxaria. Ela começa o poema descrevendo sua filha, que brinca com letras plásticas no chão para aprender a "fazer feitiços". Atwood alude ao modo como as mulheres foram tolhidas pela sociedade, ou durante as guerras, ou durante as caças às bruxas. No poema, a fala e a escrita são ferramentas de libertação: "Uma palavra depois de outra / depois de outra / é poder".

A metáfora da bruxa e escritora é particularmente apropriada se levarmos em conta que as palavras *gramática* e *grimório* brotam da mesma semente etimológica.

A bruxa tem sido um símbolo também para as musicistas, principalmente aquelas que são consideradas naturalmente extravagantes pelo fato de ousarem colocar à frente de tudo suas próprias identidades e músicas. Penso nas estrelas do rock dos anos 1970 e 1980 que recorriam à bruxa ou se tornavam bruxas em atos de magia sonora: Stevie Nicks (vocalista da banda Fleetwood Mac), envolta em xales e cantando sobre voos noturnos e visões do cristal. A genial, porém considerada maligna, Yoko Ono, ao cantar: ""Yes, I'm a witch / I'm a bitch / I don't care what you say" (Sim, sou bruxa / sou uma vagabunda, não ligo para o que você diz", e a afirmação de Grace Jones de que preferiria "ser uma vagabunda, basta olhar para mim / ser uma bruxa é o que eu preferiria ser" ("*rather be a bitch, just look at me / Bein' a witch is what I'd rather be*"), na canção "Sinning" [Pecando]. Patti Smith pálida e com os cabelos espetados, com aspecto de "uma gralha gótica" na arte de Salvador Dalí, e afirmando que "Jesus morreu pelos pecados de alguém, mas não os meus" ("*Jesus died for somebody's sins but not mine*"). Chrissie Hynde venerando "the maid and the mother / and the crone that's grown old" (a donzela e a mãe / e a velhota que envelheceu") na ode à deusa "Hymn to Her" [Hino a Ela], dos Pretenders (banda de Chrissie). Siouxsie Sioux com sombra preta nos olhos, que aparece como uma gata preta e se transforma em um espectro da floresta no vídeo de "Spellbound" [Enfeitiçada]. Kate Bush acordando suas bruxas com um grito e sendo perseguida pelos noturnos Cães do Amor em "Hounds of Love". Em uma indústria tão dominada pelos homens, não podemos estranhar que essas mulheres se sentissem forasteiras. Apresentar-se como bruxa era um modo de transformar uma inconveniência em uma espécie de força, além do fato de as imagens do oculto funcionarem bem em um meio que prospera com visuais chocantes nas capas dos discos, em videoclipes e shows ao vivo.

Descobri meus oráculos auditivos ao mesmo tempo que comecei a mexer com bruxaria. Quando fazia excursões em busca das lojas alternativas nos anos 1990, também procurava outra espécie de magia. Aquelas cidades distantes eram os lugares onde eu achava os álbuns mais raros e CDs importados dos meus músicos favoritos cujas músicas eu devorava. Excursões ao *campus* da Universidade Rutgers em New Brunswick ou, o melhor de todos, a Tower Records, em Nova York, me ofereciam a trilha sonora da minha vida florescente de devoção mitológica. Os lados B e os discos piratas de Tori Amos, PJ Harvey e Björk eram difíceis de encontrar na época, e quando eu me deparava com uma música nova delas sentia como se tivesse encontrado um feitiço perdido em um códice velho e empoeirado.

Quando olho para trás agora, percebo que aquelas três musicistas me deram uma amostra artística do que era ser uma bruxa moderna. As três eram excêntricas assumidas e faziam referências ao paganismo e ao poder, com seus hinos uivantes à sexualidade feminina. Compunham as próprias músicas e as cantavam com toda a força dos seus pulmões. Usavam maquiagem exagerada, roupas exuberantes e expressões de glamour. Embora eu as achasse estonteantes, nenhuma delas era "bonita" no sentido convencional. A beleza das três era grande, poderosa e perturbadora.

Não é exagero dizer que a primeira vez que ouvi Tori Amos, fiquei aterrorizada. Estava no quinto ano e minha melhor amiga, Jenny, tocou para mim *Little Earthquakes*, um álbum que lhe foi dado por seu irmão mais velho, Travis, e ela logo se apaixonou. Na época, meu consumo musical consistia basicamente em sucessos como "Finally" e "The Promise of a New Day", a trilha sonora do musical *Pippin* da minha mãe e qualquer musiquinha calma que o Strathmore Pool Club tocasse nos alto-falantes naquele verão.

Estava totalmente despreparada para aquele espectro cantante com cabelos cor de fogo que se contorcia no banco do piano como uma possuída. Tori criou ondas de choque por todo o meu circuito pré-pubescente, e fiquei ao mesmo tempo atônita e apavorada, sem saber muito bem o que pensar. Corri de volta aos braços reconfortantes de CeCe Peniston e Paula Abdul (cujo álbum na época, aliás, tinha o título de *Spellbound* – enfeitiçada – embora as conotações de bruxaria se limitassem à faixa-título).

Depois que minha identidade mais mundana do sexto ano tomou conta, comecei a amar Tori, fiquei obcecada, e ouvia o disco sem parar. Rabiscava as letras das músicas nos cadernos da escola, aprendi a tocar "Silent All These Years" no piano, e cantava para um ouvinte imaginário "Hand me my leather". Não tinha certeza do que a palavra "*leather*" (couro) no título significava, e não entendia o verso "So you can make me come / that doesn't make you Jesus" (só porque você me faz gozar, isso não quer dizer que é Jesus). Mas sabia que aquela era uma mulher que cantava a respeito de desejo, perda, magia e dor. Era uma compositora inventiva cujas letras enigmáticas inundavam minha psique como uma poção. O mundo dela era o das sereias que usavam denim e "rosas pretas com asas que podiam mudar de cor". Mas Tori também cantava abertamente sobre tabus como o abuso sexual, menstruação e o ato de fundar uma religião própria. Ela era a Alta Sacerdotisa da Impropriedade, e eu sua discípula devota.

Vieram em seguida outros casos de amor. Fiquei apaixonada pela voz fantasmagórica de Björk e suas canções sobre "Venus as a Boy" (Vênus como um garoto) e como ser "casada comigo mesma". Dançava em meu quarto enquanto ouvia PJ Harvey com seus hinos vaginais – "Sheela-na-gig" – à deusa e serenatas de amor ao luar. Artistas como Rasputina, Portishead e Mazzy Star chegaram pouco depois, mas foram aquelas três primeiras que me mostraram que a música podia ser estrondosa e bela, cheia de incandescência feminina.

Muitas musicistas atuais parecem versões de uma nova geração de bruxas que me ajudaram a moldar minha identidade pessoal jovem. Florence and the Machine, Grimes, Lana Del Rey e Chelsea Wolfe fazem alusões ao arquétipo de bruxa por meio de imagem e som, quando não o corporificam inteiramente. Princess Nokia costura referências à bruxaria em seu single "Brujas", e o vídeo da música mostra grupos de mulheres em rituais das tradições iorubá e da Wicca. Lorde afirma: "Não tenho medo de fantasmas ou espíritos. Basicamente, sou uma bruxa", e costuma vestir roupas pretas reluzentes. Azealia Banks começa a canção "Yung Rapunxel" com o verso "Who's cooler than a witch" (quem é mais legal que uma bruxa) e o vídeo a mostra fazendo um *rap* em uma montagem com corujas, globos oculares e luas crescentes. Banks também declarou que pratica bruxaria e despertou muita polêmica com grupos de defesa animal quando postou um vídeo no Instagram em que ela limpa o que parecem os vestígios de galinhas sacrificadas durante "três anos de *brujeria*". A artista de Gana, Azizaa, se identifica como "Um Coração Selvagem.

Compositora. Bruxa..." de acordo com sua biografia em uma rede social, e seus singles "Black Magic Woman" e "Voodoo Pussy" são ao mesmo tempo permeados de magia e empoderamento. Já a artista Witch Prophet faz músicas hipnóticas sobre manifestações e destino cósmico que combinam com seu nome etéreo (que seria "Profeta Bruxa").

Cada uma dessas musicistas é extremamente talentosa e única, e sei que minha comparação da cantora Bat for Lashes com Tori Amos, por exemplo, deixa alguns fãs na defensiva, como me senti quando me disseram que Tori era "só mais uma Kate Bush". De qualquer forma, todas são amostras de um tecido semelhante. O fato de surgirem mais musicistas com tendência para a bruxaria mostra como o arquétipo é um símbolo eficaz de rebelião, criatividade e autonomia feminina.

E não me surpreendo ao ver grandes sucessos da música pop mergulharem os pés nas águas das bruxas também. Katy Perry, com capa roxa, dançou em uma bola de cristal gigante e assombrou um cenário de floresta ao cantar "Dark Horse" na cerimônia de premiação do 56º Grammy em 2014. As brincadeiras teatrais de Katy talvez tenham sido convincentes demais para algumas pessoas, pois mais tarde ela se envolveu em uma série de processos legais quando tentou comprar em Los Angeles um convento de um grupo de freiras católicas que se recusaram a vendê-lo à cantora. Disseram que não aprovavam o estilo de vida e os vídeos dela, pois sabiam que Katy tinha participado da Passeata das Bruxas em Salem também em 2014, o que evidenciava que ela era praticante de magia negra. Uma das irmãs teria dito: "Sinto muito, mas não faço bruxaria e não gosto de quem faz. É algo que me perturba e o convento era nossa casa e nosso retiro; é um local sagrado".

Katy Perry garantiu às irmãs que não era bruxa de verdade, e que pretendia usá-lo como moradia para ela mesma, a mãe e a avó, e gostaria de se sentar no jardim, meditar e tomar chá verde. Enquanto escrevo isto, a venda continua pendente.

Lady Gaga se identifica há muito tempo com o feminino sombrio, e se refere aos fãs como "monstrinhos", enquanto ela seria a "Mãe Monstro". Adotou uma estética chocante ao longo de toda a sua carreira e já usou diversos trajes próprios de bruxa, tanto no palco quanto fora dele. Quando conheceu o fundador da WikiLeaks, Julian Assange, em outubro de 2012, a CNN informou que "ela estava fantasiada de bruxa, com um vestido preto e um chapéu de bruxa para combinar"; vestido que, na verdade, era da coleção de Hedi Slimane para Yves Saint Laurent na temporada de moda daquele ano. Em maio de 2016, Lady Gaga postou um vídeo no Instagram em que ela dança enquanto ouve a canção do Radiohead, "Burn the Witch", com as legendas: "Essa música me toca em um nível espiritual profundo como mulher. Obrigada RADIOHEAD [*sic*]". Mais tarde, naquele mesmo ano, ela interpretou uma bruxa imortal em *American Horror Story: Roanoke*, uma personagem que o criador da série, Ryan Murphy, considerou "a Original Suprema" de todas as bruxas da série.

O álbum visual de Beyoncé em 2016, *Lemonade*, é repleto de imagens de transformação e cura espiritual próprias da experiência da mulher negra. No vídeo "Hold Up", ela canaliza Oxum usando trajes dourados; é a divindade iorubá da água, beleza e sexo; e em "Formation", usa um chapéu preto de aba larga e aponta os dois dedos do meio para o céu, em um gesto de provocação. Imagens de mulheres negras reunidas em grupos no decorrer do clipe evocam um matriarcado e um *coven* ao mesmo tempo; e temas dolorosos de infidelidade, racismo e sexismo estão envoltos em uma opulência sobrenatural. Embora muita gente veja Beyoncé como uma bruxa poderosa no sentido simbólico, as crenças espirituais da cantora nada têm a ver com essa postura. Nas palavras de Omise'eke Natasha Tinsley para a revista *Time*: "A visão de Beyoncé sobre a vingança divina das mulheres negras [...] não é uma confissão de suas práticas ocultas. A sua representação de mulheres negras recorrendo a poderes sobrenaturais com o objetivo de corrigir erros reforça os legados feministas africanos de protesto contra injustiça social". *Lemonade* é um feitiço de elevação para ela mesma e para outras mulheres iguais a ela, que estão transformando feridas em asas.

Pode haver muitos sentimentos conflitantes acerca das bruxas na atualidade. Mas uma coisa eu digo: um resultado muito positivo da crescente popularidade do arquétipo é que ele tem trazido uma onda de viajantes curiosas e com a coragem de caminhar pela trilha da bruxa sem justificativas ou medo. Mais pessoas agitando seus emblemas sobrenaturais significa que podemos nos localizar de um modo mais fácil, e a partir daí formar alianças baseadas em valores compartilhados e fascinações dissidentes. E quanto mais pessoas como nós celebrarem as bruxas, menos tripudiadas elas se tornarão, ainda que seja pouco a pouco. Isso me traz uma esperança enorme do surgimento de uma sociedade que de fato valorize o poder feminino, e que não apenas elogie a santidade da natureza e do corpo, mas que trabalhe de forma ativa para que nenhum dos dois sofra qualquer mal. Sejam elas figuras espirituais transformadoras, símbolos culturais que provocam rebeldia ou personagens complexas e encantadoras em histórias reais ou fictícias a que assistimos e que reimaginamos, sei com certeza o seguinte: as bruxas são o futuro.

Mas para o nosso *coven* contemporâneo durar, ele precisa também ser um círculo de honestidade radical e de compaixão verdadeira. Assim como a maioria dos sistemas ocultistas ocidentais, a bruxaria moderna sempre foi marcada por sincretismo, isto é, a fusão de muitas influências culturais; sincretismo esse que a faz revolucionária e inerentemente problemática. Combina e interliga símbolos de diversas tradições e tenta fundi-los em uma mistura de relevância universal. "Ísis, Astarte, Diana, Hécate, Deméter, Kali, Inanna": assim começa uma entoação popular à deusa, escrita por Deena Metzger e Caitlin Mullin nos anos 1980. Os nomes vêm das mitologias egípcia, greco-romana, hindu e mesopotâmica. À primeira vista, o verso passa a mensagem do divino feminino, que foi apagado ou suprimido em várias narrativas espirituais, principalmente nas religiões abraâmicas. Mas há quem critique essa abordagem por ser uma visão muito superficial. É perigoso extrair de um conteúdo teológico inteiro somente as partes mais espirituais, sem se aprofundar ou conhecer o contexto total dessas deidades.

Assim como nas conversas culturais mais amplas de hoje em dia acerca de identidade, interseccionalidade e representação, a comunidade da bruxaria também passa por uma reavaliação sobre quando o valor dado à herança de outro grupo se torna uma apropriação dessa herança.

Há, por exemplo, muitas bruxas norte-americanas negras que incorporam práticas religiosas de influência iorubá, como candomblé, santeria, vodu e hoodoo, em seus rituais. Quando as praticantes brancas de bruxaria "fazem empréstimo" dessas religiões de modo arbitrário e sem reconhecer o histórico longo e doloroso delas, tal ato pode parecer uma violação. É importante também se lembrar de que essas religiões, bem como as tradições de magia popular dos povos indígenas do Sri Lanka e de Bornéu que inspiraram o "Pai da Wicca", Gerald Gardner, existem há muito mais tempo que a Wicca e suas dissidências, surgidas em meados do século XX.

Gardner e os outros fundadores da religião Wicca eram brancos e britânicos, assim como o movimento de bruxaria de orientação feminista iniciado por mulheres brancas. Observadas sob um prisma mais favorável, eram pessoas que tentavam alcançar uma verdade espiritual que transcendia os falsos construtos separados por fronteiras culturais. Mas a situação também pode ser considerada sob uma ótica mais problemática: maior evidência do imperialismo branco.

Nesse sentido, existe atualmente um grande debate em torno de como a bruxaria do século XXI às vezes incorpora elementos da diáspora africana, dos nativos norte-americanos e de outras tradições não europeias. Velas de santeria, *vèvès* de vodu haitiano e os punhados de sálvia branca indígena são apenas alguns dos elementos derivados de comunidades negras que costumam estar presentes em *covens* pagãos contemporâneos, altares pagãos e lojas esotéricas, sem falarmos das lojas de rede que hoje em dia tentam atrair uma demografia jovem e espiritualmente curiosa. A representação de diferentes culturas é um objetivo admirável, mas não à custa dos criadores originais, que geralmente eram eliminados ou explorados no processo. Claro que essas infrações ocorrem em variados graus e com consequências diversas. Uma mulher norte-americana branca tentando se conectar com seu "animal de poder" (*spirit animal*) pode ser considerado ofensivo para um membro do povo Lakota. Uma empresa de artigos de luxo para a classe alta vendendo um anel de animal de poder por 2.800 dólares criado por uma mulher branca, enquanto os moradores das reservas de nativos norte-americanos subsistem com um índice de pobreza de 25% é outra questão delicada. Do mesmo modo, muitos proprietários brancos de lojas esotéricas de classe média/alta ganham ampla cobertura da imprensa como os arautos do "novo" movimento da bruxaria, enquanto não se fala dos donos negros e pardos de hortos locais que vendem muitas das mesmas ervas, velas e óleos há muito mais tempo.

Entretanto, nenhum grupo é um monólito, e existem múltiplas perspectivas na abordagem diversa da bruxaria moderna, com opiniões variando de uma pessoa para outra. Ouvi falar de bruxas negras que dão as boas-vindas ao uso de suas tradições familiares em outros contextos e têm orgulho quando seus ancestrais são valorizados por pessoas fora do círculo delas, desde que as práticas sejam feitas com respeito e conhecimento das origens. Também ouvi que o Espírito não se importa com nossa aparência ou origem; portanto, por que nos importaríamos? Como me disse uma praticante de vodu da República Dominicana: "O vodu escolhe quem ele quer. A carne é algo tão transitório". Sob tal ponto de visa, todos temos algo em comum na qualidade de seres humanos e aspirantes espirituais e, por isso, os acessórios são supérfluos. Enfim, um feitiço de banimento wiccano, uma *limpia* de curandeira mexicana e uma cerimônia de purificação dos Cheyenne não são todos rituais para eliminar energias indesejáveis?

Mas alguns interpretam esse tipo de pensamento como mais um exemplo de racismo. Para eles, é doloroso ter sua cultura cooptada e explorada nas mãos da supremacia branca, sejam as intenções boas ou não. Alguns afirmam que as conexões com práticas ancestrais e a volta às raízes constituem uma grande parte de seu processo de cura do trauma de tantas gerações afetadas pelo racismo e pela colonização. O fato de as pessoas brancas às vezes tentarem justificar essas atrocidades chamando os costumes religiosos nativos de "culto ao diabo" ou "bruxaria" só cutuca ainda mais a ferida. Essas tradições eram a única coisa que restava às famílias depois que suas propriedades, bens e liberdade foram roubados em troca de genocídio, escravidão e assimilação forçada. Para aqueles que defendem esse ponto de vista, ver uma "bruxa" caucasiana rezar para uma deusa não branca pode parecer uma invasão porque o relacionamento deles com essa deidade é muito precioso e se desenvolveu a duras penas.

Por fim, há uma questão de mutabilidade cultural. Gostemos ou não, as ideias se hibridizam e as histórias se embaralham. Vemos isso na culinária e na música, com misturas de temperos e fusão de gêneros musicais. Podemos dizer o mesmo a respeito da cultura espiritual. Poderíamos dizer, por exemplo, que o vodu incorpora elementos do catolicismo, da maçonaria e de diversas tradições indígenas africanas. Também o próprio cristianismo se desenvolveu de uma amálgama de influências anteriores: zoroastrista, greco-alexandrina, greco-romana e, claro, judaica. Essa é uma generalização, sem dúvida, pois não leva em conta as razões por trás da troca da dinâmica do poder nem dos inúmeros indivíduos que se beneficiaram ou que foram silenciados ao longo do caminho. Mas, por outro lado, ganha-se tanta sabedoria, cria-se arte e desenvolve-se uma conexão através das interações de fontes díspares. Ter uma prática de bruxaria que faz tudo isso intencionalmente e com sentimentos de humanidade é difícil, mas não impossível. Conforme escreveu a sacerdotisa iorubá e autora Luisah Teish: "Afirmo que o maior desafio no novo milênio seria uma mudança de hábito. Poderíamos passar de uma cultura dominante de produtos para uma de verdadeira permuta na qual aprenderíamos uns com os outros, com humildade e respeito. Acho possível. Mas depende de nós". Essas conversas continuarão, e é importante que continuem mesmo. As histórias das pessoas negras têm sido sistematicamente excluídas e apagadas há muito tempo por uma narrativa branca dominante, e é crucial que os praticantes de bruxaria contemporânea não perpetuem esse padrão. Não importa o que cada um de nós pensa sobre uma abordagem culturalmente mista de magia: é imperativo que permaneçamos atentos às perspectivas dos outros e suas experiências de vida, e que estejamos abertos para recalibrar enquanto ouvimos e aprendemos. Isso serve principalmente para praticantes brancas como eu, pois nos beneficiamos da vantagem cultural do privilégio branco e temos, portanto, a obrigação de sempre confrontar nosso racismo e eliminá-lo. Há um motivo para o arquétipo da bruxa refletir aqueles que se sentem diferentes ou oprimidos: a bruxa é uma estranha também, no fim das contas. Quando uma pessoa declara aliança a ela, cria um segundo vínculo com qualquer indivíduo que tenha sido ignorado, mal representado, deixado para trás ou até excluído.

Dizem que as bruxas fazem "magia empática", que envolve um sistema de associação de correspondências. Em um feitiço, acredita-se que pétalas de rosas vermelhas trazem amor e uma vela verde pode conjurar dinheiro. Mas se quisermos progredir como uma comunidade realmente revolucionária, é a magia *empática* que devemos praticar. Apoio, compaixão e consideração mútua são os ingredientes vitais para manifestar prosperidade e paz a todos. Quando nos erguemos mutuamente subimos de fato até os céus.

Há muitas maneiras de alguém ser bruxa ou bruxo. E há também muitos modos de definir o que são as bruxas, o que fazem para si e para os outros. Algumas pessoas entram no mundo das bruxas porque querem se afastar de algo que não lhes serve mais, como algum passado religioso já insuficiente ou uma autoimagem que as fazia se sentirem diminuídas ou invisíveis.

Para outras, *bruxa* faz parte de um substantivo composto. "Bruxa católica", "bruxa feminista", "bruxa da moda" e "bruxa gay" são alguns exemplos que ouvi de autodescrições ultimamente. Como palavra que modifica a outra, é um sinal de revisão, desobediência e direcionamento pessoal. Fortalece outras identidades, aprimorando-as com o poder do mito e da coragem. Enfim, *bruxa* é uma palavra mágica em si mesma.

E há mais pessoas do que nunca se autodenominando bruxas, no sentido figurado ou literal, poético ou político. Fazemos isso por necessidade de rebeldia ou de pertencimento. Podemos nos proclamar bruxas em um sussurro ou com um uivo para a lua. Podemos cantar a palavra para o céu, escrevê-la em nossas sacolas, pintá-la em um cartaz de protesto, ou gravá-la em um grimório secreto do coração.

O modo de declará-la não importa, mas sim o motivo de tantas pessoas apelarem para a bruxa em busca de realização e orientação. Ela nos dá uma proposta séria para construir estruturas sociais alternativas e uma identidade pessoal mais forte. A história da bruxa é antiga e nos cabe recontá-la para chegarmos a um novo lugar. Caminhamos pela floresta das maravilhas e a cada passo confrontamos nosso medo, nossas fantasias e nossa fé. A trilha definida pela bruxa é pessoal e diferente para cada indivíduo, mas o destino é o mesmo. A trilha nos leva a uma terra de libertação, onde cada um pode expressar sua natureza mais complexa, imaginativa e perturbadora.

Quando chegamos, a bruxa nos dá as boas-vindas. Ela abre a porta com um uivo e uma gargalhada.

E nós a cumprimentamos, selvagens e fulgurantes, com os braços e os olhos bem abertos.

Posfácio

As bruxas não são apenas divinas, mas divinatórias. Predizem com varetas e ossos, leem cartas e estrelas, e consultam bolas de cristal. Elas têm visão noturna e a segunda visão, e podem enxergar o que acontecerá amanhã.

Portanto, sinto-me obrigada a apresentar o seguinte prognóstico:

A redenção das bruxas e a ascensão das mulheres estarão para sempre interligadas. Não é coincidência que ambas estejam acontecendo neste momento. Uma é reflexo da outra.

Bruxa.

Mulher.

Uma palavra de horror se converte em honra; a desgraça se transforma em consagração; a vergonha muda para revitalização.

O fato de a bruxa estar sendo reconsiderada como figura positiva no Ocidente, pouco a pouco desde o século XIX, mostra o quanto progredimos, mas também o quanto ainda precisamos caminhar até o poder das mulheres não ser mais depreciado, suprimido, apagado. A mãe das bruxas é a Magia, mas o pai é o Medo. Ela nasceu do desdém pelo feminino; do ódio pelo corpo da mulher e de como ele cria, envelhece, deseja e é desejado. Amar a bruxa é assumir essa tragédia e transformar o trauma em triunfo.

A bruxa é parenta das deusas, fadas, demônios e monstros, embora seja uma raça própria por causa de um diferencial importantíssimo: geralmente ela é humana. Assim, não só temos a ver com ela, mas podemos também nos tornar bruxas ou bruxos. Quando escolhemos o manto da bruxa, vestimo-nos com suas diversas associações, tanto as fictícias quanto as verdadeiras. E ao nos aproximarmos dela, damos-lhe um significado maior. Foi assim que ela conseguiu sobreviver por tanto tempo e é por isso que ainda prospera. Ela é uma criatura de unificações.

A jornada da bruxa até o topo da consciência popular foi permeada de contradição. Era temida e desejada, executada e exaltada. É uma assassina e mártir, um ser que honra a natureza e a desafia. Está cercada de animais e demônios, espíritos e irmãs, e ao mesmo tempo se posiciona inteiramente sozinha.

E é por isso que aqueles que se sentem marginalizados ou "forasteiros" são atraídos por ela. A bruxa oferece uma compreensão das perseguições, um círculo protetor e uma promessa de que aquilo que se perdeu será recuperado. Embora a história dela se mescle com o histórico das mulheres, o arquétipo da bruxa é adotado por pessoas das mais diversas identidades. Isso também me traz esperança. Integrar o feminino com o masculino é uma obra alquímica que beneficia a todos. Desmantelar a opressão patriarcal em nossos sistemas externalizados e também em nosso pensamento internalizado é um trabalho que pertence a todos. Elevar a bruxa nos ajuda a ir em frente.

Penso que a expansão da popularidade não indica uma tendência provocada por uma onda e sim uma mudança do mar. Que cada vez mais pessoas sintam a força da maré noturna da bruxa.

Contudo, devemos ressaltar que a prolífera era da bruxa foi custosa.

É glorioso saber que podemos hoje falar o nome da bruxa com alegria. Mas devemos nos lembrar de que milhares de pessoas tiveram a vida ameaçada ou até tirada em nome dela também – o que ainda acontece em alguns lugares deste mundo. Autodenominar-se bruxa com orgulho, seja com ironia ou sinceridade, indica um privilégio enorme. Apesar de nunca haver segurança total, aqueles que assim se autodeclaram em público são felizardos por se sentirem capazes de correr o risco. E para quem não se considera bruxo ou bruxa, mas adora observá-la, ler sobre ela e ouvir sua canção sobrenatural, a bruxa ainda tem muitas mensagens para passar. Ela nos dá uma oportunidade de refletir sobre questões de terror e gênero, liberdade e restrição, mistério e magnificência.

A lição é de adaptação e evolução, pois a bruxa precisa ser constantemente reescrita e refeita – e, sem dúvida, assumirá muitas formas novas com a veloz passagem do tempo. Ela se torna o que precisamos que seja e, em troca, nos transforma.

A bruxa me ensinou a confiar em mim mesma, aproveitar o que há de melhor em mim e usá-lo como ferramenta. Pegou-me pelo punho e me retorceu até fazer de mim o melhor tipo de problema. Mostrou-me que sou capaz de mudar minha vida.

Ela fala comigo por entre os galhos das árvores, observa-me através do espelho, diz que sou maravilhosa e digna e repleta do fogo sagrado.

Conta-me piadas obscenas e enterra meus segredos no solo. Plantamos sementes, comemos ervas daninhas e despertamos lembranças antigas. Assombramos. Uivamos. Colhemos.

Reunimos as temíveis, as ignoradas, as esquecidas, e lhes permitimos ver que elas são importantes, aqui e agora. Juntas, acordamos os mortos.

Eu tinha medo e ela me deu coragem. Era pequena, e ela me fez grande. Era estranha, e ela me fez forte. A cada noite, ela me dizia que nunca me abandonaria. E nunca me abandonou.

Da escuridão vazia, ela formou um lar.

Recomendação bibliográfica

A lista a seguir não é um catálogo completo, mas apenas uma coletânea de textos de referência que ofereceram informação e inspiração para este livro.

Aberth, Susan L. *Leonora Carrington: Surrealism, Alchemy, and Art*. Farnham, Surrey: Lund Humphries, 2004.

Adler, Margot. *Drawing Down the Moon: Witches, Druids, Goddess--Worshippers, and Other Pagans in America*. 4ª edição. Nova York: Penguin Books, 2006.

Braude, Ann. *Radical Spirits: Spiritualism and Women's Rights in Nineteenth-Century America*. 2ª edição. Bloomington, In: Indiana University Press, 2001.

Callow, John. *Embracing the Darkness: A Cultural History of Witchcraft*. Londres: I. B. Tauris, 2018.

Chadwick, Whitney. *Women Artists and the Surrealist Movement*. Londres: Thames & Hudson, 1991.

Grant, Simon, Lars Bang Larsen, e Marco Pasi. *Georgiana Houghton: Spirit Drawings*. Londres: Courtauld Gallery, 2016.

Hults, Linda C. *The Witch as Muse: Art, Gender, and Power in Early Modern Europe*. Filadélfia: University of Pennsylvania Press, 2005.

Hutton, Ronald. *The Triumph of the Moon: A History of Modern Pagan Witchcraft*. Oxford: Oxford University Press, 1999.

_______ *The Witch: A History of Fear, from Ancient Times to the Present*. New Haven, CT: Yale University Press, 2017.

Kaplan, Janet A. *Unexpected Journeys: The Art and Life of Remedios Varo*. Nova York: Abbeville Press, 1988.

Kaplan, Stuart R. *Pamela Colman Smith: The Untold Story*. Stamford, CT: U.S. Games Systems, 2018.

Michelet, Jules. *Satanism and Witchcraft: The Classic Study in Medieval Superstition*, trans. A. R. Allinson. Nova York: Citadel Press, 1992.

Müller-Westermann, Iris, e Jo Widoff. *Hilma af Klint: A Pioneer of Abstraction*. Estocolmo: Moderna Museet, 2013.

Petherbridge, Deanna. *Witches and Wicked Bodies*. Edimburgo: National Galleries of Scotland, 2013.

Purkiss, Diane. *The Witch in History: Early Modern and Twentieth-Century Representations*. Londres: Routledge, 1996.

Sollée, Kristen J. *Witches, Sluts, Feminists: Conjuring the Sex Positive*. Berkeley, CA: ThreeL Media, 2017.

Starhawk. *Spiral Dance: A Rebirth of the Ancient Religion of the Great Goddess*. 2ª edição. Nova York: Harper, 1989. [*A Dança Cósmica das Feiticeiras: O Renascimento da Consciência Espiritual Feminista e da Religião da Grande Deusa*. São Paulo: Editora Pensamento, 2021.]

Agradecimentos

Para um livro existir, ele precisa de um *coven*, e este não foi exceção. As seguintes pessoas me deram bênçãos e dádivas, e sem elas as palavras escritas até aqui estariam ainda só no meu cérebro e não nestas páginas.

Em primeiro lugar, obrigada, Rick Pascocello. Sei que este não é exatamente o "livro de negócios da mulher empoderada" que você imaginava quando conversamos pela primeira vez sobre a possibilidade de trabalharmos juntos, e que a existência dele é, enfim, um testemunho de sua mente aberta e espírito visionário. Agradeço por você estar ao meu lado, e também pelo apoio de Alex Glass e de toda a equipe da Glass Literary Management.

Não sei como a Gallery Books consegue estar repleta de tantos seres humanos maravilhosos, mas sinto que a perfeita liderança de Jennifer Bergstrom tenha algo a ver com isso. Fico impressionada com cada pessoa que contribuiu com um toque mágico para *Desperte sua Bruxa Interior*:

Obrigada, Kate Dresser, pela astuta orientação, incentivo inquebrantável e pelo queijo grelhado de emergência. Você é simplesmente uma editora dos sonhos, e tive a grande sorte de ter nossas estrelas alinhadas.

Natasha Simons, seu apoio desde o começo a este livro é o motivo de ele ter encontrado um lar tão feliz, e sou grata a você por acreditar nele e em mim.

Molly Gregory, seu envolvimento e a generosa assistência o tempo todo foram de grande ajuda. Anna Dorfman, você providenciou para que o livro tivesse uma capa tão encantadora quanto as bruxas que descrevo aqui. Obrigada a ambas pela arte. E sou muito grata a Aimée Bell, Alexandre Su, Joal Hetherington, Sydney Morris, Tracy Woelfel, Jen Long, Abby Zidle, Diana Velasquez, Mackenzie Hickey, e Anabel Jimenez, Lisa Litwack, John Vairo, Jaime Putorti, Monica Oluwek, e Caroline Palotta por todas as suas significativas contribuições.

Devo muito aos diversos estudiosos bruxo-cêntricos, criadores, ativistas e praticantes que me procuraram, incluindo cada indivíduo citado neste livro. Mas dois deles merecem uma menção especial:

Ronald Hutton, sua contribuição para o *corpus* da história da bruxaria é de um valor inestimável (e tenho certeza de que suas respostas rápidas por e-mail se devem a alguma espécie de bruxaria). Obrigada por responder às minhas perguntas e por sua tremenda bagagem cultural.

E embora Margot Adler já não esteja conosco no reino material, sua capacidade de equilibrar a carreira literária e jornalística com a prática de magia foi um exemplo raro para mim. Espero que este livro possa, de alguma forma, honrar o legado que ela me deixou.

De um modo especial, duas pessoas me ensinaram muito sobre arte, magia e amizade. Jesse Bransford e Susan Aberth, agradeço a vocês por me agraciarem com a generosidade de seus corações e com suas mentes brilhantes durante todo este processo e muito mais. Sou muito grata também à Octagon House, onde várias seções do livro foram formuladas e/ou escritas.

Há vários outros seres iluminados da bruxaria que me ajudaram a desenvolver o pensamento em torno de temas ocultistas ao longo de todos estes anos. Robert Ansell, Christina Oakley Harrington, William Kiesel, Shannon Taggart e Jon Graham, admiro todos vocês e quero muito continuar com nossas colaborações e conversas. Amy Hale, obrigada por me dar o benefício de seu olhar atento e conhecimento infindável de história pagã. A Coleção de Bruxaria da Universidade Cornell foi para mim um recurso preciosíssimo, tanto *on-line* quanto presencial, e agradeço a Laurent Ferri por permitir o acesso.

Sou muito grata a tantos outros espíritos brilhantes que iluminaram o caminho para mim, principalmente no mundo dos livros. Obrigada, Mitch Horowitz, Gary Jansen, Peter Bebergal, Judika Illes, Lauren Cerand, Janaka Stucky, John Izzo e Jason Louv por serem tão prestativos, encorajadores e queridos.

Robin Rose Bennett, como sou feliz por ter conjurado você em minha vida! Obrigada por ser minha professora, e por me mostrar que as bruxas realmente são verdes. E agradeço muito às outras mulheres que se sentaram comigo no círculo de Robin.

E por falar em professores, Alice Richter, Kim Thorpe e John Lach me influenciaram mais do que imaginam. E Lois Hirshkowitz me trouxe linguagem e muita luz. Que ela descanse em poesia.

Muita gratidão e amor profundo a minhas bruxas irmãs no *coven* Queenright. Agradeço a vocês pelo apoio e presença contínua. Um agradecimento especial a Kristen Sollée e Dianca London Potts, cujos discernimentos ajudaram a melhorar este livro, e a Bri Luna por ser uma defensora tão eloquente do meu trabalho. Amber King, obrigada por usar com tanta destreza suas cartas e tesouras. E agradeço também à vasta comunidade de bruxas que conheci *on-line* e *off-line*, cujo comprometimento com uma vida plena é uma força para tantas pessoas, entre as quais me incluo.

Também merecem crédito todas as pessoas e os espaços que me permitiram desenvolver minhas ideias a respeito da bruxaria e cultura no decorrer dos anos, incluindo a NYU Steinhardt e 80WSE Gallery (com um duplo agradecimento ao senhor Bransford), Pat Shewchuk e Marek Colek da Tin Can Forest, Elisabeth Krohn da *Sabat Magazine*, Mallory Lance da *Ravenous Zine*, membros e frequentadores do Observatório, leitores de *Phatasmaphile*, e aos ouvintes e colaboradores do *podcast The Witch Wave*.

Quando percebi que precisaria fazer uma mudança grande e focar em minha bruxaria em tempo integral, meus colegas na Getty Images foram extremamente generosos. Agradeço a Jonathan Klein, Dawn Airey, Andy Saunders, Paul Foster, Rebecca Swift, Lindsay Morris, Hannah Meade e Katie Calhoun, bem como ao pessoal brilhante do departamento criativo global. (E obrigada, Karen Tighe-Izzo, por começar toda esta corrente de eventos, em primeiro lugar.)

Sou privilegiada por ter amigos e familiares tão incríveis, que até hoje me incentivam, me fazem rir e me mostram o que é o amor, apesar de meus sumiços periódicos em função do mundo autoral. Melanie Hawks, Shiwani Srivastava, Lauren Schreibstein, Megha Ramaswamy, Suzannah Murray, Rachel Hansen, Emma Baar-Bittman, os Pomerantz, os Wilson, os Freeman, os LeClair, os Trumbull, os

DelGrosso e os Baldwin-Ancowitz, obrigada a todos vocês. À cintilante Moira Stone: você foi a parceira ideal de viagem nas pesquisas; e sou grata a você, charmoso Robert Honeywell, por me dar um momento para respirar supernecessário e tempo para escrever em sua casa. Jess Matlin, serei grata a você para sempre por me salvar do Top 40 do rádio. Um agradecimento extra vai para aqueles supracitados que leram o manuscrito original e deram sugestões com uma admirável diplomacia.

À minha irmã, Emily: ver você transformar sua vida em uma lição de bravura e resiliência é uma inspiração. Amo você, e lhe agradeço por me permitir compartilhar partes de sua história, e por ser minha animadora de torcida vitalícia. E para os leitores que sofrem com doenças mentais ou conhecem alguém nessa condição, a Aliança Nacional de Doença Mental (nami.org) é um recurso excelente, ou o site de Emily na internet (emilygrossman.net).

A meus pais, Rich e Nina: não sei o que fiz para ganhar na loteria cármica e ser sua filha, mas sou grata todos os dias por estarmos juntos nesta vida. Vocês sempre encorajaram minha criatividade e curiosidade, mesmo quando elas me levavam a lugares distantes. E sempre me fizeram sentir amada. (O sentimento é mútuo.) Sou grata aos dois.

Matt Freeman: sei que não é fácil ser casado com uma pessoa que está escrevendo um livro, mas você sempre me agraciou com chá, compreensão, boas ideias e piadas engraçadas. Obrigada por seu humor, sua audácia artística e por ser o melhor marido não mágico que uma bruxa pode ter. Amo você demais, seu demônio lindo.

Aos nossos companheiros felinos, Remedios "Remy" Varo e Albee, vocês não sabem ler. Mas eu agradeço a vocês por serem meus animais peludos poderosos, amigos queridos e os mais amáveis colegas de escritório.

Este livro foi escrito em memória de minha avó Trudy, que tinha mãos de cura, e de minha avó Sonya, que tinha a varinha de uma pintora.

Que todos nós possamos viver com a liberdade de realizar nossa magia, tenha ela a forma que tiver. Abençoados sejamos.